나라는
브랜드를
설계하라

THE NEW BRAND YOU

가장 성공적인 퍼스널 브랜딩 10가지 전략

나라는
브랜드를
설계하라

캐서린 카푸타 지음 | 박선령 옮김

THE NEW BRAND YOU

RHK
알에이치코리아

세상에는 두 부류의 사람이 존재한다.

브랜드가 된 사람과 브랜드가 되지 못한 사람.

브랜드가 된 정리 전문가(곤도 마리에)와 브랜드가 되지 못한 정리

전문가,

브랜드가 된 CEO(일론 머스크)와 브랜드가 되지 못한 CEO,

브랜드가 된 의사(오은영)와 브랜드가 되지 못한 의사…

브랜드가 된 사람은?

더 많은 기회를 얻는다.

더 능력을 인정받는다.

더 많은 돈을 번다.

더 빨리 성공한다.

브랜드가 되지 못한 사람은?

'다름'이 아니라 '나음'으로만 경쟁해야 한다.

그리고 웬만한 '나음'으로는 눈에 띄기도 어렵다.

게다가 이젠 AI와도 경쟁해야 한다!

결론은 우리 모두 브랜드가 되어야 한다는 것이다.

그리고 이 책은 브랜드가 되려는 사람들에게

최고의 지침서라고 할 수 있다.

마케팅 분야의 고전인 '포지셔닝'과 '퍼스널 브랜딩'을

MiX한 책이다.

나만의 '퍼스널 브랜드 포지셔닝'을 MBTI처럼 찾아주는 책이다.

당신만의 브랜드를 만들고 싶은가?

당신만의 브랜드를 사람들의 머릿속에

뚜렷하게 자리 잡게 하고 싶은가?

이 책을 읽으며

자신만의 브랜드를 설계하시라!

'포지셔닝'의 위력을,

'퍼스널 브랜딩'의 위력을 함께 경험할 것이다.

안성은 (브랜드보이 대표, 《믹스(MIX)》 저자)

새로운 나라는 브랜드에 바친다.
가장 중요한 브랜딩 과제는
자신을 브랜딩하는 것이다.

서문

놀랍게도 내가 얻은 첫 번째 일자리는 예전부터 늘 꿈꾸던 일이었다. 시애틀 미술관의 아시아 미술 큐레이터 조수로 일하게 된 것이다. 그때는 인터넷이 등장하기 전으로, 줌, 이메일, 노트북, 휴대폰 등 디지털 기기 같은 건 하나도 없던 시절이었다. 그래서 난 얼굴도 보지 않은 채 채용되었다. 내 구직 활동은 전부 편지를 통해 진행되었다(요즘 같으면 당연히 이메일과 화상 인터뷰를 이용했을 것이다).

나는 그 일자리를 얻기 위해 편지로 경쟁을 벌였다. 아시아 미술 큐레이터인 헨리 트루브너Henry Trubner에게 자기소개서와 이력서를 보냈다. 사전 접촉 없이 무작정 편지를 보낸 것이다. 그리고 믿을 수 없게도 4일 만에 답장을 받았다. 헨리의 편지에는 미술관이 소장하고 있는 세계적으로 유명한 아시아 미술 컬렉션에 대한 책을 출판할 계획이기 때문에 일자리가 있을지도 모른다고 적혀 있었다.

그 즉시 답장을 보냈다. 미술사로 전공을 바꾸기 전에 언론학을 공부했던 나는 '글을 쓸 줄 아는 아시아 미술사학자'라고 나 자신을 홍보했다. 5일 뒤에 도착한 다음 편지에서, 헨리는 자기가 관심 있는 다른 후보자가 있지만, 내가 원하는 연봉은 어느 정도인지 알고 싶다고 했다. 다음 날 바로 답장을 보내면서 내가 쓴 작문 샘플도 몇 개 동봉했다. 7일 뒤에 헨리가 일자리를 제안했다. 가끔 이렇게 운이 좋을 때도 있다. 미술관은 구직자가 뚫고 들어가기 어려운 곳으로 악명이 높다. 하지만 난 정말 운 좋게도 타이밍이 잘 맞았다.

대학을 졸업한 뒤 고향인 플로리다주 마이애미로 돌아가서 빨간색 폭스바겐 비틀을 샀다. 그리고 시애틀에 있는 새 직장까지 5,306킬로미터의 거리를 여유롭게 달리기 시작했다. 차에는 여동생과 캠핑 장비 그리고 내 모든 소지품이 실려 있었다.

끔찍하고 우울한 최악의 첫 출근날

시애틀 미술관에 처음 출근했던 날의 기억은 떠올리기 고통스러운데 잘 잊히지도 않는다. 사무실 로비에서 만난 박물관장은 내 일자리가 없다고 했다. 관장은 퉁명스러운 말투로 큐레이터(나와 편지를 주고받은 헨리)는 직원 채용 허가를 받지 못했다고 했다. 헨리도 잠깐 만났는데, 그는 일을 해결해놓을 테니까 내일 다시 와보라고 했다.

생각해보라. 그때 난 스물한 살이었다. 그리고 시애틀에 아는 사람은 한 명도 없었다(여동생은 비행기를 타고 플로리다로 돌아갔다). 그런데 꿈에 그리던 직업을 얻기는커녕 두 신사 사이에서 꼼짝달싹 못하는 처지가 되고 말았다.

두려움을 해소할 방법은 행동뿐이다

집에서 멀리 떨어진 도시에서 새로운 일을 시작한 첫날에 벌어질 수 있는 최악의 상황이 내게 일어났다. 5,000킬로미터 이상 떨어진 곳으로 이사해서 새 아파트에 정착했는데 갑자기 내가 꿈꾸던 일자리가 사라졌다. 차로 돌아가서 울음을 터뜨렸다. 내 미래가 갑자기 엉망이 됐다는 걸 깨달은 순간이었다. 짐을 싸서 차를 몰고 떠나고 싶었다. 하지만 어디로 가야 한단 말인가? 이내 "그런 생각은 집어치우자!"라고 중얼거렸다.

아파트로 돌아와 집주인(사흘 전에 처음 만난)에게 내가 처한 곤경에 대해 얘기했다. 집주인은 일자리를 제안받은 걸 증명할 수 있는 편지가 있느냐고 물었다. (가지고 왔다.) "내일 당당하게 다시 출근해요." 집주인이 말했다. "그렇게 계약했잖아요." 나는 집주인 말대로 했고, 다행히 일이 잘 풀려 꿈꾸던 일자리가 부활했다.

그렇게 끔찍한 첫 출근날 이후, 아시아 예술은 내 삶이자 내 브랜드가 되었다. 그 일에 깊이 빠져들어 박물관에서 일하다가 박사 과정까지 밟았다.

퍼스널 브랜딩의 위기 #1

그러다가 "나는 누구인가", "나는 어디에 속해 있는가"라는 우리 세대가 자주 겪는 실존적 의문과 씨름하기 시작했다. 내가 선택한 직업에도 의구심이 들기 시작했다. 너무 많은 생각이 머릿속을 맴돌았다. "이 일을 하면서 남은 인생을 보내야 할까? 적성에 맞지 않는 일을 하기에는 인생이 너무 짧잖아."

자기 성찰 과정을 거친 뒤, 직업을 바꿔야겠다고 결심하고 원래 대학에서 전공하던 저널리즘과 광고 쪽으로 돌아가기로 했다. 그 일을 어디에서 해야 하는지는 알고 있었다. 바로 뉴욕이었다. 뉴욕시의 영향력을 느끼기 위해 굳이 뉴욕시와 연결될 필요는 없지만, 내게는 모종의 연결고리가 있었고, 덕분에 그 도시의 중력에 도저히 저항할 수 없게 되었다. 가슴과 머리가 나를 끌어당기고 있었다.

실패한 홍보

다들 짐작하겠지만, 이런 급격한 직업 전환 과정에서 면접 기회를 얻거나 괜찮은 자기 홍보를 한다는 건 쉽지 않은 일이었다. 내가 아시아 미술사가에서 광고업 쪽으로 전환하려 한다고 말하면 면접관들은 대부분 믿지 않는다는 반응을 보였다. 그러면 "저는 열심히 일하는 사람이고 광고계에 뛰어들고 싶다"고 자기 홍보를 했다.

나라는 브랜드를 설계하라

자신을 재창조하려면
다른 사람들이 나를 바라보는 시선만 바꾸는 게 아니라
나 자신을 바라보는 시선도 바꾸어야 한다.

내 홍보 문구는 형편없었다. 내가 전달한 얘기는 전적으로 나에 관한 것뿐이었다. 그게 일반적이긴 하지만 색다른 아이디어는 찾아볼 수 없었다. 열심히 일하겠다는 다짐뿐, 내가 회사에 어떤 이익을 안겨주고, 어떤 문제를 해결할 수 있는지에 대한 얘기는 전혀 없었다. 그 결과, 짐작하겠지만 계속 면접에서 떨어졌다. 난 앞서 많은 사람들이 걸었던 거절의 길을 따라가고 있었다.

근본적인 혁신의 필요성

내게는 광고계에서 일하기에는 너무 느리고 지루한 학자 타입이라는 낙인이 찍혀 있었다. 물론 내가 원하던 낙인은 아니었다. 상황이 이렇다 보니 점점 걱정이 심해졌다. 밤에 잠을 이룰 수도 없었다. 난 내가 기본적인 광고 업무를 할 수 있다는 사실을 알지만, 이걸 어떻게 다른 사람들에게도 납득시킬 수 있을지 고민이었다.

어떻게든 점들을 연결해 나를 아시아 미술사학자에서 광고인으로 재창조해야 했다. 우선 박물관에서 진행했던 마케팅 관련 업무(미술 전시회 구성, 홍보, 마케팅 등)에 대해 간단히 목록을 작성했다.

그렇지! 난 필요한 기술을 갖추고 있었다. 다만 그걸 잘 정리해서 제시할 필요가 있었다. 내가 한 업무를 정리하는 동안 또 다른 깨달음을 얻었다. 내가 선보인 가장 중요한 능력은 혁신적인 아시아 미술 전시회 아이디어를 통해 많은 청중을 끌어들인 것이었다. 과거를 되돌아보는 과정에서 새로운 홍보 아이디어, 보다 도발적인 포지셔닝 아이디어가 떠오르자 아드레날린이 마구 솟구쳤다.

"나는 팔기 힘든 제품의 마케팅 담당자입니다."

서양 문화권에서 아시아 미술 전시회를 마케팅하는 일을 '팔기 어려운 제품을 마케팅하는 것'에 비유했다. 사람들을 끌어들일 수 있는 매력적인 마케팅 캠페인과 대담하고 유익한 아시아 미술 전시회를 준비하려면 독창성이 필요하다. 그래서 "까다로운 고객을 위해 혁신적인 문제 해결사가 필요하다면 날 고용해달라"고 말했다.

문장 안에서 나라는 브랜드를 포지셔닝하는 방법

브랜딩 세계에서도 단어와 표현이 중요하다. '팔기 힘든 제품을 위한 마케터'라는 내 새로운 브랜드 포지셔닝은 주목을 받았다. 메시지가 한곳에 집중됐다. 덕분에 면접관들이 기억해 뒀다가 다른 관계자들에게 얘기하거나 자기 머릿속에 저장하기가 매우 쉬웠다. 또한 이 색다른 홍보 문구를 사용한 사람이 나 말고는 없었기 때문에 이건 다른 사람이 소유하지 않은 열린 포지셔닝, 공백이었다. 이렇게 내 강점이 아니라 내 강점을 이용해 그들의 문제를 해결하는 방법에 초점을 맞춘 덕분에 경쟁에서 훨씬 앞서 나갈 수 있었다.

마지막으로 내 홍보 문구는 적절하고 기억에 남았다. 어느 광고 대행사든 사람들이 같이 일하기 꺼리는 까다로운 고객이 있게 마련이다. 게다가 내 포지셔닝 캐치프레이즈는 면접관들이 기억하거나 전달하기도 쉬웠다.

다른 사람들의 머리에 새겨진 새로운 정체성

나는 여전히 똑같은 사람이지만 새로운 포지셔닝과 간단한 설명을 통해 완전히 다른 반응을 얻었다. 그리고 그 말은 사실이었다. 브랜드 내러티브는 항상 사실이어야 한다. 하지만 동시에 중요한 게 바뀌었다. 새로운 포지셔닝 때문에 사람들은 내가 마치 다른 사람인 양 다른 시선으로 바라보았다.

이제 나는 그들 마음속에서 다른 위치를 차지하게 되었다. 내 새로운 포지셔닝은 그들이 부정적으로 생각하던 부분(아시아 미술사가로 일한 경험과 박사 공부)을 긍정적인 부분(어려운 브랜드 프로젝트를 처리할 수 있는 능력)으로 바꿔놓았다. 그건 좋은 의미에서 눈에 확 떠질 만한 경험이었다.

메시지를 극도로 단순화하라

브랜드를 이끌고 싶은 방향을 사람들에게 알릴 수 있는 일관성 있고 간단한 이야기를 만들어야 한다(그 과정에서 여러분이 자랑스럽게 여기는 부분을 무효화하거나 경시할 수도 있지만 감수해야 한다). 복잡하고 혼란스러운 내용이 제거된 극도로 단순한 메시지를 전달해야 한다.

복잡하고 혼란스러운 부분을 제거해서
브랜드 포지셔닝을 관리해야 한다.

나 역시 내가 공동 집필한 박물관 소장품에 대한 아시아 미술책과 직접 번역한 일본 미술책 등 정말 자랑스럽게 여기던 업적 몇 가지를 버렸다. 이력서에 이런 성과들을 포함시키는 바람에 새로운 퍼스널 브랜드 정체성이 망가지고 사람들이 나를 마케터가 아닌 학자로 낙인찍게 되었기 때문이다.

무엇보다 새로운 브랜드 포지셔닝 덕분에 트라우트 앤 리스Trout & Ries 광고사에서 처음으로 광고 일을 할 수 있게 되었다. 포지셔닝 전문가인 알 리스Al Ries(현재 마케팅 명예의 전당에 헌액되어 있는)와 잭 트라우트Jack Trout 밑에서 브랜드 전략과 포지셔닝을 배웠다. 광고 업무를 시작하기에 더없이 좋은 기반을 제공해준 알과 잭, 정말 고맙게 생각한다.

홍보 문구를 수정하라

난 일을 시작한 순간부터 광고업을 위해 맞춤 제작된 듯한 기분을 느꼈다. 창의성, 분석력, 경쟁력, 브레인스토밍, 가십이 소용돌이치는 분야였다. 그 회사에서 일한 지 4년이 지났을 때, '웰스, 리치, 그린 Wells, Rich, Greene'이라는 광고 대행사에서 진행하는 '아이 러브 뉴욕' 캠페인을 감독하는 일자리가 있다는 얘기를 들었다. 그게 내 새로운 꿈의 직업이 되었다. 그건 업계 최고의 크리에이티브 에이전시에서 추진하는 주력 사업이었다. 그 일을 하게 된다면 유명 인사나 최고의 브로드웨이 쇼와 협업해서 제작 가치가 높은 광고를 만드는 팀의 일원이 되는 것이다. 누가 그런 자리를 마다할 수 있겠는가?

하지만 심각한 장애물이 있었다. 내가 광고업계에서 한 일은 대부분 브랜드 전략이나 기업 간 거래에 관한 것이었고, 텔레비전 광고 경험은 슈퍼마켓 체인점 광고 딱 하나뿐이었다. 그들이 제시한 직무 스펙과 잘 맞지 않았다.

리서치와 발견

'웰스, 리치, 그린' 광고 대행사에서 일하던 카피라이터 친구 밥은 내가 그 자리를 얻을 가능성은 없다고 말했다. 하지만 그는 중요한 얘기를 해줬다. "그 일은 고객을 관리하기가 힘들어. 의뢰인은 자기들끼리도 의견이 거의 맞지 않는 정치인과 직업 공무원들이거든. 지난번 담당자는 그 자리에 오래 있지도 않았어."

하지만 어떤 난관도 내 마음을 바꾸지는 못했다. 이 일자리를 얻으면 사람들 눈에 잘 띄는 크리에이티브 프로젝트에서 큰 성공을 거둘 수 있는 출발점이 될 것이다. 자격이 부족했지만 나를 홍보할 기회를 놓치고 싶지 않았다. 그리고 밥과의 대화를 통해 나를 어떤 식으로 포지셔닝하면 좋을지 아이디어를 얻었다.

고객의 관점에서 생각하라

광고계에서 처음 만난 상사인 알 리스는 항상 '고객의 관점에서' 생각해야 한다고 강조했다. 내가 하고 싶은 말(내부)이 아니라 고객이 듣고 싶은 말(외부)이 중요하다는 것이다. 그래서 면접을 볼 때 채용 담당자가 "왜 여기에 지원했습니까? 맞는 경력이 없잖아요"라고 물었을 때 이미 대비가 되어 있었다. "내 전문 분야는 팔기 힘든 제품을 마케팅하는 겁니다. …(긴장되는 침묵)… 그리고 까다로운 의뢰인 상대도요." 그리고 지금 하는 업무 중에 서로 확고하게 반대되는 입장을 가진 이해 관계자들 간의 합의를 이끌어낸 사례를 얘기했다.

면접관의 눈이 커졌다. 나의 사례가 그의 흥미를 자극하고 있다는 걸 알 수 있었다. 어쩌면 기회가 생길지도 모른다. 단, 오해하지 말기 바란다. 내가 한 얘기는 진짜로 있었던 일이다. 대하기 힘든 고객들과 함께 일한 경험이 있었다.

　그러나 밥을 통해서 리서치한 내용에 맞춰 면접에서 할 얘기를 정하고 그 기술을 특히 강조한 것도 사실이다(그 프로젝트의 힘든 부분이 까다로운 고객들과 함께 일하는 것이라는 얘기를 들었다는 말은 하지 않았다). 그렇게 해서 '아이 러브 뉴욕' 캠페인을 감독하는 책임자로 채용되었다. 이 회사에서 브로드웨이 쇼와 유명 인사가 등장하는 텔레비전 광고를 많이 촬영했고, 대형 광고 대행사 업계에 대해서도 많이 배웠다. 정말 좋은 경험이었다.

　물론 그 경험에는 고집 센 다양한 의뢰인 집단을 관리해야 하는 어려움도 포함되어 있었다. 그리고 무엇보다 중요한 교훈은, 어떤 일을 하기에 충분한 자격이 없다고 해서 포기하면 안 된다는 것이다.

끊임없이 진화하는 퍼스널 브랜드

　광고 대행사를 떠나기로 결심했을 때는 기업 광고 업무를 목표로 정했다. 그러자 이번에는 '대행사 사람'이라는 낙인이 찍혔다. 기업에서 일한 경험이나 경영학 석사 학위가 없었기 때문에 어필할 부분도 전혀 없었다. 그래도 친구의 소개로 월스트리트의 유명 기업에서 구직 면접을 하게 되었다. 그런데 면접 당일, 보스턴에 눈 폭풍이 휘몰아쳐 기차도 운행이 중단돼 차를 빌려서 면접장까지 몰고 가야 했다. 면접 기회를 얻기까지 얼마나 힘들었는지를 생각하면, "눈보라를 뚫고서라도 이 면접을 받고야 말겠다"라는 생각이 들었다.

그렇게 월스트리트에서 글로벌 기업 브랜드 및 광고 담당 임원으로 10년 이상 일했는데, 그동안 8번의 기업 합병과 6번의 사명 변경을 거쳤다. 월스트리트 기업들의 치열한 경쟁을 고려하면, 그 게임에서 살아남기 위해 퍼스널 브랜딩이 필수였다. 그곳 상황이 얼마나 희한하게 돌아갔는지 얘기하자면, 내가 처음 일을 시작한 곳은 당시 아메리칸 익스프레스의 자회사였던 시어슨 리먼 브라더스였는데, 그만둘 때는 시티Citi 자회사인 스미스 바니Smith Barney가 되어 있었다. 난 중간에 직장을 옮긴 적이 없는데도 말이다. 내 회사 경력은 더없이 화창했던 2001년 9월 11일에 갑자기 끝났다.

야생으로의 도약

내가 사업가가 된 건 신중한 계획과 눈부신 통찰력, 절대 실패할 리 없는 엄청난 아이디어의 결과라고 얘기하고 싶다. 하지만 사실은 9.11 테러 직후에 영향력이 큰 기업의 브랜딩 일자리를 잃는 바람에 어쩔 수 없이 내 사업을 하게 됐다. 월스트리트의 직장(안정성, 명망, 좋은 보수)과 작별하는 건 두려운 동시에 흥미진진한 일이었다.

> 퍼스널 브랜딩은 경력과 자신의 운명을
> 적극적으로 개척하는 파트너가 되게 해준다.

언젠가는 사업 같은 걸 해봐야겠다는 생각을 주기적으로 하긴 했다(특히 회사에서 좋지 않은 하루를 보낸 뒤에). 그리고 이제 어떻게든 사업을 해야만 하는 상황이 됐다. 솔직히 말해서 많이 지친 상태였기 때문에 보다 융통성 있게 내 일과 삶을 통제하고 싶다는 생각이 간절했다. 하지만 "다음에는 뭘 해야 할까?" 고민이 됐다.

그 무렵 직업 세계에서 퍼스널 브랜딩이라는 개념이 주목을 받기 시작했다. 내 경험을 돌이켜본 결과, 성취감을 느낄 수 있는 경력을 쌓으려면 신중하게 계산된 브랜딩이 필요하다는 걸 깨달았고, 그게 '셀프브랜드Selfbrand'라는 회사를 설립하는 계기가 됐다. 다른 커리어 코치나 강사들과 달리, 나는 우리가 마케팅해야 하는 가장 중요한 브랜드인 '나'에게 상업적인 브랜드 업계의 원칙과 전략을 적용할 줄 아는 퍼스널 브랜드 전략가다.

이 책은 여러분에게 적합한 책일까?

이 책의 목표는 독자들을 퍼스널 브랜딩이라는 여정, 즉 행복을 가져다주고 성공을 도와주는 자기 인식과 자기 성취감을 통해 역량을 강화할 수 있는 여정으로 인도한다. 우리는 누구나 자기만의 아이디어와 능력을 가지고 있고, 그걸 통해 크든 작든 세상에 기여하고 있다. 하지만 현재의 위치가 만족스럽지 않은데도 자신을 마케팅하거나 변화하는 걸 꺼리는 사람들이 많다. 여러분이 원하든 원하지 않든, 업무 환경이 어떻든, 오늘날에는 퍼스널 브랜딩에 대해 생각할 필요가 있다. 선택의 여지가 없다.

여러분은 혹시 '마미 트랙Mommy track(육아에는 용이하지만 경력 발전 기회가 줄어드는 근무 형태 - 옮긴이)'으로 밀려난 건 아닐까 걱정하고 있는 재택근무 중인 여성 직장인일 수 있다. 혹은 능력 있는 관리자지만 일에 완전히 지쳐서 이제 워라밸을 추구하며 융통성 있게 일하고 싶을지도 모른다. 또 팬데믹 기간에 하던 일을 그만두고 더 의미 있는 직업으로 극적인 전환을 이루고 싶은 사람일 수도 있다. 아니면 이 책을 클라이언트나 학생들과 함께 활용하는 커리어 코치나 교수일지도 모른다.

물론 퍼스널 브랜딩과 관련해서 나를 전적으로 믿을 필요는 없다. 그냥 운에 의지해도 된다. 하지만 '운 좋은' 사람들은 대부분 그런 행운을 안겨준 고마운 퍼스널 브랜딩을 소유하고 있다.

과거와의 작별

우리는 변화의 시대, 새로운 일과 삶의 세계에 살고 있다. 팬데믹은 원격, 디지털, 가상 작업 공간, 덜 계층적인 조직 구조, 신기술에 힘입은 산업 재편성 등 이미 진행 중이던 추세를 한층 더 가속화했다. 코로나는 현대의 직장과 생활 방식에서 오는 스트레스와 불안을 증가시켰다. 유동적인 직장에서 두각을 나타내거나 경력 이동을 꾀

하는 건 쉽지 않으며 특히 원격 근무를 하는 경우에는 더욱 그렇다.

퍼스널 브랜딩에 관심을 두고 싶지 않을 수도 있지만, 이제 세상이 바뀌었다는 걸 생각해야 한다. 신입 사원이 선배들이 잘 다져놓은 길을 걷다가 곱게 은퇴할 수 있었던 시절은 오래전에 끝났다. 브랜딩은 더 이상 선택 사항이 아닐 수도 있다. 새로운 업무 환경에서 성공하려면 단순히 직업만 있으면 되는 게 아니라 브랜드를 구축해야 한다. 그리고 너무 바빠서 자신을 브랜딩할 시간이 없거나 책을 처음부터 끝까지 읽는 걸 싫어한다면, 이 책은 중간중간 원하는 부분만 골라서 읽을 수 있도록 구성되어 있다. 그 내용은 다음과 같다.

1부. 새로운 업무 환경에서 내게 적합한 포지셔닝 찾기
2부. 퍼스널 브랜드 포지셔닝 전략 10
3부. 나라는 브랜드에 놀라운 요소를 부여하기

쿼바디스?

팬데믹을 겪은 많은 사람들은 자기가 원하는 삶과 지금 살아가고 있는 삶에 대해 생각하기 시작했다. 그리고 성공에 대한 개념과 삶의 방식을 정의하기 시작했다. 어떤 이들은 더 많은 유연성을 원했고, 또 어떤 사람들은 더 많은 통제를 원했다. 2021년에 퓨 리서치Pew Research에서 실시한 조사에 따르면, 자신의 직업이나 경력을 의미의

원천으로 여기는 성인은 17퍼센트뿐이었는데, 이는 4년 전에 비해 7퍼센트 감소한 수치였다.[1] 팬데믹 기간에 자기가 원격 유목 생활을 좋아한다는 사실을 깨달은 이들도 있었다. 그들은 다시 현장 근무로 돌아가는 일 없이 앞으로도 계속 혼자서 조용히 일하고 싶어 했다.

다양한 프리즘을 통해 자신을 바라보는 건 누구에게나 도움이 된다. 브랜딩의 세계도 비전과 진정한 목표를 찾는 데 필요한 원칙과 전략의 거대한 저장고를 제공한다.

나라는 브랜드 포지셔닝

포지셔닝은 브랜드의 기초다. 이 책에서는 가장 성공적인 브랜드 포지셔닝 전략 10가지를 소개하는데, 전부 사람에게도 적용 가능한 전략들이다. 여러분은 창의적인 아이디어를 가진 혁신가인가? 목표를 초과 달성하도록 사람들을 독려하는 리더인가? 전통적인 리더의 상징과도 같은 독불장군인가, 아니면 그와 완전히 반대되는 타입?

자신의 가치를 정의하는 속성이나 강점을 바탕으로 브랜드를 구축하는 속성 포지셔닝, 아니면 자기가 헌신하는 대의를 중심으로 브랜드를 구축하는 대의 포지셔닝도 선택 가능하다. 또 특정 고객에게 브랜드를 집중시키는 목표 시장 포지셔닝도 있다.

각 포지셔닝 전략은 사용자의 성격, 선호도, 능력에 따라 최대한 활용할 수 있게 구성되었고, 각 장마다 제공되는 연습 훈련을 이용하면 손쉽게 나만의 브랜딩 작업을 통해 새로워진 모습을 기대할 수 있다. 온라인상으로 미리 자신에게 가장 잘 맞는 포지셔닝을 파악할 수 있게 퍼스널 브랜드 평가 테스트도 제공하고 있다.

브랜딩 작업은 꼭 필요한 걸까?

재능 있는 사람이 자신을 마케팅하는 데 어려움을 겪거나, 직업을 바꾸고 인생 2막(혹은 3막이나 4막)을 위한 '새로운 이미지'를 만들고 싶거나, 새로운 업무 환경 등 변화가 진행되는 와중에 경쟁을 벌여야 하거나, 하찮은 존재가 된 듯한 기분을 느끼거나 오도 가도 못하는 상황이 되거나 남들 눈에 띄지 않는다고 느낄 때, 그리고 혼자 독립해서 사업을 꾸려 나가고 싶을 때, 퍼스널 브랜딩이 매우 중요하다. 이런 역학 관계가 존재하는 한, 사람들은 자신에게 이점을 안겨줄 아이디어와 행동을 찾는다.

브랜딩은 경력과 자신의 운명을 적극적으로 개척하게 해주는 훌륭한 도구다. 열정과 목표를 품고 노력할수록 성공에 가까이 다가갈 수 있다. 그리고 결점과 한계가 있는 사람도 할 수 있다.

세상에 마술 지팡이 같은 건 없지만 퍼스널 브랜딩은 마술적인 힘을 발휘할 수 있다. 올바른 브랜딩을 활용하면 새로운 업무 환경에서 살아가는 방법과 성공하는 방법을 확실히 이해할 수 있다.

목차

1부

새로운 업무 환경에서
내게 적합한 포지셔닝 찾기

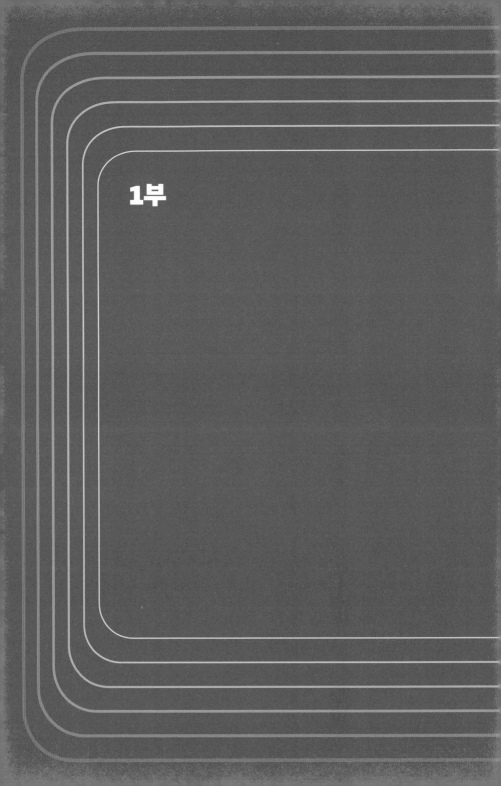

1부

3

새로운
업무 환경에서
내게 적합한
포지셔닝 찾기

1장

너 자신을 알라:
새로운 나의 발견

문명사회에 등장한 최초의 통찰력 있는 지혜 중 하나는 기원전 7세기에 델포이의 아폴로 신전 기둥에 새겨진 말인 '너 자신을 알라'다. 이 말은 단순하고 기본적인 얘기처럼 보인다. 내가 어떻게 나 자신을 모를 수가 있겠는가? 내 장점이 무엇이고, 내가 세상 어디에 속해 있는지 왜 모르겠는가?

여러분은 자신이 누구인지 아는가? 어쩌면 알 수도 있고, 모를 수도 있다. 자기 인식은 쉽지 않다. 그게 쉬웠다면 온라인 평가 테스트를 개발해서 자아 발견을 도와주는 전문가가 세상에 그렇게 많지 않을 것이다. 심지어 나도 하나 만들었다(3장에 QR 이미지가 있다).

성공 vs. 행복

자아 발견의 목표는 무엇일까? 대개의 경우 성공과 행복을 위해서지만 그걸 정의하는 방식은 사람마다 다르다. 성공과 행복을 이미 손에 넣었다면, 무엇을 더 바랄 수 있을까? 행복해지려면 '너 자신을 알라'는 말에 귀 기울이면서 마음속에 긍정적인 자아감을 만들어야 한다. 자기가 실제로 어떤 사람인지에 대한 자기 인식을 쌓아서 자아실현을 이뤄야 한다.

하지만 성공하려면 다른 이들의 마음에 긍정적인 정체성과 평판을 쌓아야 한다. 그들은 여러분을 고용하거나 승진시키는 사람이다. 아니면 여러분이 파는 물건을 사거나 여러분의 리더십을 따르거나 해고하는 사람일 수도 있다. 그 일을 혼자 해낼 수는 없다. 자신의 퍼스널 브랜드를 만들 수는 있지만 직접 통제하지는 못한다. 그걸 통제하는 힘 또한 다른 사람들의 것이다.

다른 사람들이 여러분의 평판을 결정한다. 여러분의 성공 뒤에도 다른 사람들이 있다. 우리 모두 이미 다른 사람들의 마음속에 자기 브랜드를 가지고 있으니, 이왕이면 그걸 강력한 브랜드로 만드는 편이 좋다. 특히 팬데믹 이후로 무슨 일이든 다 벌어질 수 있는 오늘날의 역동적인 작업 환경에서 경쟁하려면 더욱 그렇다. 그래서 퍼스널 브랜딩을 전달하는 방법을 배워야 한다. 자신의 본질과 성격, 장점, 오늘날의 직장 현실에 기반한 독특한 브랜드 정체성을 만들 필요가 있다.

나라는 브랜드를 설계하라

자신에게 아이디어를 부여하라

브랜딩이란 무엇일까? 마케팅 담당자들은 제품에 아이디어를 부여한다. 그 아이디어는 독특한 이미지와 정체성을 가진 브랜드가 고객의 마음속에 사리 삼게 한다.

퍼스널 브랜딩이란,
한 점에 집중된 남다르고, 관련성 있는 아이디어를
자신에게 부여해서
사람들이 여러분을 선택할 이유를 제공하는 것이다.

또 상사나 동료, 클라이언트 같은 '고객'의 마음속에 독특하게 포지셔닝할 수 있는 아이디어를 자신에게 부여해야 한다. 그 포지셔닝이 경쟁자와 어떻게 다른지 명확하게 설명할 수 있어야 한다.

| 집중된 아이디어

한 문장으로 자신을 포지셔닝할 수 있는 아이디어를 스스로에게 부여하고 싶을 것이다. 명확하고 간단한 언어, 누구나 이해하고 기억하고 반복할 수 있는 간단한 언어로 말이다. 난 뭐든지 할 수 있다고 주장하는 복잡한 브랜드가 되고 싶어 하는 사람은 없다.

'크고 복잡한' 아이디어보다 '작고 집중된' 아이디어를 추구하자. 최고의 포지셔닝 아이디어는 표적이 매우 명확하고 구체적이며 복잡하지 않다. 포지셔닝 아이디어가 간단하고 명확한가? 명함 뒷면에다 적을 수 있을 정도의 분량인가? 그 정도로 간단해야 한다.

| 색다른 아이디어

경쟁자를 따라 하고 싶다는 본능과 싸워야 한다. 여러분의 포지셔닝 아이디어가 경쟁자와 차별화되는가? '고객에게 헌신적인 팀 플레이어'처럼 남들과 똑같은 브랜드를 내세우는 건 아무 도움도 되지 않는다. 그렇게 남용되는 일상적인 표현은 아무 의미가 없다. 그러면 누구에게든 평범한 존재로 비춰질 테니, 가격이라도 낮추는 게 좋을 것이다. 그런 색다른 아이디어가 있으면 시장의 여백, 즉 누구도 채우지 못하거나 여러분과 같은 방식으로 만족시키지 못하는 시장의 요구를 발견할 수 있다.

물론 미리 대비가 되어 있어야 한다. 남들과 달라야 사람들 눈에 띌 수 있다. 퍼스널 브랜딩은 과시를 위한 게 아니라 좋은 쪽으로 돋보이기 위한 것이다. 정리 문제에 대해 색다른 방식으로 접근한 곤도 마리에를 보라. 곤도 마리에가 자신의 트레이드마크인 '설레는 물건'이라는 개념을 이용해 물건 정리를 명상적인 체험으로 만들기 전까지는 주변의 잡동사니 처리 문제를 진지하게 고민한 이들이 그렇게 많지 않았다. 그녀가 다른 정리 전문가들과 차별화될 수 있었던 이유는 질서나 통제보다 설렘을 강조했기 때문이다.

'마음을 설레게 하는 물건만 남겨두고 나머지는 다 버려라'는 곤도 마리에 정리법은 엄청난 인기를 끌었다. 그녀는 두 편의 넷플릭스 시리즈와 스티븐 콜베어Stephen Colbert가 진행하는 〈더 레이트 쇼The Late Show〉에도 출연했다. 그녀가 "난 엉망인 상태를 좋아해!"라고 외치는 영상은 2019년에 《타임》지가 선정한 올해의 10대 밈meme 중하나가 되었다. 곤도 마리에가 글로벌 브랜드가 된 건 잡동사니에 대한 신선한 접근 방식 덕분이란 걸 꼭 기억하자.

브랜드에 대한 색다른 아이디어가 있으면 강력한 힘을 발휘할 수 있다. 여러분의 직업과 기회를 차지하려고 경쟁을 벌이는 이들이 많다. 색다른 장점이 있으면 그런 이들과 차별화된다.

| 적절한 아이디어

여러분의 브랜드는 계속 변화하는 오늘날의 시대에 적합한가? 어떤 문제를 해결할 수 있는가? 이 문제를 잘 생각해보자. 새로운 업무 환경에서는 무임승차가 불가능하다. 빠르게 성장하는 오늘날의 비즈니스 환경에서 가치를 창출하는 존재로 인식되어야 한다. 그렇지 않으면 금세 남들에게 뒤처질 것이다.

"내가 일하는 업계가 어떤 방향으로 나아가고 있는가?", "내 회사는 어디로 가고 있는가?", "내가 하는 일이 새로운 업무 환경에서 가치가 있을까?" 같은 질문을 스스로에게 던져보자. 잘 모르겠다면 빨리 답을 찾아야 한다.

| 기억에 남는 아이디어

마지막으로 브랜드 포지셔닝 아이디어를 쉽게 기억하거나 반복할 수 있는 문장이나 캐치프레이즈를 만드는 게 좋다. 다양한 환경(구직 면접, 온라인 프로필, 인맥 형성 행사 등)에 맞게 이를 적절히 변형해서 사용하면 된다. 지루하거나 장황한 이야기에 관심을 기울일 사람은 없다. 우리는 커뮤니케이션 과부하의 시대에 살고 있으니, 브랜딩 모델을 잘 따라서 사람들이 여러분과 여러분이 상징하는 것들을 쉽게 기억할 수 있도록 해야 한다.

> 포지셔닝은 차별화 요소며, 여러분의 특별한 장점과
> 그것이 중요한 이유를 짧은 구절로 표현한다.

마케팅 담당자는 캐치프레이즈, 기억에 남는 비유, 그리고 다양한 비법을 사용하는데 여러분도 그렇게 할 수 있다. 예를 들어, 역동적인 디지털 기업에서 일하고 싶었던 에드워드라는 금융 서비스 담당 임원은 자기가 '사업가다운 사고방식과 창조적인 정신'을 가지고 있다고 홍보했다.

에드워드는 매우 창의적인 회사를 목표로 했기 때문에, 자신의 독창적인 디자인과 글쓰기 능력을 보여주기 위해 전통적인 이력서가 아닌 파워포인트 프레젠테이션 파일을 보냈다. 이 방법은 효과가 있어서 그는 일자리 제안을 받았다.

혼란은 당신의 적이다

포지셔닝의 목적은 집중된 브랜드 아이디어와 목소리를 확립할 수 있는 간단한 프로세스를 제공하는 것이다. 우리가 흔히 저지르는 가장 큰 실수는 모든 사람에게 호소하려는 것이다. 그건 지나치게 많은 기능과 혜택을 가진 브랜드와 비슷하다. 너무 많은 시장 부문에 어필하려는 브랜드는 결국 아무에게도 어필하지 못한다.

직관에 어긋나는 얘기처럼 들리겠지만, 초점은 좁힐수록 더 강해진다. 제품의 경우에도 그렇고 사람도 마찬가지다. 하나의 아이디어를 가지고 매우 구체적인 목표 대상에게 어필할 때 더 효과적이다.

랠프 네이더Ralph Nader처럼 자신의 브랜드 이미지를 너무 급격하게 바꾸지 않도록 주의해야 한다. 네이더는 기득권층을 공격하는 유명한 활동가인데, 1965년 그의 첫 책《어떤 속도에서도 안전하지 않다Unsafe at Any Speed》는 자동차 안전에 대해 폭로해 100만 부 이상 팔렸다. 그리고 2022년에 그는《내가 존경하는 12명의 CEOTwelve CEOs I Have Known and Admired》라는 새 책을 출판하려 했지만 그의 기존 이미지와 너무 맞지 않아 출판사들에게 거절당했다.[1]

브랜딩은 곧 빼기다

브랜딩 과정에는 포기하는 것도 포함된다. 여러분의 브랜드 포지셔닝은 진실하고 진정성이 있어야 하지만, 지금까지 해온 모든 일이나 자신의 모든 강점을 포함시킬 필요는 없다.

뭐든 다 하는 사람은 브랜딩에 아무런 쓸모도 없다.

자신의 브랜드를 큐레이션하고 최고의 포지셔닝 아이디어를 정하자. 전하고 싶은 이야기를 편집할 때는 불필요한 부분을 가차없이 쳐내야 한다. 다른 사람들도 여러분만큼 내세울 수 있는 내용은 전부 빼버리자. 복잡한 얘기도 전부 빼버리자. 과거에는 사람들을 꼼짝 못하게 했지만 미래에는 불가능한 것도 전부 빼버리자.

혼란은 우리를 파멸시킬 것이다. 그리고 누군가가 여러분에 대한 생각을 정하고 나면 그 의견을 바꾼다는 건 거의 불가능하다. 초점을 좁히면 예상치 못한 일이 벌어진다. 결국 그 하나의 포지셔닝 아이디어로 알려지게 된다. 그렇게 퍼스널 브랜드가 확립되는 것이다.

더 나은 브랜딩이 이긴다

자기가 대부분의 동료들보다 낫다고 말하는 클라이언트가 가끔 있다. 자격도 더 좋고 경험도 더 많고 뭐든지 다 남들보다 낫다는 것이다. 하지만 그들은 다른 동료들보다 일을 잘하지 못하거나 승진에서 탈락하거나 매출을 올리지 못했다. 불공평해 보일 수도 있지만 단순히 남들보다 뛰어난 것만으로는 충분하지 않을 때가 많다. 남들과 다른 부분에서 더 뛰어나야 한다. 그리고 그 남다른 뛰어남을 잘 마케팅해야 한다.

사실 '능력'은 성공을 위한 가장 중요한 속성이 아니다.

객관적인 기준으로 볼 때 '더 좋은' 제품이 시장에서 승리하지 못하는 경우가 종종 있다. 대개는 더 좋은 브랜딩을 내세우는 제품이나 사람이 이긴다. 우리는 경쟁 분야에서 다른 누구도 차지하지 못한 색다르고 좋은 위치, 즉 USPUnique Selling Proposition(독특한 판매 제안)를 찾고 있다. 이상적인 포지셔닝을 목표 고객의 마음속에서 차지하고 싶은 개념적인 장소라고 생각하자. 우리는 목표 대상이 중요하게 여기는 것, 남들과는 다른 뭔가를 의미하고 싶다. 그렇다면 우리가 사람들이 일반적으로 기대하는 수준과 어떻게 다른지 알려야 한다.

노력 + 브랜딩 = 성공

지금까지 노력한 것만으로도 충분히 남들 눈에 띌 텐데 왜 굳이 퍼스널 브랜딩까지 해야 하는지 의아할 수도 있다. 나도 그랬으면 좋겠다. 하지만 그런 경우는 거의 없다.

내가 사회에 진출한 이후 사람들은 늘 "열심히 일하면 성공할 거

다"라고 말했다. 그들은 "열심히 일하면 성공할 거다. …아마도"라고
말했어야 했다. 열심히 일하는 것도 물론 중요하지만 그것만으로는
충분하지 않다. 매일 아침 일찍 회사로 출근해서 일한 내용이 남들
눈에 낱낱이 보이는 경우에도 말이다. 집에서 재택근무를 하는 경우,
상사에게 일일이 보고하지 않는 이상 힘든 노력이 남들 눈에는 거의
보이지 않는다.

하드 파워 vs. 소프트 파워

성공하려면 하드 파워와 소프트 파워가 모두 필요하다. 하드 파워
는 경력, 학위, 직업, 교육, 자격증, 업적, 수상 내역 등 이력서에 기재
할 수 있는 사실 기반의 실질적인 내용이다. 물론 노력이 중요한 것
처럼 이런 하드 파워를 가지는 것도 중요하지만, 성공을 위해서는 그
것만 가져서는 안 된다.

오늘날의 진정한 힘은 소프트 파워(또는 퍼스널 브랜딩 파워), 즉 이
력서에 담을 수는 없지만 성공을 촉진하는 보이지 않는 무형의 자질
과 능력이다. 우리의 이미지와 명성도 소프트 파워다. 의사소통 능력
과 언어적 정체성, 인맥과 파트너십, 리더로서의 존재감과 시각적인
이미지, 회사, 지역 사회, 업계에서의 인지도, 다른 사람과 관계를 맺
는 능력, 신뢰성, 성격, 특히 호감도도 소프트 파워다.

나라는 브랜드를 설계하라

퍼스널 브랜딩 파워란 다음을 의미한다.

목적 – 지금 하고 있는 일을 하는 이유

포지셔닝 – 남들과 다르게 할 수 있는 부분

행동 계획 – 가치를 창출하고 목표를 달성하는 방법

자유 연상으로 시작하자

나라는 브랜드에 가장 적합한 포지셔닝을 정식으로 분석하기 전에 이 연습 과제를 해보자.

백지에 자신의 이름을 적는다. 그리고 머리에 가장 먼저 떠오르는 내용을 브랜드 포지셔닝 문구로 적는다. 연구 결과, 팩트, 집단 사고로 머릿속이 어지러워지기 전에 자유로운 생각을 포착하는 것이다. 직감과 직관 안에 자신을 브랜딩하는 방법과 관련된 훌륭한 아이디어가 숨어 있을지도 모른다. 혼자 또는 몇몇 사람들과 함께 아이데이션 트리나 마인드맵을 만들어서 이 연습 과제를 진행할 수도 있다. 이것은 다양한 아이디어와 옵션을 시각적인 형태로 탐색할 수 있는 좋은 방법이다. 다양한 배경을 가진 이들과 함께 자유 연상 형식의 브레인스토밍을 하다가 최고의 아이디어와 전략을 찾는 일이 종종 있다.

사회에 처음 나왔을 때 아시아 미술을 전문으로 하는 미술사학자로 경력을 쌓은 후 광고계에 뛰어들려고 했다. 이때 친구와 브레인스토밍을 하다가 획기적인 아이디어가 떠올랐다. 미국에서 많은 관객을 끌어모으는 혁신적인 아시아 미술 전시회를 개최하려면 창의력이 필요하기 때문에 나 자신을 '팔기 힘든 제품을 위한 마케터'로 포지셔닝한 것이다.

가장 중요한 건 인식이다

사람들이 여러분을 보면 어떤 생각이 떠오를까? 그게 브랜딩의 진정한 의미다. 여러분이 곁에 없을 때 사람들이 여러분에 대해서 하는 얘기가 바로 브랜드다.

브랜딩은 현실보다 인식이 더 중요하다.

다른 사람들이 여러분이 경영에 재능이 있다고 생각한다면 그렇게 될 것이다. 고위 리더들이 여러분을 평범한 인재로 여긴다면, 그들이 인식을 바꾸기 전까지는 고속 승진이 불가능할 것이다. 재택근무를 하느라 사무실에 출근하지 않을 때 다른 사람들이 여러분 생각을 전혀 하지 않는다면 이것도 여러분에 대한 인식에 문제가 있는 것이다. 브랜드 원칙과 전략을 따르면 나라는 브랜드에 대한 긍정적이고 의미 있는 인식을 쌓는 데 도움이 될 수 있다.

여러분에 대한 다른 사람들의 생각을 어떻게 알 수 있을까? 귀를 기울여야 한다. 다른 사람들이 여러분의 어떤 점을 칭찬하는가? 어떤 부분을 비판하는가? 프레젠테이션을 한 뒤에 피드백을 요청하자. 회사에서 일하는 경우에는 연례 인사고과표를 보면 상사가 여러분에 대해 어떻게 생각하는지 많은 정보를 얻을 수 있다.

외부의 시선으로 생각하라: 고객 우선

자신을 잘 브랜딩하려면 목표 대상(외부)부터 파악해야 한다. 그들의 문제와 요구를 이해해야 한다. 자기가 하고 싶은 말(내부)을 정하기 전에 그들 입장이 되어볼 필요가 있다.

브랜드 전문가들은 '이상적인 고객'을 자세히 설명하거나 시각화하는 등 고객 페르소나를 만든다. 여러분의 '고객'은 여러분이 목표를 달성하기 위해 영향력을 행사해야 하는 모든 사람이다. 따라서 회사에 다니는 경우에는 상사, 고위 경영진, 팀원 등이 모두 '고객'에 포함될 수 있다. 기업가라면 여러분이 판매하는 제품과 서비스를 찾는 사람들이 모두 고객이다.

전형적인 고객의 모습을 구체적인 인물로 상상해보자. 어떻게 생겼는가? 그들의 생활 방식은 어떤가? 그들을 움직이는 건 무엇인가? 무엇을 걱정하는가? 고객이 원하는 이점은 무엇인가? 그들과 감정적으로 연결되어 있는가? 좀 더 깊이 파고들어 보자. 그들을 성가시게 하는 건 무엇인가? 그들은 어떤 도전에 직면해 있는가? 그들은 정보를 어떻게 소비하는가? 여러분의 목표 대상이 회사 동료인 경우에도 이 실습은 큰 도움이 된다.

여러분의 목표 대상은 무엇을 기대하는가?
어떻게 해야 그런 사람이 될 수 있을까?

경쟁을 통해 배우자

혼잡하고 경쟁이 치열한 시장에서 승부를 겨룰 때는 자기 경쟁 상대가 누구인지 알아야 한다. 누구에게나 경쟁자가 있다(그들을 경쟁자라고 부르고 싶지 않을 수도 있지만). 경쟁자는 여러분과 동일한 목표 또는 목표 시장을 추구하는 모든 사람들을 말한다.

그래서 자신의 경쟁 상대, 그들이 내세우는 것, 여러분과 그들의 다른 점을 잘 알아야 한다. 간단한 경쟁 분석을 통해 그들을 분석하자. 주요 경쟁자의 강점이 뭔지 파악하고, 무엇보다 그들의 약점을 정의할 수 있어야 한다. 이상적인 방법은 여러분의 강점을 그들의 약점과 대비시키고, 그들의 장점을 별로 중요하지 않은 속성으로 재배치하는 것이다.

여러분의 목표는 중요한 부분에서 경쟁자들과 확실히 다르다고 인식될 것이다. 차별화 요소를 문장으로 표현해보자. 다음 빈칸을 채우자.

나와 같은 일을 하는 다른 사람들과 달리, 나는 _____

_____.

브랜드 감사: SWOT 분석

마케터들은 SWOT 분석이라고 하는 편리한 분석 방법을 자주 사용하는데, 이를 통해 브랜드의 강점, 약점, 기회, 위협을 한눈에 볼 수 있다. SWOT 분석은 오늘날의 급변하는 업무 환경에서 매우 유용한 도구가 될 수 있다. 자신의 강점과 약점을 현실적인 틀 안에서 집중적으로 살펴볼 수 있기 때문이다. 자신의 장점에 집중하고 약점은 비껴갈 수 있게 도와주며, 이를 통해 본인의 전문 영역에 존재하는 기회와 위협에 초점을 맞출 수 있다.

예를 들어, 팬데믹 기간에 내 SWOT 분석을 해본 결과, 현재의 직업 세계에서 많은 사람들의 눈에 띄고 성공하려면 퍼스널 브랜딩 기술이 필요하다는 걸 깨달았다. 재택근무와 하이브리드 환경으로의 전환, 기술 중심의 변화 때문에 퍼스널 브랜딩이 그 어느 때보다 중요해졌다. 개인적으로는 새로운 업무 환경이 위협이 아닌 기회였다.

정기적으로 SWOT 분석을 실시하면 요즘처럼 역동적인 세상에서도 계속 정상 궤도를 유지할 수 있다.

퍼스널 브랜드 감사: SWOT 분석

1. **강점:** 자기가 잘하는 일과 하고 싶은 일을 전부 적는다. 상사, 고객, 동료들이 높게 평가하는 여러분의 장점을 적는다. 성공에 도움이 되는 기술, 능력, 성격 특성도 포함시킨다.
2. **약점:** 자기가 잘 못하고 하기 싫은 일, 상사와 친구들이 비판하는 부분을 적는다.
3. **기회:** 기회의 문은 활짝 열려 있다. 본인에게 기회가 될 수 있는 걸 다 적는다. 핵심은 새로운 업무 환경에서 생겨난 아직 충족되지 않은 새 요구를 찾는 것이다.
4. **위협:** 자기 자신이나 경력, 사업, 경제 전망 등과 관련해 밤잠을 설치게 하는 업계 변화다.

방법과 사고방식

퍼스널 브랜드를 만들려면 자기 자신뿐만 아니라 타인의 머릿속에도 여러분이 어떤 사람인지 알 수 있는 명확한 정체성이 구축되어 있어야 한다.

여러분은 진정한 포지셔닝을 찾아야 한다(흔히 생각하는 것과 달리, 좋은 브랜딩은 언제나 진실해야 한다). 남들과 다르고 사람들이 여러분을 선택할 이유를 제공하는 포지셔닝이 필요하다. 일반적이고 흔한 브

나라는 브랜드를 설계하라

랜드, 과거에 빠져 있는 브랜드는 불가능하다.

퍼스널 브랜딩에서 여러분은 가장 중요한 자산이다. 교육이나 경력, 성취 같은 자산은 그 누구도 빼앗아갈 수 없다. 퍼스널 브랜딩은 자아실현(자기가 될 수 있는 사람이 되는 것)과 직업적 성공의 극대화를 통해 자산 가치를 높이는 방법을 알려준다.

퍼스널 브랜딩은 언제나 진정성이 중요하지만, 그러면서도 가장 매력적인 방식으로 자신을 보여줘야 한다.

자신의 브랜드를 정의할 때 가장 좋은 출발점은 진실에서 시작하는 것이다. 자기가 누구고, 어떤 사람이 될 수 있는지 보여주자. 또 퍼스널 브랜딩과 관련해서는 스스로 역량을 강화하는 게 중요하다. 지금까지의 경력과 앞으로의 직업적인 운명을 직접 통제해야 한다. 그건 아무도 대신 해줄 수 없는 일이다.

사시사철 언제나 필요한 브랜드

일자리가 많으면 경제가 튼튼해지고 고용 시장이 암울할 때는 시장이 약해진다. 하지만 변하지 않는 게 하나 있다. 팬데믹 때문에 상처받고 기술 발전으로 인해 급속한 변화를 겪고 있는 새로운 업무 환경에서 주도적으로 일하려면 퍼스널 브랜딩이 필요하다는 것이다.

남들 눈에 띄어야 하고 뭔가 가치 있는 걸 드러내야 한다. 시장의 요구를 충족시키면서 동시에 다른 사람들과 명확하게 차별화되는 포지셔닝이 필요하다.

우리는 모두 카메라 앞에 서 있다. 이제 자기 브랜드 내러티브의 제작자가 되어야 한다. 퍼스널 브랜드 책임자인 여러분은 항상 요령 있게 행동하면서 새로운 기회를 찾고 목표 시장에서 본인이 어떻게 인식되고 있는지 파악해야 한다.

우리는 규칙을 따르거나 그냥 앞으로 나아가는 데 지나치게 많은 시간을 쓰고 있다. 기회도 보지 못하고 우리 생계에 영향을 미치는 방식으로 변화하고 있는 세상도 알아차리지 못한다. 무슨 일이 벌어지고 있고, 그게 자신에게 어떤 영향을 미치는지 곰곰이 생각해볼 시간을 갖자. 그리고 자기 브랜드를 관리해야 한다. 본인과 본인의 미래를 정의할 때 수동적인 역할이 아닌 능동적인 역할을 하자.

나라는 브랜드를 설계하라

2장

퍼스널 브랜딩은
이제 선택 사항이 아니다

매일 옷을 말끔하게 차려입고 사무실에 출근하던 시절이 있었다. 직접 대면하는 이들은 대부분 직장 동료들이었고, 회사와 관련된 가장 큰 걱정거리는 출퇴근이었다. 그리고 심지어 5년 뒤에는 경력을 어느 정도 쌓을 수 있을까 하는 생각도 했다. 하지만 이제 그건 다 과거의 일이 되어버렸다.

이제 우리는 변화와 불확실성의 시대에 살고 있다. 팬데믹으로 인해 작업 환경이 디지털 기반의 새로운 환경으로 바뀌었다. 인터넷이 발전하고 혁신적인 신기술이 등장하면서 우리가 경험한 것 중 가장 규모가 큰 업무 방식 변화가 시작되었다. 그리고 기술 변화 속도는 앞으로도 줄어들지 않을 것이다. 비즈니스 예측가들은 미래에 새로

운 유형의 직무가 등장하고 익숙한 직무는 소멸될 가능성이 높다고 예측한다.[1]

이렇게 해일처럼 밀려온 변화가 미래의 생활 방식과 업무 방식에 어떤 영향을 미칠지 여러분은 아는가? 아무도 모른다. 그러나 다들 동의하는 건 예전과 같은 업무 방식으로 돌아가지는 않으리라는 것이다.

놀라운 성공 - 원격 근무

코로나19 대유행 초기에는 다들 팬데믹을 심각하게 받아들이지 않았지만, 그래도 상황에 신속하게 적응해서 업무 방식을 혁신한 기업이 많았다. 대부분의 직원이 재택근무 하기 어렵거나 불가능한 제조업과 접객업을 제외하고는 생산성이 저하되지 않았다.

많은 면에서 팬데믹은 노동자들의 승리였다. 노동자들은 새롭게 발견한 자유를 사랑했다. 긴 출퇴근 시간과 몸치장에 작별을 고하게 되었다. 그리고 캐주얼한 옷을 입고 원하는 시간에 원하는 장소에서 일할 수 있게 되었다. 대부분의 기업은 작업 차질과 생산성 손실을 거의 겪지 않고 계속 운영되었다. 재택근무자들을 대상으로 진행된 한 조사에서는 응답자의 40퍼센트가 업무 효율이 전보다 높아졌다고 답했고, 45퍼센트는 거의 똑같다고 했다. 사무실에서 일할 때보다 업무 효율이 떨어진다고 답한 이들은 15퍼센트밖에 안 됐다.[2]

원격 근무가 원활하게 진행되는 모습을 보고 충격을 받은 사람들이 많다. 2021년에 나온 '세계행복보고서'를 보면, 2020년에는 전 세계가 팬데믹으로 어려움을 겪었는데도 불구하고 삶의 만족도가 이전 해와 비슷한 수준으로 유지된 것을 알 수 있다.[3]

놀라운 소식: 대퇴사

팬데믹의 또 다른 결과는 수많은 사람이 노동 인구에서 이탈한 것이다. 이건 확실히 예상치 못한 전개였다. 대부분의 노동법은 고용주에게 유리하며, 지난 40년 동안 일자리와 임금의 영향력은 분명히 경영진 편이었다. 그러다가 팬데믹 경제가 닥치자 시계추가 고용인 쪽을 향해 빠르게 움직였다. 노동 시장이 경직되자 고용인들이 영향력과 권한, 선택권을 갖게 되었다.[4]

기업들이 직원의 의견에 귀 기울이기 시작한 건 인재 수요가 공급보다 크기 때문이다. 그러나 일자리가 많다는 사실을 알게 된 고용인들은 다음에 하고 싶은 일이 뭔지 찾기 위해 노동 시장을 떠났다. 어떤 이들은 봉쇄 기간 중에 새로운 사업을 시작했다. 2020년에는 신규 사업체 설립이 40퍼센트 이상 증가했다.[5] 많은 이들이 자신의 전문 분야를 중심으로 구축한 초소형 기업이라는 흥미로운 새 트렌드에 뛰어들었다.[6]

직원들이 얻은 권한

사무직 직원들은 팬데믹 기간 동안 집에서 로그인하는 데 익숙해졌고 재택근무의 유연성을 좋아했다. 그중 일부는 풀타임 혹은 심지어 파트타임으로도 사무실 근무로 돌아가고 싶지 않다고 했다. 직원 행동주의가 증가하면서 근로자들이 더 많은 임금과 근무 유연성, 적은 근로 시간, 많은 휴가를 요구하게 되었다. 이런 근로자들의 요구에 따라 정책을 바꾸는 기업들이 많아졌다. 대기업은 다양한 업무 옵션이 필요하다는 걸 깨달았다. 직원들에게 더 많은 통제권을 양도하는 것은 과거에 비해 극적으로 달라진 부분이다.

팬데믹은 자신의 삶을 재평가하도록 부추겼다. 2021년 10월에 나온 입소스Ipsos 조사 보고서에 따르면, 미국인의 54퍼센트가 자기 삶의 우선순위를 재고하면서 일과 삶의 균형을 우선시하고 있는데 20퍼센트는 이런 변화가 팬데믹 때문에 생겼다고 답했다.[7]

거대한 개편

이렇듯 업무 방식에 거대한 개편이 진행되고 있으며, 이제 팬데믹 이전 상황으로 돌아갈 가능성은 거의 없다. 지금 우리는 직장 생활을 조직하는 방법과 관련해 다양한 옵션을 제공하는 기술 중심의 새로운 업무 환경에 처해 있다.

이제 때가 된 것이다. 제2차 세계대전 이후에 엄격한 위계질서가 중심인 군대 모델을 바탕으로 만들어진 기업 구조는 현대 사회에 적합하지 않다. 계층적 패러다임이 놀라운 생산성을 발휘할 수는 있지만 혁신을 가로막고 의사 결정을 늦추며 기업 문화를 구축하기 어려운 환경이 조성될 수 있다.

많은 기업들이 업무 현장을 조사해서 재택근무가 가능한 인력과 불가능한 인력을 구분하고 있다. 재택근무가 가능한 인력 대부분은 노동 인구의 절반 이상을 차지하는 지식 노동자들이다. 문제는 의사 결정을 어떻게 배가시켜야 현대의 조직이 성공적이고 효율적이면서 문화적으로 풍부해지느냐다. 재택근무가 불가능한 사람들은 주로 제조업, 소매업, 접객업, 의료업에 종사한다. 이 그룹도 더 나은 근로 조건과 급여, 혜택 등의 업무 환경 개편을 원한다.

유연성을 높이자

업무가 재설계되고 있다. 이제 물리적인 장소는 필요 없어질 수도 있다. 업무는 여러분이 하는 일 그 자체다. 팬데믹 기간에 근로자들이 목소리를 높이기 시작하면서 자기들이 원하는 건 유연성이라고 크고 분명하게 말했다. 재택근무의 성공은 직장에 대한 새로운 아이디어가 효과적일 수 있고, 일하는 장소는 대부분의 비즈니스 리더가 생각하는 것만큼 중요하지 않다는 걸 입증했다.

2021년 11월에 글로벌 펄스Global Pulse가 미래 포럼Future Forum의 후원을 받아 지식 노동자 1만 명을 대상으로 실시한 설문 조사에서 응답자의 95퍼센트는 근무 시간의 유연성을 원했고 78퍼센트는 근무지의 유연성을 원했다.[8]

사람들은 천편일률적이지 않은 유연한 업무 환경을 원한다.

또 선택 사항이 한 가지뿐이어선 안 된다. 직원들은 선택의 자유를 원한다. 일하는 곳이 하이브리드 형태나 재택근무, 혹은 완전한 현장 근무여야만 할까? 모든 사람에게 동일한 시스템이 적용되는가? 어디에서나 일할 수 있는가? 아니면 사무실에서 일하되 전보다 유연한 근무가 가능한가?

하이브리드 방식은 모두에게 유리한가?

하이브리드 근무가 해결책이 될 수 있다. 대부분의 기업에 기본적으로 필요한 건 2가지 업무 방식의 가장 좋은 부분만 뽑아낸 시나리오다. 하이브리드 방식은 회의나 친목 도모를 위해 일주일에 사흘은 사무실에 나오고 이틀은 혼자 재택근무를 하는 것이다.[9]

직원들은 원격으로 유연하게 작업할 수 있고, 회사는 혁신, 의사 결정, 기업 문화에 매우 중요한 일대일 상호 작용을 유지할 수 있다.

나라는 브랜드를 설계하라

모든 직원이 사무실로 복귀하기를 바라는 기업도 있는데, 직원들 중에도 근무 일정이 좀 더 유연하기만 하다면 사무실로 복귀하는 데 동의하는 이들이 많다. 일부 기업, 특히 IT 기업 중에는 100퍼센트 재택근무로 전환하면서 경계 없는 노선을 취하는 곳도 있다. 경계가 없다는 얘기는 세상 어디에 살든 거주지를 옮기지 않고도 가장 뛰어난 최고의 인재들과 함께 일할 수 있다는 뜻이다. 그건 아주 멋진 얘기처럼 들린다.

하지만 100퍼센트 재택근무를 하는 회사에서 어떻게 소속감(공동체 의식과 기업 문화)을 느낄 것인가 하는 건 여전히 해결해야 할 문제로 남아 있다. 그리고 그 외의 다른 문제들도 있다.

눈에 보이지 않는 것의 위험성

재택근무에는 여러 가지 이점이 있는데, 특히 통근 시간이 길거나 회의에 참석하면서 동시에 밀린 빨래를 처리하고 싶은 사람에게는 더욱 그렇다. 하지만 관계 형성과 가시성은 그 이점에 포함되지 않는다. 그리고 그것 때문에 불리한 처지에 놓일 수 있다.

어떤 사람은 직접 만나 대화하는 시간의 중요성을 너무 과대평가한다고 말하기도 하지만, 난 동료들과 실시간으로 얼굴을 맞대고 접촉하는 걸 피하면 직장 생활이 파탄날 수도 있다고 생각한다. 자기가 팀의 중요한 일원인지 확인해야 하는데, 그러려면 실시간 접촉을 통해 남들 눈에 띄는 게 중요하다.

직접 만나서 대화하는 시간이 과대평가되고 불필요하다고?
"그걸 피하려면 위험을 무릅써야 한다!"고 말하고 싶다.

성공하려면 남들에게 알려지고 기억되어야 한다. 여러분이 재택근무하는 모습을 회사 사람들이 보지 못한다면 어떻게 승진하거나 뛰어난 성과에 대한 보상을 받을 수 있겠는가? 사람들이 여러분에 대해 직접적으로 잘 알지 못한다면 어떻게 더 큰 가능성을 불러들일 수 있겠는가?

물론 전통적인 직장에서도 사람들 눈에 잘 띄지 않을 수 있지만, 원격 근무나 하이브리드 근무 환경에서는 이런 가시성 부족이 더 심해진다. 눈에 보이지 않으면 더 쉽게 잊힌다.

좋은 기회를 놓칠까 봐 불안한가, 아니면 그냥 잊고 싶은가?

전통적인 사무실에서 함께 일하는 사람들은 개인적인 경험을 훨씬 많이 하고, 고위 임원이나 동료들과 자주 접할 수 있다. 관리자들은 대부분 대면 상호 작용이 기업 문화와 혁신에 매우 중요하다고 생각한다.

재택근무를 하기로 결정하고 사무실에는 가끔씩만 나가거나 거의 가지 않는다면 FOMO(좋은 기회를 놓치는 것에 대한 두려움)를 걱정해야 한다. 이런 사람들은 기회를 대부분 놓치게 된다.

뭘 놓치게 될까?

복도를 지나다가 고위 임원이나 동료들과 우연히 만날 기회를 놓치게 된다. 이런 우연한 만남이 30분간의 대화로 이어지기도 한다. "새로운 프로젝트에 대해 잠깐 얘기할 시간이 있나요?" 또는 "흠… 그 분야에 경험이 있는 줄은 몰랐네요" 같은 대화가 새로운 기회와 승진으로 이어지는 것이다.

관리자라면 누구나 아는 사실이지만,
승진하기 가장 쉬운 사람은 관리자들이 잘 아는 사람이다.
그리고 그렇게 잘 아는 사람은 해고하기도 어렵다.

남들에게 알려지고 인정받는 건 중요하다. 알려지지 않은 사람은 경력을 발전시킬 수 없다.

가상 세계에서의 소속감

관계를 맺고 공동체를 만드는 건 회사의 성공과 여러분의 성공을 위해서 중요하다. 재택근무를 하거나 하이브리드 환경에서 일할 때는 커뮤니티, 사교, 멘토링을 위한 기회와 체계를 의도적으로 만드는 회사와 제휴해야 한다. 그렇지 않으면 소외감을 느끼거나 외부인 같은 기분이 들거나 딱딱한 업무 환경에 고립된다.

여러분이 놓칠 수 있는 문화적인 순간과 기회가 있다. 새로운 직장에서 온라인상으로 평판을 쌓거나 회사에 적응하려면 어떻게 해야 할까? 재택근무를 하면서 기업 문화를 익히려면? 멘토와 유대감을 쌓고 싶다면? 대면 근무를 하는 직원들과 동일한 교육을 받을 방법이 있을까?

레이더에 포착되어야 한다

재택근무를 할 때는 고위 임원의 사무실에 찾아가 "잠깐 드릴 말씀이 있습니다"라고 하는 게 불가능하다. 이런 상황에서는 사무실에서 일하는 시간을 최대한 늘리면서 상사 눈에 띄려고 노력하는 야심 찬 동료들과 경쟁을 벌여야 한다. 하루 종일 사무실에서 일할 때는 일상적이었던 미팅이나 즉석 회의를 거의 놓치게 된다. 화상 회의를 할 때는 동료들에게 아이들은 잘 지내느냐는 등의 개인적인 질문을 할

나라는 브랜드를 설계하라

수가 없다. 또 다른 팀에서 일하는 선배를 만나거나 복도를 오가다 사람들과 마주칠 기회도 없다.

상사와 여러분의 팀이 즉석 회의를 한다고 상상해보자. 그들이 화상 회의를 개최해서 여러분을 초대하지 않는 이상 이런 상황을 알 방법이 없다. 하지만 솔직히 말해서, 시간을 들여 그렇게까지 해주는 경우가 몇 번이나 있겠는가?

결국 여러분이 없는 상태에서 중요한 결정을 내릴 것이다. 원격 근무를 하다 보면 남들을 따라잡으려고 애써야 하거나 더 심한 경우, 없는 사람 취급을 당하는 일이 종종 생긴다. 팀원 전체에게 보내는 이메일과 슬랙Slack(클라우드 기반의 팀 협업용 도구 - 옮긴이) 메시지를 여러분만 받지 못한다면 어떻게 하겠는가? 물론 우발적인 실수일 수도 있지만, 그걸 알게 된 시점에는 프로젝트 마감을 지키지 못하게 될 것이다.

집에서 일하면 생산성이 매우 높아진다고 생각할 수도 있지만, 그래도 상사나 다른 고위 관리자들과 매주 15분씩 커피를 마시면서 얘기를 나누는 시간을 적극적으로 마련해야 한다. 그래야 여러분이 무슨 일을 하고 있는지 그들에게 알릴 수 있다. 이 짧은 시간을 이용해서 현재 작업하는 내용을 얘기하고 여러분이 도움이 될 만한 다른 프로젝트가 있는지 물어보자.

재택근무는 대면 근무보다 나쁜가?

재택근무에는 또 다른 단점도 있다. 마이크로소프트가 6만 명 이상의 재택근무 직원을 대상으로 진행한 연구에 따르면, 여러 팀들끼리의 협업이 부족하고 서로 고립되어 있었다.[10]

생산성 전문가에 따르면, 그룹 간의 협업과 강력한 유대감은 창의력을 발휘하는 열쇠라고 한다. 그러나 마이크로소프트의 연구 결과를 보면, 재택근무를 하는 사람들 사이에 한 가지 놀라운 커뮤니케이션 경향이 드러났다. 개별 팀들끼리는 더 가까워진 것이다. 그런 집단은 생산성이 치솟았다. 이는 똑같은 처지에 있는 사람들 사이에 생기는 결속 효과다.

안타깝게도 재택근무를 선택하면 일부 고위 관리자에게 잘못된 메시지를 전할 수 있다. 트위터Twitter, 쇼피파이Shopify, 드롭박스 Drop-Box 같은 IT 기업들도 재택근무를 시작했지만, 비즈니스계의 일부 거물들은 재택근무 직원의 직업 윤리에 의문을 제기했다.

JP모건JP Morgan CEO인 제이미 다이먼Jamie Dimon은 재택근무는 "서두르고 싶어 하는 사람들에게는 도움이 되지 않는다"고 선언한 것으로 유명하다.[11] (그런데 재택근무자들이 태만하다는 증거는 없다. 사실 그 반대다.)

2등급 시스템?

일부 업무 현장 전문가들은 대면 근무, 하이브리드, 재택근무가 혼합될 경우 2단계 작업 환경을 초래할 것이라고 우려한다. 그들은 현장에서 일하는 직원은 인정받고 승진도 하지만 원격 근무자들은 2등 시민이나 고아처럼 뒤처질 것이라고 예측했다.[12]

재택근무자의 불이익:
자기가 팀의 '진짜' 구성원이 아니라는 느낌

간단히 말해서, 사무실에 출근하지 않으면 불리한 입장에 놓이게 된다. 이런 '사무실 근무 직원' 대 '재택근무 직원'의 차이는 회사 권력층과의 근접성에 따라 '가진 자' 대 '가지지 못한 자'로 나뉘게 될 것이다. 실제로 온라인상으로 상사와의 업무 확인 일정을 아무리 많이 잡아놓아도 사무실에서 한 자리 건너에 앉아 있을 때처럼 자주 얘기를 주고받거나 긴밀한 관계를 맺는 건 불가능하다.

재택근무를 하면 상사 옆에 앉아서 일하는 동료들에 비해 불리할 수 있다. 화상 회의 일정을 잡는 것보다 사무실에서 상대방의 눈을 똑바로 바라보며 얘기하는 게 더 가치가 있다.

이런 2등급 시스템은 남성보다 여성에게 더 큰 피해를 입힐 것으로 예상된다. 링크드인LinkedIn에서 진행한 조사 결과는 여성이 재택근무를 신청할 가능성이 25퍼센트 더 높다는 걸 보여준다.[13]

새로운 온사이트 기능을 하는 오프사이트

다른 집단끼리의 문화 감각과 연결, 사명감을 확립하기 위해 일부 회사에서는 '오프사이트를 새로운 온사이트로 활용'하는 혁신적인 모델을 모색하고 있다.[14] 호텔, 에어비앤비Airbnb 맨션, 스파(야외나 사무실 내에서) 등에서 다 함께 직접 만날 수 있는 짧은 오프사이트 모임을 개최하는 것이다. 재택근무의 자유를 그대로 유지하면서 예전 사무실에서 일하던 시절의 사회적 관계와 창의적인 브레인스토밍을 되살리자는 취지다.

하지만 이런 오프사이트 모임이 거리상 힘들 수도 있다. 그래서 기업들은 비용 효율적으로 모임 계획을 세우고 사교와 재연결, 신뢰 구축, 업무 수행이 균형을 이루도록 할 수 있는 기술을 찾고 있다.

재택근무자, 하이브리드 근무자, 사무실 근무자 등이 모두 기업 문화를 습득하고 서로 적절한 관계를 맺도록 하려면 이런 오프사이트 모임을 얼마나 자주 열어야 하는지(매달, 6주에 한 번, 분기별 등) 정해야 한다.

과잉 소통 세상

이제 우리가 집중할 수 있는 시간은 몇 초로 줄었다. 팬데믹 전에도 이미 커뮤니케이션 번아웃이 진행되고 있었는데, 지금은 상황이 더 나빠져서 의심의 여지가 없다. 사람들에게 매일 쏟아지는 온라인 커뮤니케이션과 회의 요청에 어떻게 대처하고 있는지 물어보라. 이런 일이 가능해진 건 기술 발달과 더욱 매트릭스화되고 비계층화된 조직으로 바뀌었기 때문이다. 이 말은 곧 지속적으로 정보를 제공해야 하는 상사와 팀이 늘어났고 참석해야 하는 회의도 많아졌다는 뜻이다.

예전에는 화상 회의를 하려면 노련한 시청각 전문가와 거대한 고급 장비가 필요했다. 하지만 이제 줌Zoom과 마이크로소프트 팀즈Microsoft Teams를 사용하면 누구나, 심지어 어린아이도 할 수 있게 되었다. 그리고 스마트폰과 노트북에는 이메일, 문자, 메시징 앱이 계속 늘어나고 있다. 인터넷은 우리가 어디에 있든 상관없이 언제나 손쉽게 남들과 연락할 수 있게 해준다(그리고 어떤 상사는 실제로 직원들과 항상 연락이 가능해야 한다고 생각한다).

놀랍게도 기술 발전이 업무량을 줄여주지는 못했다. 전보나 일의 수렁에 더 깊이 빠져있는 이들이 많다.

일터에서 살기

기술이 발전하면 업무 시간이 단축될 것이라고 생각했지만 그렇게 되지 않았다. 어떤 직원의 말처럼 이건 "집에서 일하는"게 아니라 "직장에서 사는" 것이다.

2020년에 하버드 경영대학원이 실시한 연구에서는 16개 글로벌 도시의 2,900개 회사에서 근무하는 직원 3백여만 명의 이메일과 일정 데이터를 조사했다.[15] 코로나로 인한 봉쇄가 시작된 이후 그들의 일일 평균 업무량은 48분 늘었고, 회의 수는 13퍼센트 증가했다. 평균 근무일도 무려 8퍼센트 이상 증가했다.

주 100시간 근무제 시대에 접어든 걸 환영한다.

일과 삶의 균형을 맞추기 위해 일부 고용주는 직원들이 '온라인 상태'로 있어야 하는 '핵심 근무 시간'을 제한했다. 직원들은 일과 삶의 균형을 높이기 위해 저녁 시간이나 주말에는 일을 시키지 못하도록 강제하는 법을 만들려고 로비를 벌이고 있다.

비정규직의 부상

지금은 아닐지 몰라도 미래에는 여러분도 긱 노동을 하게 될 수 있다. 미국 회계감사원 보고서에 따르면 미국 노동 인구의 40퍼센트가 비정규직 근로자다.[16] 2050년에는 기업들이 프리랜서 노동자를 이용하는 비율이 미국 노동 인구의 50퍼센트까지 늘어날 것으로 예상된다.

프리랜서 인력 사용이 증가하는 건 미국만의 현상이 아니다. 옥스퍼드 이코노믹스Oxford Economics의 조사에 따르면, 27개 나라의 기업 임원 중 80퍼센트 이상이 비정규직 직원을 늘릴 계획이라고 한다.[17]

그렇게 되면 더 많은 자유를 누릴 수 있으니 꽤 매력적이겠지만, 비정규직 근로자로 분류될 경우 단점이 있다. 점점 늘어나고 있는 긱 근로자, 프리랜서, 독립 계약자들은 혜택 부족과 고용 안정성에 대해서 자주 얘기한다.

여러분이 본인의 선택에 의해 혹은 다른 사람의 지시 때문에 비정규직 노동자의 길을 가게 된다면, 본인의 가치를 드러내고 선택권을 갖기 위해 퍼스널 브랜딩 기술을 습득해야 한다. 경기가 하강 국면에 접어들면 비정규직이 가장 먼저 해고되는 경우가 많다.

자신의 유효 기간

또 빠른 변화 속도와 AR(증강 현실), 자동화, 기타 우리에게 영향을 미치는 다른 혁신 기술 때문에 시대에 뒤떨어지는 걸 막기 위해서라도 자신을 브랜딩해야 한다. 기술은 세상을 자동화해서 지루하고 반복적인 작업을 많이 없앴지만, 한편으로는 일터를 더 경쟁이 심하고 빠르게 변화하는 글로벌 현장으로 만들기도 했다.

기술 미래학자들은 모바일, 웨어러블 장비, 임베디드 컴퓨팅 때문에 우리가 정보를 수집하고 공유하는 방식이나 장소가 더 많이 변할 것이라고 예측한다.

누가 여러분을 찾는가?

새로운 직업 세계에서 긴장을 늦추지 말아야 하는 다른 이유들도 있다. 빅 브라더Big Brother가 우리를 지켜볼지도 모른다. 컴퓨터를 이용한 출퇴근 기록, 업무용 컴퓨터 사용 추적, 감시 소프트웨어를 통한 이메일 및 내부 통신 모니터링 등 여러분이 하루 일과를 어떻게 보내는지 더 철저하게 감시할 수 있다. 따라서 회사에서 제공하는 장치를 사용할 때는 주의해야 한다. 개인적인 대화와 활동은 자기 소유의 기기로만 하는 것이 가장 좋다.

직장에 변화가 생기면 누구나 불안해진다. 이제는 변화가 특이한 현상이 아니라 일상적인 규칙이라는 걸 받아들여야 한다. 변화는 새로운 현상이다. 이제 회사가 여러분을 돌봐줄 거라고 믿고 의지할 수 없다. 은퇴할 때 금시계를 주던 시대는 가버렸다. 이제 대부분의 기업은 본인들의 생존을 위해 싸우고 있다. 그러니 자기가 자기를 돌보는 수밖에 없다.

새로운 업무 메타버스

기업들은 AR과 다양한 기술을 활용해서 매우 사실적인 대화형 회의와 만남을 위한 메타버스를 만들고 있다. 서로 수천 킬로미터씩 떨어져 있을 때도 모든 사람, 혹은 적어도 그들의 아바타는 같은 방에 있는 것처럼 보일 것이다. 팬데믹과 새로운 기술의 부상은 가상 현실, 게임, 실생활, 소셜 미디어 세계에서 이미 일어나고 있던 융합을 가속화했다. 메타버스와 물리적 세계가 앞으로도 계속 수렴될지, 어떤 방식으로 수렴될지는 아직 아무도 모른다.

2021년 10월에 페이스북Facebook을 '메타Meta'라는 이름으로 재브랜딩한다고 발표하는 자리에서, 그들은 앞으로 메타버스가 어떤 모습을 띠게 될지 소개했다. 마크 저커버그Mark Zuckerberg(메타버스에서는 마크 Z라고 부른다)는 다가오는 몰입형 세계에서의 일과 놀이에 대한 가상 투어를 제공했다. 그건 경계가 없는 세상이다. 자신의 아바타를 원하는 어떤 모습으로든 만들 수 있다.

브랜딩 천국인가, 혼돈인가?

그렇다면 이런 상황에서 퍼스널 브랜딩 전문가는 어떤 국면을 맞게 될까? 선택지가 과도하게 많아지면 퍼스널 브랜딩의 천국이 펼쳐질까, 아니면 완전한 혼란에 빠질까?

브랜딩 관점에서는 모든 게 브랜드화되길 바랄 것이다. IRL(실제) 사람과 아바타를 연결하는 내러티브 스레드가 있어야 한다. 브랜드가 하나뿐이어도 남들에게 제대로 인식되기 힘든데, 메타버스나 직접 대면할 때나 온라인상에서 자신을 표현하는 페르소나가 여러 개라면 완전히 엉망이 되어버릴 것이다.

여러분의 미래는 어떤가?

새로운 업무 환경의 모든 장점은 그에 따르는 어려움 때문에 상쇄된다. 팬데믹을 겪으면서 내 직장 생활에서 마음에 들지 않는 부분에 대해 생각해본 사람들이 많다. 그리고 그런 불안은 미국인들만 겪은 현상이 아니다. 글로벌 퓨처Global Future라는 싱크탱크의 조사에 따르면, 영국인의 4분의 3 이상이 직장 생활에 큰 변화를 줄 생각이라고 한다.[18]

우리가 일하는 방식과 생활하는 방식에 더 많은 유연성을 요구하는 목소리가 매우 커졌다. 하지만 변화하는 경제 상황과 신기술을 헤쳐나가려면 앞으로의 경력을 계획하는 방식에도 유연성이 필요하다. 빠르게 변화하는 세상에서 의미 있는 위치를 유지하기 위해 직업을 바꿔야 하는 사람들도 많다. 커뮤니티를 육성하고 새로운 업무 현장에서 성공하도록 도와주는 프로그램을 갖춘 회사에서 일하는 게 가장 좋다.

여러분이 어떤 길을 택하든, 퍼스널 브랜딩은 자기 방식대로 경력을 관리하는 데 도움이 된다. 세상이 바뀌었다. 그에 대한 대비가 잘 되어 있는가?

3장

시대를 초월한 10가지 전략과
새로운 업무 환경의 7가지 현실

적합한 포지셔닝을 찾는 게 무엇보다 중요하다. 포지셔닝 10가지 전략에는 시대를 초월한 진짜 지혜가 담겨 있으며, 지금도 대형 브랜드들이 사용한다. 이 전략은 여러분을 브랜딩할 때도 효과적이다.

포지셔닝 전략에서 중요한 건 브랜드를 구축하는 게 아니라 브랜드가 되는 것이다. 자기만의 독특한 가치를 발견해야 한다. 다음 장의 내용은 여러분이 세상에 선보이고 싶은 사람이 되기 위해 필요한 분석을 진행하는 데 도움이 될 것이다. 지름길 같은 건 없다.

고유한 포지셔닝에 대해서는 별도의 장에서 다룰 것이다. 거기에서 각 포지셔닝의 성격과 사회적, 심리적 프로필을 확인할 수 있다. 브랜딩 업계, 잘 알려진 인물, 일반 직원과 전문가의 사례를 읽어볼 수 있다. (어떤 사례가 여러분과 비슷한가?)

그리고 자신의 포지셔닝을 명확한 '퍼스널 브랜드 문장(하나의 문장으로 표현한 브랜드)'으로 요약하는 연습을 하면서 각 장을 마무리한다. 이 문장을 통해 여러분은 어떤 점이 다른지 전달하고 키워드와 주요 지지점을 파악할 수 있다. 그러면 자신의 경력과 브랜드 내러티브를 쉽게 조합할 수 있을 것이다.

포지셔닝이 곧 이정표다

포지셔닝 전략은 퍼스널 브랜드 개발을 위한 이정표이자 자신을 마케팅할 때 따라야 하는 로드맵이다. 포지셔닝은 가치 제안, 브랜드 성격, 간략한 설명, 시각적 정체성, 언어적 정체성, 마케팅 활동 등 모든 걸 정한다. 또 포지셔닝을 활용하면 뭐가 브랜드에 적합한지 아닌지를 쉽게 판단할 수 있다.

포지셔닝 10가지 전략

1. 혁신가
2. 리더
3. 이단아
4. 속성
5. 엔지니어

6. 전문가

7. 목표 시장

8. 엘리트

9. 유산

10. 대의명분

인기 있는 포지셔닝 전략 중 여기 포함시키지 않은 게 하나 있는데, 바로 낮은 가격이다. 이 책을 읽고 있는 여러분은 헐값으로 경쟁하고 싶지는 않을 거라고 생각했기 때문이다.

내 비법 공유:
온라인 퍼스널 브랜드 파인더

 내가 만든 온라인 평가 테스트는 여러분의 포지셔닝 이점을 찾는 데 도움이 되도록 설계했다. 이 알고리즘은 '올바른' 답, 즉 각자의 심리 유형에 맞는 최적의 포지셔닝을 찾을 수 있는 확률을 높여준다. 자신의 강점과 선호도에 적합한 최고의 작전을 알려주는 브랜드 전략을 선택하고 해당 분야에 대한 전문 지식을 쌓으면 누구도 여러분을 막을 수 없다.

직감을 믿어야 한다. 그게 우리 머리보다 더 똑똑한 경우가 많다. 내가 해낸 것처럼 여러분도 해낼 수 있다.

실수를 저지르자

최고의 포지셔닝 전략을 찾는 건 여러분이나 나, 최고의 마케터들 모두에게 쉽지 않은 일이다. 처음에는 포지셔닝을 제대로 못할 수도 있지만 그렇다고 그만두면 안 된다. 대형 브랜드들도 올바른 포지셔닝을 찾기까지 어려움을 겪었다.

1950년대와 1960년대에 볼보Volvo는 처음 미국에 진출할 때, 다양한 포지셔닝 전략을 모색했다.[1] 1950년대에는 값비싼 차량을 소유한 사람들을 위한 '세컨드카second car'로 포지셔닝했지만 대부분의 미국인은 가격이 꽤 비싼 볼보를 세컨드카로 보유할 여유가 없었다. 때문에 이 마케팅 캠페인은 완전히 실패해 미국에서의 볼보 자동차 판매는 저조했다.

1959년에 볼보는 광고 대행사를 바꾸고 '품질' 속성(포지셔닝 전략 4, 속성을 사용)을 중심으로 캠페인을 진행했지만 매출은 여전히 실망스러웠다. 다시 볼보는 광고 대행사를 바꿔 당시 미국 자동차의 특징이던 빠른 노후화를 겨냥해 '내구성'이라는 다른 속성을 내세우기로 했다.

사람들이 여러분의 포지셔닝을 좋아하는가?

앞에서 말한 볼보의 포지셔닝 전략 중 미국 소비사들에게 반항을

나라는 브랜드를 설계하라

일으킨 건 하나도 없다. 그러다가 1970년에 볼보가 다른 특성(그리고 다른 광고 대행사)을 홍보하기로 결정한 뒤에야 비로소 이 스웨덴 자동차 제조업체의 상황이 바뀌었다.

'안전성'은 그때까지 다른 차들이 내세우지 않은 새롭고 색다른 특성이었다. 안전한 차라는 포지셔닝은 미국 소비자들의 인기를 끌었고, 볼보는 미국 자동차 시장에서 상당한 입지를 차지하게 되었다. 그리고 지금은 물론 다른 자동차 브랜드들도 안전에 대한 볼보의 비전을 따라가고 있다.

새로운 현실 1:
여러분의 진로가 트렌드에 맞는지 평가하라

새로운 업무 환경에는 여러분이 맞서야 하는 새로운 현실이 존재한다. 미래학자들은 새로운 '일'이 부상하고 전통적인 일이 종말을 맞으면서 노동 인구는 끊임없이 역동적인 변화를 겪을 것이라고 예측한다. 새로운 직업 세계에서는 많은 사람들이 자신의 선택이나 필요에 따라 직업을 여러 번 바꿀 거라는 예측도 한다.[2] 여러분이 하는 일(혹은 그 일부)을 로봇이 대신할 수 있게 되면 곤란한 상황에 처할 것이다. 그렇게 되면 근본적인 변신이 필요해진다.

하지만 업계가 변하고 있고 여러분의 전문 분야가 예전만큼 중요하지 않다면 어떻게 해야 할까? 가장 먼저 해야 할 일은 자신의 현재 위치를 평가하는 것이다. "내가 하는 일의 미래는 어떻게 될까? 새로운 기술을 익혀야 할까?" 자문해보자.

에린도 미래를 걱정했다. 에린은 디지털 세계의 전통적인 마케터였기 때문에 공룡처럼 멸종할까 봐 두려워했다.

중요한 회의에 부르지 않는다면
SOS 신호를 보낼 때가 된 것이다.

에린은 걱정할 이유가 충분했다. 그녀가 최고 마케팅 책임자로서 하던 역할이 사라지고, 이제 마케팅 부서 사람들은 모두 최고 디지털 책임자에게 업무 보고를 했다. 많은 기업들이 그렇듯이 디지털 마케팅이 전통적인 마케팅을 추월했다.

에린은 소셜 미디어나 디지털 분석 경험이 거의 없었다. 그래서 마케팅 회의에 참석해도 자기가 전처럼 중요한 역할을 하지 못한다는 걸 깨달았다. 이제는 디지털 캠페인과 소셜 미디어 캠페인에 모든 관심이 쏠리고 예산도 가장 많이 책정되었다.

새로운 현실 2:
최고의 미래를 상상하라

에린은 갑자기 자기 자리가 없어질 수 있고, 경력이 끝나가고 있을지도 모른다는 걸 깨달았다. 겨우 30대 후반밖에 안 됐는데 말이다. 그녀에게는 대대적인 브랜드 개편이 필요했다. 그래서 관련 교육을 받고 디지털 콘퍼런스에 참석하면서 새로운 기회의 땅인 디지털 자격증을 취득했다.

에린은 자신을 디지털 전문가로 재포지셔닝했다. 전통적인 마케팅 분야에서 확실한 경력을 쌓은 디지털 마케팅 전문가라는 보기 드문 인재로 자리매김한 것이다. 그녀는 새로운 포지셔닝과 자격증 덕분에 더 나은 미래를 제공하는 디지털 마케팅 업무를 맡게 되었다.

새로운 현실 3:
개인 마케팅 계획을 시작하라

새로운 업무 환경에서는 가시성이 그 어느 때보다 중요하다. 앞으로 나아가고 싶다면 바위 밑에 숨어선 안 된다. 따라서 회사가 하이브리드 근무 형태로 전환된 경우에는 상사의 일정을 따라가는 게 현명한 선택이다. 그래야 상사와 얼굴을 맞댈 기회가 많아진다. 하지만 그렇게 하고 싶지 않을 수도 있다.

사람들이 저지르는 큰 실수 하나는, 일을 잘하면 저절로 주목받으리라고 생각하는 것이다. 그건 팬데믹 이전에도 사실이 아니었고 지금도 마찬가지다. (물론 운이 아주아주 좋은 경우에는 예외다.) 집에서 재택근무를 할 때는 일하는 모습이 남들에게 보이지 않는다는 문제가 생긴다. 조시가 깨달은 것처럼, 그게 여러분에게 해가 될 수도 있다.

자기가 하는 일이 저절로 남들 눈에 띌 거라고 생각하지 마라.
사람들이 보는 앞에서 일을 하는 것이 여러분의 임무다.

조시는 항상 상사의 감독을 거의 받지 않고 혼자서 일했다. 과거에는 원하면 언제든 상사와 만날 수 있었고 회의가 끝난 뒤에 재빨리 상황을 확인하는 게 가능했기 때문에 이 방법이 잘 통했다. 그리고 팬데믹 기간에 다들 재택근무를 할 때도 괜찮았다. 하지만 팬데믹이 끝난 뒤 조시는 장거리 출퇴근을 포기하고 풀타임 재택근무를 하기로 한 반면, 그의 상사와 동료들은 대부분 하이브리드 근무나 현장 근무를 택했다.

그러자 이제 남들과 교류하지 않고 혼자 조용히 일하는 조시의 작업 방식이 문제가 됐다. 그의 상사는 "이 프로젝트를 끝내는 데 시간이 얼마나 걸렸는가?", "어제 몇 시간이나 일했나?" 같은 질문을 하기 시작했다. 이건 상사에게서 듣고 싶은 질문이 절대 아니다. 본인이 원하든 원하지 않든, 조시는 혼자만의 그늘에서 벗어날 필요가 있었다. 가끔 문자 메시지만 보내면서 남들 안 보는 곳에서 열심히 일하는 건 아무 도움도 안 된다. 조시는 상사의 인식을 바꿔야 했다.

나라는 브랜드를 설계하라

새로운 현실 4:
실시간 연락 강화

이 문제를 확실하게 해결할 방법은 조시가 다른 사람들과 의사소통을 많이 하는 것인데, 어떻게 하면 좋을까? 서로 다른 장소에 흩어져 있는 팀원들끼리 사용할 수 있는 기본적인 커뮤니케이션 방법은 다음과 같은 2가지가 있다.

- **실시간 동기식 커뮤니케이션**은 전화 통화, 대면, 화상 회의처럼 메시지를 실시간으로 공유하는 것을 말한다.
- **비동기식 커뮤니케이션**은 이메일, 문자 메시지, 온라인 게시판처럼 시간과 장소에 상관없이 아무 때나 메시지를 보내고 확인하는 것이다.[3]

조시 같은 재택근무자들이 기본적으로 사용하는 채널은 이메일을 비롯한 비동기식 커뮤니케이션이다. 매우 효율적이기 때문이다. 또 실시간 커뮤니케이션의 번거로움과 어색함, 성가신 질문을 피할 수 있다. 하지만 주의할 점은 상사나 고위 관리자와 대화를 주고받으면서 업무를 맥락에 맞게 진행해야 하는데, 그건 동기식 커뮤니케이션을 통해서만 가능하다. 그렇게 하지 않으면 상사와 동료들로부터 고립될 수도 있는데 그건 절대 좋지 못하다.

실시간 대화에는 이메일이나 문자 메시지로는
전달할 수 없는 뉘앙스와 유대감이 있다.

사무실에 출근하지 않을 생각이라면 상사와 자신에게 적합한 일 간 및 주간 커뮤니케이션 계획을 세워야 한다. 그러나 경력을 발전시 키고 싶다면 실시간으로 이루어지지 않는 비동기식 커뮤니케이션만 으로는 부족하다. 자꾸 피하고 싶은 마음을 이겨내고, 때로는 직접 만나거나 줌 또는 전화를 이용해서라도 실시간으로 연락을 취해야 한다.

여러분 회사가 사내나 사외에서 모임을 열면 그 기회를 이용해서 사람들과 어울리고 새로운 사람을 만나고 협업도 해야 한다. 일반 직 원과 고위 관리자를 연결시켜주는 가상 멘토링 프로그램을 제공하 는 기업들도 많다.

회사의 주요 관계자와 커뮤니케이션할 계획을 마련해두지 않으 면, 실시간 대화에서 형성될 가능성이 높은 깊이 있는 관계를 맺을 수 없다. 그리고 그것 때문에 결국 승진 기회를 망칠지도 모른다.

새로운 현실 5:
자신의 가치를 명확하게 표현하라

어떤 영역에서는 겸손이 미덕일 수도 있지만, 비즈니스 세계에서는 그렇지 않다. 조시는 퍼스널 브랜드 파인더Personal Brand Finder라는 온라인 테스트에서 얻은 결과를 바탕으로, 포지셔닝 전략 5, '엔지니어'를 이용해서 자기 브랜드를 구축했다. 그는 본인의 강점을 평가하는 과정에서 자기가 어려운 프로그래밍 문제를 끈기 있게 해결하는 프로그래머라는 사실을 깨달았다. 그래서 자신을 '어려운 프로그래밍 문제를 해결하는 인내심 있고 끈질긴 기술자'로 포지셔닝했다. 그건 사실이기 때문에 상사와 팀원들의 공감을 얻었다.

여러분의 가치를 찾아내는 건 상사가 할 일이 아니다.
여러분이 직접 알려야 한다.

조시는 상사와 일대일 화상 통화를 하면서 자신의 솔루션을 짤막하게 설명하고 이메일 현황 보고서를 통해 필요한 내용을 보충했다. 또 더 넓은 세상에 자신을 알리기 위해 개인 웹사이트와 링크드인 프로필을 만들었다. 그리고 기업 문화에 젖어 들기 위해 온라인 해피아워나 다른 여러 가지 회사 행사에 참여하는 등 노력을 기울였다.

어쩌면 조시가 하는 일이 저절로 남들 눈에 띄었어야 하는 건지도 모른다. 자신을 홍보하는 걸 좋아하지 않고 실시간 만남을 피하는 경향이 있는 사람도 불이익을 받아선 안 된다. 하지만 이제 조시의 상사는 그가 무슨 일을 하고 있는지 확실하게 알 수 있고, 조시가 팀의 소중한 구성원이라는 사실을 안다.

새로운 현실 6:
강력한 파트너십을 추구하라

브랜드 관리자는 광고 대행사, 디지털 파트너, 마케팅 전략가를 선택하는 일에 많은 시간을 쏟는다. 그리고 자신의 동맹을 면밀히 살펴볼 필요도 있다. 재택근무와 하이브리드 근무를 하는 직장이 증가하면서 일하는 장소에 대한 유연성도 높아졌다. 나라는 브랜드를 뒷받침하는 강력한 팀이 존재하는지 확인하자.

- **회사:** 아무리 재능 있는 사람이라도 형편없는 회사에 자기 운명을 맡기는 건 좋지 않다. 과거에 잘 팔리던 제품과 서비스를 만들거나 어딘가 다른 길로 향하는 중인 회사에서 일하고 있는가? 기업 문화가 여러분의 가치관이나 직업 선호도에 잘 맞는가? 재택근무자가 외부 모임에 참석해서 동료들과 교류하거나 협업할 수 있는 기회를 주는가? 만약 그렇다면, 여러분도 그 팀에 속해 있다는 걸 확실하게 알리자. 그렇지 않다면 새로운 회사를 찾는 게 마케팅 계획에 포함되어야 한다.
- **상사:** 우리는 항상 가장 똑똑한 최고의 상사 밑에서 일하고 싶어 한다. 여러분의 상사는 똑똑하고 회사의 고위 리더들과 잘 지내는가? 때때로 "프로젝트를 아주 잘 해냈군요! 내일은 하루 쉬세요"라는 이메일을 보내 여러분을 놀라게 하는가? 승진할 수 있도록 도와주거나 남들 눈에 잘 띄는 업무에 여러분을 추

천하는가? 고속 승진을 위한 길이 확보되어 있지 않다면 SOS 신호를 보내야 한다. 다른 상사를 만나기 전까지는 아무 진전도 이루지 못할 것이다.

- **업계 동료**: 우리에게는 개인적인 친구뿐만 아니라 회사 안팎에서 만나는 온갖 유형의 업계 동료가 필요하다. 왜냐하면 추천을 받기 위해서다(대부분의 일자리는 업계 동료를 통해서 얻게 되는데, 잘 모르는 이들이 추천해주는 경우도 많다). 피드백을 요청하자(포지셔닝, 마케팅, 소셜 미디어 전술을 브레인스토밍하려면 똑똑한 사람들이 필요하다). 이 그룹을 계속 확장시켜 나가야 한다.

새로운 현실 7:
변화를 새로운 직업 세계로 받아들이자

일터에 변화가 생기면 누구나 불안해질 수 있다. 이제 변화는 그렇게 드문 일이 아니라는 걸 받아들여야 한다. 변화가 표준인 세상이 됐다. 다들 집 밖에 나가지 않고도 온라인 업무 회의, 병원 예약, 회사 해피 아워, 가족 모임을 갖는 데 익숙해졌다.

그러나 회사가 직원들끼리의 대면 상호 작용을 위한 사내 또는 사외 모임을 자주 갖지 않고 재택근무와 온라인 회의만 계속한다면 진짜 인간미 있는 관계가 부족해질 수 있다.

AR과 VR, 기타 여러 가지 기술이 새롭게 발전하면서 홀로그램처럼 디지털 개체를 현실 세계로 가져오는 새로운 가상 현실(메타버스)이 만들어지고 있다. 회의에 참석한 동료들이(혹은 적어도 그들의 아바타가) 여러분과 같은 공간에 있는 것처럼 보일 것이다. 이건 줌 화면의 작은 상자에 갇혀 있는 것에 비하면 큰 변화지만, 다들 이런 메타버스에서 일하고 싶어 할까? 이건 앞으로 판단해야 할 문제다. 그리고 미래에 또 어떤 새로운 일이 벌어질지 누가 알겠는가.

새로운 브랜드 '나'

미리 대비가 된 사람은 변화하는 일터에 잘 대처할 수 있을 것이다. 남들 눈에 띄고 성공하기 위해서는 퍼스널 브랜딩이 언제나 중요했지만, 요즘처럼 격변하는 시대에는 그 중요성이 더 커졌다.

우린 더 이상 캔자스에 있는 게 아니야,
토토. 여기는 새로운 일의 세계야.

때로는 운이 좋아서 팬데믹 이후에 그랬던 것처럼 직원들에게 더 많은 영향력이 있고 일자리도 풍부한 경제 상황에서 일하게 될 수도 있다. 아니면 여러분이 하는 일이 수요가 높고 경쟁자는 적을지도 모른다. 하지만 모든 일이 항상 자신에게 유리한 방향으로 진행될 거라고 믿으면서 살 수는 없다.

나라는 브랜드를 설계하라

성공을 위해 자신을 브랜딩하는 방법을 이해하는 게 지금보다 더 중요했던 때는 없다. 포지셔닝 전략과 게임 계획이 있으면 많은 이점을 얻을 수 있다. 명확한 포지셔닝 아이디어와 게임 계획(목표를 이루기 위해서 하는 구체적인 행동)을 마련해둔 사람은 남들 눈에 띌 수밖에 없다.

항상 같은 일을 하면 현재 가지고 있는 것만 이룰 수 있고, 심지어는 오늘날의 역동적인 직장에서 설 자리를 잃을 수도 있다.

퍼스널 브랜딩은 자기 자신과 커리어 전략, 그리고 원하는 삶에 대해 생각하게 만든다. 이건 대부분의 사람들에 비해 유리한 점이며 특히 새로운 업무 환경에서 매우 중요하다.

2부

퍼스널 브랜드
포지셔닝 전략 10

4장

포지셔닝 전략 1
혁신가

혁신가는 남들보다 앞선 생각을 하며, 혁신의 신나는 창의성에 매력을 느낀다. 그들은 상상한다. 우리가 가능성에 눈을 뜨게 한다. 우리 인식을 바꾼다. 새로운 방식으로 생각하라고 독려한다. 그들은 허락이나 용서를 구하지 않는다. 혁신가는 위험을 무릅쓰고 자신의 발명품을 밀고 나가는 사람이다.

혁신가인 여러분은 자신의 창의성, 지능, 비전에 확고한 자신감이 있어야 한다. 여러분은 난해한 문제에 대한 혁신적인 해결책을 내놓을 수 있다. 누구보다 먼저 혁신적인 것을 만들어내기 위해 노력하고, 이런 식으로 돌파구를 마련하는 게 여러분이 지닌 퍼스널 브랜드 정체성의 핵심이다.

여러분은 참신한 아이디어를 생각해내기 위해 다른 사람들과 브레인스토밍하는 걸 좋아한다. 또 새로운 트렌드를 일찍 받아들이는 사람이기도 하다. 미지의 영역에 발을 들여놓는 걸 두려워하지 않으며 오히려 그런 데서 활력을 얻는다. 혁신가가 되면 새로운 일의 최첨단에 서게 되고 회사의 원동력이 된다.

물론 새롭고 놀라운 아이디어를 제시하면 "뭘 하려는 생각이야?" 또는 "그건 불가능해" 같은 말을 듣게 될 것이다. 하지만 혁신가는 아이디어와 해결책을 이해하지 못하는 사람들의 우려를 피하는 데도 능숙하다.

여러분은 혁신가인가?

□ 여러분은 자신을 아이디어형 인간이라고 생각하는가?

□ 창의적인 문제 해결사인가?

□ 상황을 개선하는 방법을 알고 일을 '해결'하는 걸 좋아하는가?

□ 창의적인 사람들과 브레인스토밍해서 혁신적인 아이디어를 내놓는 걸 좋아하는가?

□ 위기나 변화의 시기에 혁신을 위한 특별한 기회가 있다고 생각하는가?

□ 자신의 창의성과 지능, 비전에 자신이 있는가?

□ 적극적으로 큰 계획을 세우려고 하는가?

이 질문 중 대다수에 '그렇다'고 답했다면, 포지셔닝 전략 1, 혁신가를 사용해서 자신을 포지셔닝할 수 있다.

혁신가 포지셔닝: 나는 혁신가다. 왜냐하면 _____

_____

혁신가의 성격

여러분은 위험을 감수하는 걸 두려워하지 않으면서 창의적이고 개방적인 생각을 하는 사람이다. 종종 누구보다 먼저 새로운 방법과 참신한 아이디어를 생각해낸다. 사람들은 여러분을 진보적인 사상가, 심지어 선견지명이 있다고 생각한다. 새로운 기술, 프로세스, 테크닉, 제품 아이디어에 대한 관심을 고려하면 여러분의 발견 능력과 혁신성 및 창의성은 놀라운 게 아니다. 여러분은 다양한 정보를 통합하고 문제를 재정의해 표준에서 벗어난 아이디어를 만들어내는 재주가 있다.

사실 문제가 복잡할수록 여러분은 더 흥분한다. 여느 사람들과 다르게 모호한 상황에도 잘 대처한다. 여러분은 창의성과 자유를 장려하고 색다른 성격과 생활 방식을 이해해주는 기업가적 환경에서 번성할 수 있는 사람이다.

여러분은 대담하고, 자신의 열정과 열의로 다른 사람들을 흥분시킨다. 기꺼이 위험을 감수하면서 도전을 받아들이고 그걸 성공으로 이끄는 걸 좋아한다. 창의적인 아이디어를 내놓을 시간이 있는 회사에서 일하는 걸 좋아한다. 회의를 할 때는 다른 이들보다 먼저 나서서 "그건 왜 안 되죠?", "이런 건 어때요?"라고 말한다. 여러분은 가능성을 탐구하는 걸 좋아한다.

동료들은 여러분을 독립적인 정신의 소유자로 여기지만 여러분이 충동적으로 행동하거나 재빨리 방향을 바꾸면 짜증을 낼 수도 있다. 하지만 여러분이 그렇게 행동하는 건 창의적인 천재이기 때문이다.

여러분은 대부분의 경우:
- 위험을 감수한다.
- 많은 해결책을 생각해낸다.
- 새로운 트렌드를 선도한다.

하지만 가끔은:
- 모든 게 자신의 비전에 맞기를 원한다.
- 자신의 해결책이 최고라고 생각한다.
- 충동적이고 방향을 바꾸는 경향이 있다.

사람들이 여러분을 생각할 경우:
- 매우 창의적이고 심미적이다.
- 개방적이고 호기심이 많다.
- 아이디어와 새로운 프로젝트로 가득 차 있다.

하지만 여러분의 행동은:
- 다른 사람의 창의성을 무시한다.
- 재미없는 아이디어에 너그럽지 못하다.
- 오만하게 행동한다.

여러분이 이런 사람이라면, 포지셔닝 전략 1, 혁신가를 이용해서 본인의 포지셔닝을 모색할 이유가 더 많아진다.

선점자의 무위

새로운 아이디어나 혁신적인 제품으로 소비자들의 마음을 먼저 사로잡으면 선점자 우위라는 엄청난 이점이 생긴다. 혁신을 일으키거나 혁신자로 인정받은 최초의 브랜드가 해당 분야에서 가장 유명한 리더가 되는 경우가 많다. 운동화 분야의 필 나이트Phil Knight와 나이키Nike, 온라인 마켓플레이스 분야의 제프 베이조스Jeff Bezos와 아마존Amazon을 생각해보라.

애플은 혁신 속도를 끊임없이 높이는 회사이자 세계에서 가장 혁신적인 기업으로 널리 알려져 있다. 애플은 지금까지 판도를 바꾸는 혁신 제품을 얼마나 많이 내놓았을까? 아이팟, 아이튠즈, 아이폰, 아이맥, 애플워치 등 앞으로도 계속 이어질 것이다.

혁신가의 사고방식

혁신가의 사고방식은 문제를 해결하거나 소비자의 요구를 충족시킬 새로운 아이디어가 있는 기업가들에게 훌륭한 전략이다.

오늘날의 기술업계에는 혁신가들이 넘쳐난다. 하이테크계의 거물들은 짤막한 문자 메시지 플랫폼인 트위터와 휴대용 결제 시스템 스퀘어Square를 처음 만든 잭 도시Jack Dorsey처럼 연속적으로 혁신을 이루었다. 소셜 네트워크인 페이스북과 메타버스 기업인 메타를 설립한 마크 저커버그도 있다.

찰스 슈왑Charles Schwab은 투자업계에서 '할인 거래'라는 새로운 분야를 찾아냈다. 비싼 중개 수수료를 내고 싶어 하지 않는 이들을 끌어들이는 새로운 개념의 투자를 처음 개척한 것이다. 오늘날 찰스 슈왑은 규모가 가장 큰 할인 증권사다.

유레카의 순간

대부분의 혁신은 우연히 혹은 우발적으로 생기는 게 아니다. 중요한 아이디어를 얻기 위한 집중적이고 적극적인 탐색을 통해서만 유레카의 순간이 찾아온다.

온라인 안경 회사인 와비 파커Warby Parker를 설립한 4명의 와튼Warton 학생들은 컴퓨터 실습 수업을 위한 사업 아이디어를 찾고 있었다.[1] 새 안경을 구입한 지 얼마 안 된 팀원이 다른 사람들에게 물었다. "맞춤 안경은 왜 그렇게 비싼 걸까?", "좀 저렴하게 만들어서 인터넷에서 팔 수는 없을까?"

대부분의 혁신은 저절로 이루어지는 게 아니라
중요한 아이디어를 적극적으로 모색해야 이룰 수 있다.

그들은 이 업계에 독점 기업이 있다는 걸 발견하고는 깨달음을 얻었다. 한 회사가 안경 시장 점유율의 60~80퍼센트를 차지하고 있었다. 그래서 안경이 그렇게 비쌌던 것인데 이제 시장을 혁신할 때가 됐다. 이 팀은 작가 잭 케루악Jack Kerouac이 만든 두 등장인물의 이름을 따서 회사 이름을 '와비 파커'라고 지었다. 이 회사의 성공 핵심 요소는 기부 프로그램이다. 안경을 하나 팔 때마다 어려운 사람에게 안경을 하나씩 기부하는 것이다.

회사의 문제 해결사

어떤 회사에나 해결해야 할 문제가 있는데, 창의적인 해결책을 제시하는 사람이 되면 회사의 성공 원동력으로 자리매김할 수 있다.

글로벌 금융 서비스 회사에서 일했던 피터는 팬데믹 기간에 여유 시간이 좀 생겼다. 그래서 고객과 소통하면서 은행이 고객에게 더 좋은 서비스를 제공할 수 있는 방법을 찾기 위한 원격 경청 투어를 진행했다. 이렇게 고객과 소통한 덕분에 경쟁사 보고서보다 고객의 요구를 잘 충족시키는 새로운 유형의 연구 보고서를 작성할 수 있었다.

이것은 획기적인 발명품은 아니지만 혁신적이었다. 덕분에 피터는 고객과의 관계를 강화했고 그와 그의 회사는 인정을 받았다. 피터는 회사 문제를 해결할 때 모두가 찾는 사람이 되었다.

시차증에서 에너지 음료까지

많은 경우 혁신가들은 이미 존재하는 걸 수정해서 완전히 다른 걸 다시 만들어 내는데, 오스트리아의 소비재 영업 사원인 디트리히 마테시츠Dietrich Mateschitz도 그랬다.[2]

마테시츠는 태국 출장 중에 시차증을 기적적으로 낫게 해주는 '크라팅 다엥Krating Daeng(붉은 물소라는 뜻)'이라는 현지 음료를 발견했다. 마테시츠는 몇 가지 중요한 부분만 수정하면 이 음료가 서구권에서도 아주 잘 팔릴 거라고 생각했다. 그는 태국식 이름을 대강 번역해서 이 음료수를 '레드불RedBull'이라고 명명했다. 그리고 내용물이 정말 강력하다는 메시지를 전달하기 위해 일반 음료 캔이 아닌 작고 가느다란 캔을 이용했다. 음료 제조법은 원래의 태국식 제조법을 따랐지만 서양 고객들을 위해 한 가지 중요한 변화를 줬다. 탄산을 첨가한 것이다.

포지셔닝이 가장 중요하다

마테시츠의 진정한 천재성이 엿보이는 부분은 레드불을 전략 1, 혁신가로 포지셔닝한 것이다. 그는 레드불을 원기를 북돋우거나 활력을 불어넣는 음료로 포지셔닝하지 않았다(전략 5, 속성 포지셔닝). 타깃으로 삼은 핵심 사용자, 즉 에너지 상승을 원하는 젊은 남성들의 기준에 맞춰 포지셔닝하지도 않았다(전략 7, 목표 시장). 이 새로운 음료를 태국산 음료로 홍보한 것도 아니다(전략 9, 유산). 특별한 제조법과 성분을 지닌 음료로 홍보하는 전략 5를 이용하지도 않았다. 마테시츠는 이런 포지셔닝 전략을 사용할 수도 있었지만, 그보다 더 좋은 아이디어가 있었다.

최초를 만들자

마테시츠는 단순히 새로운 음료 브랜드를 소개하고 싶지 않았다. 그는 목표를 더 높게 정하고 자신을 '에너지 음료'라는 새로운 카테고리를 발명한 혁신가로 포지셔닝했다. 모든 음료 캔 앞면에는 돌격하는 붉은색 황소 로고 아래에 '에너지 음료'라는 글씨를 눈에 잘 띄게 새겨놓았다.

이미 존재하는 것 중에서 1등이 될 수 없다면
1등이 될 수 있는 새로운 카테고리를 만들자.

레드불은 오늘날에도 전 세계 에너지 음료 시장을 주도하고 있다. 진한 커피 한 잔만큼의 카페인이 함유된 레드불 캔은 에너지와 그걸 통해 얻을 수 있는 성과 우위를 상징한다. 광고 카피에서 말하는 것처럼 "레드불은 날개를 달아준다."

자기 미래를 만드는 혁신가

많은 여성들이 증언하겠지만 사라 블레이클리Sara Blakely는 중요한 혁신가다. 그녀는 처음으로 큰 성공을 거둔 몸매 보정용 속옷을 만들었다. 킴 카다시안Kim Kardashian은 나중에 블레이클리의 발자취를 따라 스킴스SKIMS라는 비슷한 보정 속옷 라인을 만들었다.

난 사라 블레이클리의 성공담을 좋아한다. 그녀는 스물일곱 살 때 조지아주 애틀랜타에서 팩스 기계 방문 판매원으로 일했는데, 자기 직업에 좌절감을 느꼈다고 한다. 당시 그녀는 일기에 이렇게 썼다. "수백만 명을 행복하게 할 수 있는 제품을 발명해서 판매하고 싶다."

많은 혁신가들처럼 블레이클리도 새로운 걸 창조할 방법을 적극적으로 찾고 있었다.[3] 그녀는 여성만 찾아낼 수 있는 중요한 아이디어를 발견했다. 당시 판매되던 여성용 보정 속옷은 대부분 불편하고 속옷 선과 불룩하게 튀어나온 살이 겉으로 다 보였다. 블레이클리도 몸에 꼭 맞는 크림색 바지를 새로 샀는데 그런 문제 때문에 입지 못하고 옷장에 계속 걸어 두기만 했다.

그때 좋은 아이디어가 떠올랐다. 블레이클리는 컨트롤 탑 팬티스타킹을 꺼내서 발 부분을 잘라낸 다음 크림색 바지 밑에 그 스타킹을 신었다. 그러자 아주 멋져 보였다. 눈에 띄게 살이 튀어나오는 부분도 없었다.

혁신가의 딜레마

블레이클리는 이 보정 속옷 아이디어에 대한 특허를 내기로 하고 양말류를 만드는 공장을 조사해봤다. 공장들 대부분이 노스캐롤라이나주에 있다는 걸 알고는 전화를 걸기 시작했다. 하지만 그녀의 아이디어를 들은 사람들은 모두 그냥 전화를 끊었다. 하지만 블레이클리는 포기하지 않았다. 어쨌든 그녀는 혁신가가 아닌가. 결국 양말 공장에 직접 가보려고 노스캐롤라이나로 차를 몰았다.

사람들은 그녀에게 "어느 회사에서 일하느냐"고 물었다. 그녀는 "사라 블레이클리요"라고 대답했다. "그럼 누구에게 재정 지원을 받느냐"고 또 물었다. 이번에도 그녀는 "사라 블레이클리요"라고 대답했다.

블레이클리는 모든 양말 공장에서 거절을 당했다. 다들 그녀의 보정 속옷 아이디어가 어리석은 생각이라고 했다. 그러던 중 한 공장 책임자가 전화를 걸더니 "당신의 미친 아이디어대로 물건을 만들어주겠다"고 했다. 그녀는 "왜 마음을 바꿨느냐"고 물었다. 그는 "우리 딸들은 그게 좋은 아이디어라고 생각하더라"고 대답했다.

그 뒤부터는 다들 아는 대로다. 사라 블레이클리는 자신의 보정 속옷에 스팽스Spanx라는 이름을 붙였고, 세계 최연소로 자수성가한 여성 억만장자가 되었다. 여성용 보정 속옷에 대한 그녀의 혁신적인 아이디어로 탄생한 스팽스는 이제 공개 상장 회사가 되었다.

혁신가의 5가지 초능력

1. **명확한 목표를 가진 미래 지향적 사고:** 혁신적인 리더는 창의적 아이디어를 내놓지만, 한편으로는 비판적 사고를 하기도 한다. 그들은 다른 사람이 놓치는 기회를 본다. 트렌드와 최신 연구를 바탕으로 현재 하는 일을 향상시키고 개선하기 위해 끊임없이 노력한다.

2. **창의적인 문제 해결 능력:** 혁신가들은 아이디어가 풍부하고 해결책을 추구한다. 도전적인 프로젝트에 강한 매력을 느끼고 목표를 달성하기 전에는 그만두려고 하지 않는다. 일설에 따르면, 알베르트 아인슈타인Albert Einstein은 임종 직전까지도 문제를 풀려고 노력했다고 한다.

3. **대담한 위험 감수:** 포지셔닝 전략 10 중 창의력이 가장 뛰어난 혁신가는 틀에 박힌 일을 거부하는 위험 감수자다. 그들은 가능성을 상상하고, 기회를 잡고, 상상을 현실로 바꾸는 걸 좋아한다. 실패를 배움의 기회로 여기며 그런 긍정적인 생각이 그들을 앞으로 나아가게 한다.

4. **참신한 생각:** 고정 관념을 깨야 한다고 얘기하지만 혁신가들은 실제로 그 틀을 깬다. 혁신가들의 생각과 생활 방식은 표준에서 벗어나는 경우가 많다. 중요한 건 그들은 다른 사람들의 생각에 방해받지 않는다는 것이다. 혁신가는 충동적이고 생각을 자주 바꾸기도 하는데, 이건 그들의 창의성을 높이는 데 도움이 된다.

5. **뭔가를 처음으로 발명함:** 혁신가 중에는 뭔가를 최초로 발명하는

나라는 브랜드를 설계하라

사람이 많고, 개중 일부는 연쇄 창업가로서 항상 새로운 벤처 사업을 시작하고 싶어 한다.

혁신가를 위한 최고의 커리어

혁신가는 기술 벤처와 기업가적 벤처, 특히 시장의 요구에 맞는 새로운 제품과 서비스를 만드는 것이 중요한 기술 스타트업에서 많이 만날 수 있다. 혁신가는 훌륭한 문제 해결사이자 창의적인 사고자다. 모든 업계와 모든 규모의 기업, 특히 연구개발R&D와 제품 개발에 중요한 기여를 한다.

| 연습 훈련 | 혁신가 퍼스널 브랜드 문장

경쟁력 분석

- 여러분이 일하는 업계, 회사, 혹은 선택한 분야에서 혁신가 2~3명을 식별해서 분석한다.
- 여러분이 혁신가로서 차별점화되는 부분은 무엇인가? 자기 생각을 적어보자.

목표 대상

- **영향을 미치고자 하는 대상 파악**: 상사, 동료, 고객, 구인 담당자, 업계 리더, 언론 등 대상을 구체적으로 정해야 한다.
- 여러분이 창의력을 발휘해서 해결할 수 있는 문제는 무엇인가? 아이디어를 적어보자.

포지셔닝 문장 샘플

합병과 역동적인 변화에 휩싸인 한 업계에서 일하는 혁신적인 전문가는 자신을 다음과 같이 포지셔닝했다.

- **문장 초안**: 새로운 제품과 서비스를 원하는 고위 관리자, 상사, 고객, 업계를 위해 나는 거대한 변화를 겪는 업계의 혁신적인 문제 해결사가 될 수 있다.

포지셔닝 문장 최종 샘플

기술, 미디어, 커뮤니케이션이 통합된 분야를 전문으로 하는 혁신가.

- **혁신가 포지셔닝 문장**: 아래의 형식에 맞게 문장 초안을 합쳐서 나라는 브랜드를 위한 혁신가 포지셔닝을 완성하자.
- **문장 초안**: (여러분이 해결할 수 있는 문제)의 해결사가 필요한 (목표 대상)을 위해 나는 (가치 제안)을 제공한다.

- 이 문장을 믿을 수 있는 3가지 이유: 자신을 혁신가로 포지셔닝하는 데 도움이 되는 혁신적인 프로젝트와 성과, 서적, 기사, 논문, 수상 경력, 경험 등을 나열한다.
- 3가지 키워드 나열: 여러분을 혁신적인 문제 해결사로 규정할 수 있는 3가지 형용사나 짧은 키워드 문구를 골라보자.

혁신가 브랜드 요약

혁신가 브랜드 아이디어: 혁신적인 문제 해결사

브랜드 성격: 창의적인 위험 감수자

가치관: 미래 지향적, 새롭고 더 좋은 제품과 서비스 창출

동기: 변화를 이루고 작업 방식을 개선

이상적인 고객: 새로운 제품과 서비스를 중요시하는 고객

슬로건: 향상과 진보

5장

포지셔닝 전략 2
리더

리더십은 브랜드를 위한 가장 성공적인 전략이다. 한 카테고리 안에서 시장 점유율이 가장 높은 브랜드인 리더는 2위 브랜드보다 시장 점유율이 평균 2배 정도 높다. 그러니 정말 부러운 포지셔닝인 셈이다. 일단 자리를 잡은 리더는 그 높은 위치에서 끌어내리기가 어렵다. 해당 카테고리에서 '최고'의 브랜드로 자리매김한 시장 리더와 소비자 사이의 확고한 연결고리 때문이다.

리더십은 사람들에게도 성공적인 포지셔닝이다. 팀, 부서, 회사, 그룹의 리더가 된다는 건 사람들을 이끌고 결승선을 통과할 때까지 집중할 수 있게 하는 역할과 공적을 인정받았다는 뜻이다. 최고의 리더들은 공통의 목표를 중심으로 팀을 하나로 단결시키는 명확한 임

나라는 브랜드를 설계하라

무를 가지고 있다. 그들은 정직하고 현실적인 정보, 공감, 전략을 통해 위기에 빠르게 대응한다.

여러분이 리더의 자리에 있으면 사람들의 시선이 달라질 것이다. 책임자로 선택된 걸 보면 하급자들보다 능력이 뛰어난 게 틀림없다고 생각한다. 사람들은 여러분의 의견을 듣고 싶어 한다. 여러분의 관점과 우선순위, 전략을 알고 싶어 한다. 갈등과 변화로 흐려진 요즘 세상에서는 리더가 그 어느 때보다 중요하다. 기업이든 정부든 조직이든 상관없이 우리는 리더가 이룬 성과와 직함뿐만 아니라 다른 사람들이 큰 도전에 맞서서 위대한 일을 이루도록 영감을 주는 그들의 능력을 존경한다. 리더에게는 항상 계획이 있다.

여러분은 리더인가?

- □ 다른 사람들에게 동기를 부여하고 이끄는 능력이 여러분의 강점인가?
- □ 중요한 목표를 달성하기 위해 사람들과 함께 일하면서 힘을 얻는가?
- □ 구체적인 성과를 자신의 리더십과 연결시킬 수 있는가?
- □ 사람들이 어려움을 극복하기 위해 여러분의 지시와 안내를 구하는가?
- □ 위기가 닥치면 여러분이 나서서 공백을 메우는가?

이 질문 중 2개 이상 '그렇다'고 답했다면 포지셔닝 전략 2, 리더를 고려해야 한다. 세상에는 여러분 같은 사람이 더 많이 필요하다.

리더 포지셔닝: 나는 ＿＿＿＿＿＿＿＿＿＿＿＿＿＿＿＿ 의 리더다.

리더로서의 내 목표는 ＿＿＿＿＿＿＿＿＿＿＿＿＿＿＿＿＿

리더의 성격

여러분은 자신감이 넘치고 유능하며 좋을 때나 힘들 때나 다른 사람들에게 동기를 부여하기 때문에 눈에 띈다. 여러분은 자신을 믿고 본인이 이루고 싶은 게 뭔지 잘 안다. 목표 지향적이며 일을 잘 해내서 기대 이상의 성과를 올릴 수 있는 자신의 능력을 믿는다. 여러분은 다른 이들에게 영감을 주고, 다른 사람이 목표를 달성하거나 초과하도록 의욕을 북돋아주고 이끄는 능력이 있다고 믿는다.

여러분은 자신의 성취 및 성공과 밀접한 관련이 있는 높은 자존감을 가지고 있다. 또 성격이 단호하다. 강점을 잘 발휘하고 약점과 취약성에 대한 기분은 무시하거나 경시하는 경향이 있다. 말을 얼버무리면 신뢰를 잃는다는 것을 잘 안다.

여러분은 팀이 중요한 목표를 달성하도록 이끌 때 가장 큰 성취감을 느낀다. 행동과 자극을 추구하고 복잡한 프로젝트를 감독할 수 있는 탁월한 계획자다. 더 큰 책임을 띠맡아야 한다는 압박감을 계속 느끼면서 정말 모든 책임을 지고 싶어 한다. 그래도 괜찮다. 여러분은 리더의 자리에서 얻는 인지도와 관심을 양분 삼아 움직이고 성장하는 사람이기 때문이다.

리더인 여러분은 권위를 담아서 말하는 걸 편하게 여기고, 여러분을 따르는 이들은 여러분이 행동을 촉구하면 그에 반응한다. 사실 경쟁자들도 종종 여러분의 말과 행동을 연구한다. 하지만 여러분이 완벽한 건 아니다. 가끔 공격적이거나 충동적일 수 있다.

여러분은 대부분의 경우:
- 에너지가 넘치고 경쟁심이 강하다.
- 팀의 강력한 동기 부여자다.
- 리더로서 이룬 업적 때문에 사람들의 관심을 끈다.

하지만 가끔은:
- 다른 이들에게 부담감을 준다.
- 공격적일 때도 있다.
- 다른 사람을 신경 쓰지 않는 것 같다.

사람들이 여러분을 생각할 경우:
- 성공하고 자신만만한 사람
- 모든 것을 지배하는 계획자
- 큰 그림을 그리는 사람

하지만 여러분의 행동은:
- 너무 까다롭다.
- 남을 비판한다.
- 변화와 새로운 아이디어를 피한다.

여러분이 이런 사람이라면 포지셔닝 전략 2, 리더를 살펴봐야 할 이유가 더 많아진다.

리더를 따르라

1위 브랜드는 사는 사람이 많으니까 '더 좋은'(카테고리에 따라 더 좋은 품질이나 성능, 맛, 외관 등) 브랜드일 거라고 믿는 사람들이 많다. 그래서 어떤 브랜드가 그 분야의 리더가 되면 마케팅 담당자들은 이 사실을 자랑하면서 '더 많은 사람들이 선택한 선도 브랜드'라고 대대적으로 홍보한다. 이건 설득력 있는 메시지라서 많은 이들이 믿는다.

또 시장 리더 제품에는 더 높은 가격을 부과할 수 있다. 고객은 선도 브랜드에 대한 신뢰 때문에 기꺼이 비용을 지불한다.

유명해지자

리더로 살아가면 이익을 얻을 수 있다. 사람들은 여러분과 여러분의 능력에 대해 긍정적인 가정을 하고 돈도 더 많이 받게 될 것이다. 그리고 리더 역할에서 물러나기가 갈수록 어려워질 것이다.

리더십에는 후광 효과가 있다.
사람들은 여러분이 리더 역할을 하지 않는 사람보다
'더 낫다'고 생각한다.

물론 교묘한 속임수로는 리더십을 발휘할 수 없다. 팀의 리더십과 연결시킬 수 있는 구체적인 성과가 있어야 한다. "이 조직에 대한 나의 목표는 무엇인가?"라든가 "내 리더십이 남다른 이유는 무엇인가?"라는 질문에 답할 수 있어야 한다.

문화와 행동

유명 브랜드가 충성도 높은 고객들과 유대감을 쌓는 것처럼 여러분도 사람들과 강한 유대감을 형성해야 한다. 여러분의 리더십에 영감을 받은 사람들 사이에 특별한 문화를 만들어서 놀라운 목표를 이루어보자.

여러분은 규모가 큰 프로젝트를 감독할 수 있고 적절한 인력을 배치해서 단기 목표뿐만 아니라 장기적인 전략을 구현하는 데에도 능숙하다. 그래서 성공한 리더는 올바른 메시지로 다른 사람들에게 영감을 줄 수 있는 강력한 의사 전달자이자 청취자일 가능성이 높다.

여론 공중목욕탕

강력한 리더는 추종자들의 정서적 요구를 이해한다. 에이브러햄 링컨 대통령은 자기 사무실 밖에서 기다리는 일반인들의 요구에 귀 기울이기 위해 오전 시간을 몇 시간씩 비워두곤 했다. 그의 환심을 사려는 이들이 많았다. 어떤 사람은 특정한 문제와 관련해서 그의 의견에 영향을 미치려고 했고, 어떤 사람은 그냥 인사를 나누러 오기도 했다. 링컨의 보좌관들은 그가 아침 면담을 중단하기를 바랐기 때문에 이건 시간 낭비일 뿐이라고 말했다.

하지만 링컨은 그와 그의 정책에 대해 일반인들이 어떻게 생각하는지 알고 싶었다. 이렇게 사람들과 만난 덕분에 즉각적인 정치 여론 조사가 가능해지기 훨씬 전이던 그 시절에도 여론을 가늠할 수 있었다. 링컨은 이런 일반인들과의 일상적인 만남을 '여론 공중목욕탕'이라고 불렀다.[1] 이런 만남은 남북전쟁 기간에 국민들에게 전할 메시지를 작성하는 데 도움이 되었다.

마음속의 으뜸

미국 건국 초기에는 새로운 정부가 어떤 모습이어야 하는지에 대해 많은 의견 차이가 있었다. 그러나 새로운 공화국을 이끌 인물에 대해서는 건국자들 간에 이견이 없었다.

조지 워싱턴이 만장일치로 선택되었다. 미국 독립 전쟁의 영웅인 워싱턴은 뛰어난 전쟁 전략가이자 계획가일 뿐만 아니라, 전투에서 보여준 용기와 성실함, 신뢰를 통해 병사들에게 영감을 준 지도자로 알려져 있었다. 그는 부대원들이 보여준 희생정신에 대해서 자주 얘기했다.

나라는 브랜드를 설계하라

워싱턴은 대통령으로 취임한 뒤 처음 2년 동안 국민들의 생각을 직접 듣기 위해 신생 국가의 모든 주를 방문하는 경청 투어를 떠났다. 그래서 오늘날 미국 북동부 지역을 여행하다 보면 '조지 워싱턴이 이곳에서 잤다'는 표지판을 많이 보게 된다. 아마 사실일 것이다.

미국의 애국자 헨리 리Henry Lee가 쓴 것처럼, 워싱턴은 "전쟁터에서도 으뜸, 평화 시에도 으뜸, 국민들의 마음속에서도 으뜸이었다."

하지만 미국의 초대 대통령이 퍼스널 브랜딩에 능숙하지 않았다고 생각한다면 오산이다. 워싱턴의 전기를 쓴 작가들은 그가 강력한 군사적, 정치적 야망을 품고 있었고, 경력의 매 단계마다 명성과 성공에 많은 신경을 썼다고 언급했다.

부분을 보자

그 시대에 작성된 많은 보고서에 따르면 워싱턴은 신체적인 존재감이 상당히 비범했다.[2] 그중 하나는 그의 키다. 워싱턴은 키가 189센티미터였다. 존 애덤스John Adams는 170센티미터고, 제임스 매디슨James Madison은 겨우 162센티미터였다. 워싱턴만큼 키가 큰 사람은 토머스 제퍼슨Thomas Jefferson뿐이었다.

워싱턴은 카리스마와 집행 능력이 있었다. 동시대 사람들은 그를 '근육질', '강인함', '균형 잡힌', '남자답고 대담한' 사람으로 묘사했다. 또 그가 '자신감을 고취시키고', '우아한 걸음걸이와 몸짓', '자애의 미소'를 가졌다고 말했다. 기록에 따르면 워싱턴이 방에 들어오면 북적이던 방이 조용해지고 다들 말을 멈출 정도로 그의 영향력이 컸다고 한다.

부통령 존 애덤스의 아내인 애비게일 애덤스Abigail Adams는 워싱턴이 '품위 있게 예의 바르고, 친하지 않은 사람에게도 상냥하며, 거만하지 않은 태도로 적절히 거리를 두고, 진지하면서도 너무 엄격하지 않으며, 겸손하고 현명하고 선하기까지 하다'고 칭찬했다. 워싱턴은 옷과 외모가 발휘하는 브랜딩 파워를 잘 알고 있었기 때문에 자기 외모의 세세한 부분까지 신경을 썼던 것이다.

한 전기 작가는 그가 재단사에게 보낸 메모를 인용했는데, 거기에는 '코트의 단춧구멍 수, 옷깃의 길이, 옷깃의 너비'가 명시되어 있었다. 전쟁터에서 군대를 규합할 때도 혹은 의사당 홀에서 위엄 있는 태도를 취할 때도, 워싱턴은 자기 브랜드 이미지에 맞게 행동했다.

리더 vs. 2인자

새롭게 리더의 자리에 오른 사람들은 리더십이란 안락한 자리에서 벗어나 책임을 져야 한다는 뜻이라는 걸 깨닫곤 한다. 내 동료 대런은 처음으로 대규모 팀을 이끄는 리더 역할을 맡았을 때, 팬데믹 이후의 부서 개편 계획을 자세히 정리한 메모를 자기 상사에게 보냈다. 직원들에게 알리기 진에 그의 허락을 받고 싶었던 것이다.

나라는 브랜드를 설계하라

상사는 대런에게 전화를 걸어서 "내가 개를 산 이유는 대신 짖으려고 그런 게 아니다"라고 말했다. 그 말인즉슨, 알아서 업무를 진행하라는 얘기다. "당신이 책임자니까 직접 결정을 내려라. 내가 당신 일을 대신 해줄 거라고 기대하지 마라."

대런은 자기가 더 이상 2인자가 아니라는 걸 깨달았다. "허락을 구하는 것보다 용서를 비는 편이 낫다"라는 말이 있다. 대런은 이제 혼자서 부서를 꾸려 나가고 있다.

최고의 리더십

브랜딩 세계에는 모든 카테고리마다 최고들의 명단이 있고, 매출 1위가 되는 게 중요하다. 하지만 영업 리더십을 정의하는 방법은 여러 가지가 있다. 자기가 1등이 될 수 있는 틈새시장을 찾기만 하면 된다.

자동차 카테고리를 보라. 미국에서 가장 잘 팔리는 자동차 브랜드(도요타)가 전체 선두 주자가 될 수 있다. 아니면 자동차 시장 일부에서 선두 주자가 되는 방법도 있다. 예를 들어, 가장 많이 팔리는 고급 승용차(BMW)나 SUV(도요타 RAV4) 분야의 선두 주자가 되는 것이다. 이 모든 자동차 제조업체는 시장의 한 부문에서 리더라고 주장할 수 있다. 잠재적인 구매자가 구매 결정을 내릴 때 시장 리더 순위를 참고하는 경우가 많기 때문에 이건 중요하다.

자기가 리더가 될 수 있는 틈새시장을 찾을 때까지
계속 쪼개서 분석해보자.

리더 자리를 차지하기 위해 활동 분야를 세분화하는 방법은 그 외에도 많다. 여러분이 영업 업무를 한다고 가정해보자. 여러분은 회사 전체의 영업 리더일 수도 있고, 시장의 한 부분이나 특정한 유형의 고객에 대한 영업 리더일 수도 있다. 또 어떤 지역이나 특정 제품 라인의 리더가 될 수도 있다.

한 영업 리더는 "난 수는 가장 적지만 수익성은 가장 높은 거래처를 보유한 영업 리더"라고 말하기도 했다. 임시 프로젝트를 관리하는 일에 자원하거나 회사에서 인적 자원 그룹을 이끌면 새로운 리더가 될 수 있다.

리더십 계층

권력과 지위 사이에는 연관성이 있다. 여러분이 50명으로 구성된 팀을 이끈다면 사람들은 겨우 5명을 감독하는 리더보다 여러분이 낫다고 생각할 것이다. 그래서 리더는 먹이사슬에서 더 위로 올라가야 한다는 압박감을 계속 느낀다.

여러분이 《포춘》 100대 기업인 애플의 팀 쿡Tim Cook 같은 최고경영자라면, 《포춘》 500대 기업 명단의 맨 아래쪽에 있는 기업을 이끄는 사람보다 낫지 않겠는가? 이처럼 조직의 계층 구조에서 차지하는 순위가 높을수록 사람들은 여러분이 더 큰 힘을 가지고 있다고 생각하게 된다.

더 많은 사람을 이끌수록
더 큰 힘을 지녔다고 인식된다.

리더인 여러분은 업계의 새로운 발전에 앞장서고 있다. 여러분에게는 큰 프로젝트를 진행할 돈이 있다. 언론은 여러분의 생각을 듣고 싶어 한다.

한편으로는 엄격하게 지켜보는 눈도 많아진다. 미디어는 리더가 브랜드를 구축하고 경력을 가속화하는 데 도움이 될 수도 있지만, 반대로 하룻밤 사이에 브랜드 이미지를 망가뜨릴 수도 있다. 하지만 구원받은 이야기는 언제나 사람들의 관심을 끌 수 있다.

리더에게 거는 큰 기대

사람들이 비즈니스 리더에게 거는 기대에 엄청난 변화가 일어나고 있는 것 같다. 오늘날에는 단순히 주주 가치만 높인다고 다가 아니다. 2021년에 에델만 신뢰도 지표 조사Edelman Trust Barometer 결과에 따르면, 인종 차별, 기후 변화, 디지털 개인 정보 보호, 투표권, 정보 신뢰성 같은 많은 문제 해결에 개입하고 도움을 주는 기업을 원하는 이들이 갈수록 늘어나고 있다.[3] 이 조사는 해당 기업이 조사한 4개 기관 중 가장 신뢰받는 기관일 뿐만 아니라 유일하게 윤리적이고 유능한 기관으로 간주되었다는 걸 보여준다.

이것을 '이해관계자 자본주의Stakeholder capitalism'라고 하는데, 기업이 주주들의 부를 늘리기 위한 목적만으로 운영되어서는 안 된다는 개념이다. 지역 사회, 환경, 직원 등 광범위한 문제에 관여하는 비즈니스 리더가 늘어나고 있으며, 이런 비즈니스 외적인 활동이 리더로서의 그들에 대한 인식을 바꾸고 있다.

비즈니스 리더가 기업을 이끌 때 사용하는 것과 동일한 목표 지향성을 적용해서 중요한 사회 문제를 해결할 수 있기를 기대한다.

공감 능력이 뛰어난 리더

메리 배라Mary Barra는 유명 자동차 회사의 첫 번째 여성 CEO이자 권위 있는 비즈니스 라운드테이블Business Roundtable의 최초 여성 리더다. 대부분의 최초가 그렇듯이 배라의 스토리도 매우 흥미롭다.

그녀는《포춘》선정 50대 기업인 제너럴 모터스General Motors의 여성 리더인데, 자동차업계는 남성 중심으로 돌아가는 분야다. 평생 이 회사에서 일한 배라는 육중하고 거대한 GM을 전기차로 전환시켜서 최초의 진정한 대량 판매용 전기차를 만들고 있다. 그녀는

2035년에는 GM이 전기차만 생산하게 될 것이라고 다짐했다.[4]

공감과 협업은 일반적으로
여성의 리더십 스타일과 관련이 있다.

배라의 리더십 스타일은 공감과 협업, 그리고 자기 팀에 공을 돌리려는 열의가 특징이다. 그녀는 직원들에게 끊임없이 피드백을 요청한다. 남성들에게서 흔히 볼 수 있는 하향식 리더십과 달리 보다 협력적이고 민주적인 리더십 스타일이다.

위기 상황에서는 특히 공감이 중요한데, 배라는 코로나19 팬데믹 기간에 직원들과 적극적으로 소통한 것으로 인정받았다. 코로나 환자들을 위한 산소 호흡기가 부족하자 회사 생산 라인을 개조해 인공 호흡기를 만들었다. 또 위기가 계속되는 동안 비용 구조를 개선하고 제너럴 모터스 내부의 업무 처리 시간을 단축했다.

위기가 리더를 규정한다

많은 분석가들은 코로나 팬데믹 기간 동안 전 독일 총리 앙겔라 메르켈Angela Merkel과 뉴질랜드 총리 저신다 아던Jacinda Ardern 같은 여성 국가 수장들이 남성 리더보다 뛰어난 성과를 올렸다고 말한다.

아던이 겪은 첫 번째 위기는 2019년에 뉴질랜드 크라이스트처치의 모스크 두 곳에서 발생한 총기 난사 사건이었다.[5] 그녀는 즉시 희생자들에게 진심 어린 연민을 표하고 총격범의 증오 발언을 비난했으며 국가의 가치를 재확인했다. 그리고 나중에는 총기법을 개정하는 조치도 취했다.

또 아던은 팬데믹 기간에도 뛰어난 리더십으로 칭찬을 받았다. 2020년 3월, 아던은 거의 40년 전에 중대 발표를 마지막으로 사용되었던 총리실에서 국민들에게 연설을 했다. 그 장소는 그녀가 전하는 메시지가 긴급하고 중요하다는 신호를 보냈다. 아던은 공감 어린 태도로 팬데믹에 대해 구체적으로 얘기하면서 "일찍부터 준비해 열심히 싸우겠다"는 선제적인 전략을 설명했다. 아던은 2020년 10월 선거에서 기록적인 압승을 거두면서 총리로 재선되었다.

세상의 마지막 글로벌 군주

엘리자베스 2세 여왕은 역대 영국 국왕들 가운데 가장 나이가 많고, 가장 오래 왕좌를 지켰다. 세습 군주제가 인기가 없는 시기인데도 엘리자베스 2세의 인기는 놀라웠다. 여왕이 대중 연설 석상에서 밝은색의 코트와 그에 어울리는 모자를 차려입고 어려운 상황에서도 자기 의무를 다하며 용기를 내자고 얘기하는 모습을 보면 정말 감탄스럽다.

엘리자베스 2세는 왕족의 전형이다. 그녀는 예의 바르고 내성적이며 자신의 통치에 대한 헌법적 의무를 따랐다. 여왕은 왕권의 상징물, 궁전, 보석, 의식 행사 등 왕족이 과시할 수 있는 모든 요소를 갖췄다.

하지만 현실적인 태도를 보이면서 평범한 사람들과도 잘 어울렸다. 나는 여왕이 2022년 베이징 올림픽에 출전하기 전에 영국에서 훈련 중이던 자메이카 봅슬레이 팀과 줌으로 대화를 나누면서 장난스럽게 웃는 모습을 보았다. 여왕은 운전을 꾸준히 계속할 뿐만 아니라 현명한 리더라는 느낌도 받았다. 과거 여성의 운전을 허용하지 않았던 사우디아라비아의 압둘라 왕세자가 여왕을 만나러 스코틀랜드의 발모랄성에 왔을 때, 여왕은 왕세자가 탄 차를 자기가 직접 운전하겠다고 주장했다.

권위 있는 목소리

많은 연구에서 낮고 '남성적인' 목소리가 리더들의 중요한 자산이라는 결과가 나왔다. 남성 CEO들의 목소리 주파수를 측정해보니, 대부분 남성 평균 범위인 125.5Hz가 나왔다. 남자는 목소리가 더 낮을수록 돈을 많이 벌고 규모가 큰 회사를 이끄는 경향이 있다고 한다.[6] 남성과 여성을 대상으로 진행한 연구에서도 대부분 목소리가 낮은 사람이 사회적 지위가 높고 더 지배적인 위치에 있을 것이라고 판단했다.[7]

낮은 목소리가 지닌 힘은 마거릿 대처Margaret Thatcher 전 영국 총리를 통해서도 확인할 수 있다. 대처는 더 권위 있게 들리는 목소리를 내기 위해 보컬 코칭을 받은 결과, 놀랍게도 목소리 음높이가 60Hz까지 낮아졌다고 한다.[8]

드라마 〈더 크라운The Crown〉에서 이 철의 여인 역을 맡은 질리언 앤더슨Gillian Anderson의 연기는 정말 대단했다. 마거릿 대처의 강한 리더십을 확실하게 보여주는 건 바람이 불어도 흔들리지 않는 헬멧형 헤어스타일이나 딱딱한 정장이 아니라 그녀의 목소리였다(낮은 음조, 느린 억양, 연극적인 말투).

리더의 5가지 초능력

1. **조직을 형성하는 비전 설정:** 리더는 팀의 목적, 비전, 공통 목표를 정한다. 리더들은 조직이 존재하는 이유와 사회에 기여하는 방식을 명확하게 알고 있다.
2. **직원들에게 영감을 주는 동기 부여 연설자:** 리더는 팀이 잠재력을 발휘하도록 동기를 부여하고 팀과 개인이 이룬 성과를 인정하고 감사하도록 하는 전문적인 영감 고취자다.
3. **급변하는 세상에 신속하게 적응:** 리더는 빠르게 변하는 혁신 세계에서 적응하는 탁월한 능력을 가지고 있다. 리더는 장기적인 관점을 취하시만 예상치 못한 변화가 생기면 방향을 바꿀 수 있다.

4. **성취 이력:** 리더들은 목표 지향적이고 자신에게 높은 기준을 적용하며 리더십 기술을 연마하기 위해 다양한 경험과 성과를 쌓는다.

5. **탁월한 계획:** 문제를 해결하고 복잡한 계획을 감독하는 건 리더의 본능이나 마찬가지다. 리더들은 목표를 정하고, 그것을 달성하기 위한 세부적인 실행 계획을 감독하는 게 얼마나 중요한지 안다.

| 연습 훈련 | 리더 퍼스널 브랜드 문장

경쟁력 분석

- 여러분이 일하는 업계, 회사, 또는 선택한 분야에서 핵심 리더를 식별해서 분석한다.
- 여러분이 리더로서 차별점은 무엇인가? 자기 생각을 적어보자.

목표 대상

- **영향을 미치고자 하는 대상 파악:** 상사, 동료, 고객, 구인 담당자, 업계 리더, 언론 등 대상을 구체적으로 정해야 한다.
- 여러분은 리더로서 어떤 문제를 해결할 수 있는가? 아이디어를 적어보자.

포지셔닝 문장 샘플

- **예시:** 어떤 리더는 팬데믹 기간 동안 보여준 자신의 팀 구축 기술과 영업 기술이 차별화 요소라고 생각했다.
- **문장 초안:** 팀의 생산성을 높여야 하는 고위 관리자와 팀원들을 위해 나는 급변하는 시기에 최고의 영업 성공을 달성하는 강력한 리더가 될 것이다.

포지셔닝 문장 최종 샘플

최고의 영업 성공을 위한 동기를 부여하는 능력이 내 DNA에 새겨져 있다.

- **리더 포지셔닝 문장:** 아래의 형식에 맞게 문장 초안을 합쳐서 나라는 브랜드를 위한 리더 포지셔닝을 완성하자.
- **문장 초안:** (여러분이 해결할 수 있는 문제)의 해결사가 필요한 (목표 대상)을 위해 나는 (가치 제안)을 제공한다.

리더 포지셔닝 최종 문장 _____

_____

- 이 문장을 믿을 수 있는 3가지 이유: 자신을 리더로 포지셔닝하는 데 도움이 되는 리더십 프로젝트와 성과, 서적, 기사, 논문, 수상 경력, 경험 등을 나열한다.
- 3가지 키워드 나열: 여러분을 리더로 정의할 수 있는 3가지 형용

나라는 브랜드를 설계하라

사나 짧은 키워드 문구를 골라보자.

리더 브랜드 요약

리더 브랜드 아이디어: 사람들에게 강력한 영감을 주는 리더

키워드: 리더십

가치관: 목표 달성, 강력한 팀 구축, 유산 남기기

동기: 세상에 이름을 남기고자 하는 강한 열망

브랜드 목소리: 권위, 자신감

이상적인 고객: 팀에 영감을 주는 강력한 리더를 존경하는 사람

슬로건: 우리는 어떤 도전에도 맞설 것이다.

6장

포지셔닝 전략 3
이단아

대부분의 문화권에서 전해지는 신화에는 재계 거물, 정치 지도자, 유명 인사와 함께 언더독도 등장한다(영화 〈탑건: 매버릭Top Gun: Maverick〉에서 피트 '매버릭' 미첼Pete "Maverick" Mitchell로 분한 톰 크루즈Tom Cruise를 생각해보라).

우리는 관습을 무시하는 고독한 사람, 규칙을 따르지는 않지만 놀라운 일을 이루어낸 불손한 사람, 자기 길을 개척해서 성공한 아웃라이어 같은 반항아들을 무척 좋아한다. 한마디로 이단아에게 감탄한다. 이단아 포지셔닝은 반대-, 대비-, 또는 역방향 포지셔닝이라고도 부른다. 이 포지셔닝을 실행하는 방법은 매우 간단하다. 여러분이 일하는 업계에서 전통적인 리더가 보여주는 모든 것을 반내로만 하면 된다(합리적인 범위 안에서).

이단아인 여러분은 원래부터 도전을 좋아하고 야심이 클수록 좋다. 다른 사람이 하는 일을 따라 하는 건 쉽다. 여러분은 남들이 예상하는 일만 해서는 성공할 수 없다고 생각한다. 실제로 여러분은 자유분방한 스타일을 통해 다른 이들에게 영감을 준다.

"부서지지 않았으면… 부셔버려라"는 여러분의 철학은 관료들을 불안하게 만든다. 여러분은 반대되는 관점을 가지고 있고 자유로운 사상가로 알려져 있다. 하지만 이런 여러분을 지지하는 사람이 없는 건 아니다. 세상에는 언제나 반대되는 관점을 위한 시장이 존재한다.

여러분은 이단아인가?

□ 여러분은 자기 분야에서 전통적인 역할을 하는 사람과 정반대되는 성향인가?

□ 색다른 접근 방식이나 관점이 있는가?

□ 목표를 달성하기 위해 기꺼이 위험을 감수할 의향이 있는가?

□ 남들보다 눈에 띄는가?

□ 아이디어와 목표가 많고 매우 창의적인가?

이 질문 중 2개 이상 '그렇다'고 답했다면 포지셔닝 전략 3, 이단아를 사용해서 자신을 포지셔닝할 수 있다.

이단아 포지셔닝: 나는 _____ 때문에 내가 일하는 분야에서 전통적인 역할을 하는 사람과 완전히 반대된다.

이단아의 성격

이단아인 여러분은 상반되는 사고방식, 즉 현상 유지를 싫어하고 틀에 얽매이지 않는 사고방식을 가지고 있다. 그래서 변화에 반대하는 기존 구성원들에게 도전장을 던진다. 대세를 거스르려면 배짱이 있어야 하는데 여러분은 엄청나게 배짱이 좋은 사람이다.

여러분은 다른 사람들과 동떨어져 있다고 느끼는 경향이 있고, 외부인으로서의 관점과 자급자족하는 성향 때문에 독립적인 사고를 하게 된다. 많은 이단아들은 뛰어난 학생이 아니었거나 자기가 관심 있는 과목만 잘했다. 여러분은 독특하거나 특이한 성격에 감탄하는 이들의 마음을 끌고, 본인도 색다른 사람들에게 매료된다. 또 정해진 경로를 따라가지 않을 만큼 자신감이 있다. 성공으로 가는 길을 찾을 때는 남들이 덜 가본 길을 찾는다.

여러분은 많은 아이디어와 큰 목표를 가지고 있다. 성공을 강하게 열망하는 목표 지향적인 모험가다. 여러분은 이야기를 통해서 자신의 아이디어와 관점, 이점을 납득시키는 매력적인 이야기꾼일 가능성이 높다.

여러분은 상황을 뒤섞어놓는 걸 좋아하는 교란사다. 사람들은 여

나라는 브랜드를 설계하라

러분을 교활한 술책의 달인으로 여긴다. 여러분은 대담한 몸짓과 특이한 이야기로 메시지에 활력을 불어넣어서 청중을 사로잡는 방법을 알고 있다.

여러분은 공격적이고 자기중심적이면서 무례할 수 있지만 다른 한편으로는 외향적이고 활기차고 자발적이다. 그리고 가끔은 좀 특이하기도 하다. 일반적인 기준과 다른 시각으로 바라보거나 생각하는 걸 개의치 않으며 본인처럼 역발상적인 사고를 하는 사람에게 매력을 느낀다.

여러분은 대부분의 경우:
- 자발적이고 활기차다.
- 목표 달성을 위해서 위험을 감수한다.
- 현상 유지를 거부한다.

하지만 가끔은:
- 지나치게 공격적이다.
- 순응주의자를 싫어한다.
- 이기적으로 행동한다.

사람들이 여러분을 생각할 경우:
- 파격적이다.
- 계산된 위험 감수자다.
- 독특하다.

하지만 여러분의 행동은:
- 너무 거칠다.
- 도를 넘는다.
- 너무 자기중심적이다.

여러분이 이런 사람이라면, 포지셔닝 전략 3, 이단아를 살펴봐야 할 이유가 더 많아진다.

반대가 되자

모든 마이크로소프트에게는 애플이 있다. 모든 빌 게이츠Bill Gates
에게는 스티브 잡스Steve Jobs가 있다. 모든 메리 배라에게는 일론 머
스크Elon Musk가 있다.

기성 리더가 X라고 생각할 때 여러분은 Y라고 생각한다. 그들이
비즈니스 정장을 입을 때 여러분은 청바지와 티셔츠를 입는다(마크
저커버그와 잭 도시를 떠올려보라). 경쟁자들이 거대한 대기업이라면 여
러분은 민첩하게 변화하는 모험적인 기업가다.

대비의 힘

전통적이거나 기대했던 것과 반대인 사람과 사물은 눈에 잘 띈다.
그게 이단아가 지닌 힘이다. 여러분은 도전적인 브랜드다. 이 전략의
유명한 예가 1960년대 초의 에이비스Avis 렌터카 캠페인이다. 에이
비스는 허츠Hertz가 지배하는 렌터카 업계에서 경쟁하는 데 어려움
을 겪고 있었다.

허츠가 자동차 렌트 분야에서 단연 선두 자리를 지키고 있던 그
때, 에이비스가 "당신은 2인자일 때 더 열심히 노력한다"라는 유명한
반대 포지셔닝 광고를 시작했다. 그리고 에이비스 렌터카의 인기가
급등했다.

애플이 2006년에 시작한 광고도 또 하나의 고전적인 이단아 포지셔닝 캠페인인데, 여기에는 멋진 맥 힙스터("나는 맥이야")와 헐렁한 카키색 옷을 입은 PC가이("나는 PC야")가 등장한다. 여러분은 둘 중 누구와 자신을 동일시하겠는가?

청량제 같은 사람

전통적인 리더는 기자 회견장에서 대본에 적힌 신중하게 엄선된 말만 골라서 하는 반면, 이단아인 여러분은 트위터에서 자기 생각을 있는 그대로 얘기하면서 사람들과 언쟁을 벌일 가능성이 높다.

기성 리더가 약간 따분하고 신중한 편이라면 여러분은 흥미롭고 대담하다. 금융 서비스 회사 블록Block(예전 이름 스퀘어)의 대표인 잭 도시를 보자. 그는 2022년에 자기 직함을 CEO에서 블록 헤드로 바꿨다.

이단아는 규칙을 어기는 자다. 여러분은 승리라는 것을, 규칙을 잘 따랐을 때 얻을 수 있는 문명화된 사건으로 여기지 않는다. 그 반대다. 무슨 말인지 알겠는가? 이런 예는 끝없이 많다. 이단아인 여러분은 거의 모든 면에서 업계의 인습적인 사람들에 대한 해독제다.

골리앗에 맞서는 다윗

여러분은 도전하는 브랜드고 역전승을 거두는 건 여러분의 승리를 더욱 값지게 만든다. 승산이 없을지도 모르지만 여러분 같은 이단아나 언더독을 응원하는 팬들이 있다.

여러분은 남들과 다르다. 유효성이 검증된 루틴에서 벗어날 수 있는 용기가 있다. 자기가 정한 자기만의 길을 가는 사람이다. 사람들은 정상 기준에서 벗어난 상태 때문에 여러분에게 끌린다. 결국 이단아들은 대부분의 사람들이 감히 따라 하지 못하는 삶을 살고 있다.

열정적인 아이디어 생성기

여러분은 창의력과 열정으로 다른 사람들을 흥분시킨다. 틀에 박힌 일상에 빠져들거나 익숙한 전략이나 절차를 따르는 걸 좋아하지 않는다.

여러분은 관료와 전통주의자를 불안하게 할 수 있다. 그리고 전통적인 업무 처리 방식에 도전장을 던질 수도 있다. 자기가 지금보다 더 나은 방법을 찾아낼 수 있다는 걸 안다.

언더독인 여러분은 먹이 사슬 꼭대기에 위치해 있지 않지만 낮은 지위가 성공을 방해하지는 않는다. 오히려 성공 가능성을 높인다.

강력한 직업 윤리

　여러분은 목표 지향적이고 결실을 맺는다. 때로 너무 위험하거나 도를 넘는 행동을 할 때는 고삐를 당겨야 하는데, 특히 보수적인 회사에서는 더욱 그렇다. 그래서 이단아 성향이 있는 리더들은 자유로운 기업 환경에서 더 번창한다. 본래 경쟁심이 강한 여러분은 경쟁자의 강점을 약점으로 바꿔서 그들의 위치를 전환시키는 걸 좋아한다.

　여러분은 다음과 같이 자신을 홍보할 수도 있다. "더 크고 경험이 많지만 과거에 머물러 있는 회사와 여러분을 미래로 데려가 줄 더 작고 민첩한 최첨단 회사 중 어느 쪽을 선택하겠는가?"

논쟁을 두려워하지 않는다

　이단아의 특징은 업계에서 일하는 대부분의 사람들과 견해가 반대되거나 적어도 관점이 다르다는 것이다. 이런 사람은 '뉴스'나 논쟁을 만들어내는 능력 때문에 언론의 사랑을 받는다.

　기자들은 여러분이 '노코멘트'라고 말하지 않으리라는 걸 안다. 여러분 업계나 더 넓은 세계에 영향을 미치는 문제에 대한 인용 가능한 의견이나 새로운 견해를 기대할 수 있다. 회의에서는 대안적인 방법을 제안하는 걸 두려워하지 않는다. 여러분은 현재 상태에 의문을 제기하는 게 필요하다고 생각한다.

자신을 표현하는 옷

'AOC'라는 약칭으로 알려진 알렉산드리아 오카시오코르테스 Alexandria Ocasio-Cortez는 진보적인 정치적 견해뿐만 아니라 대담하고 메시지가 풍부한 개인적 스타일로도 유명한 정치 이단아다.

바텐더 출신인 AOC는 2018년에 스물아홉 살의 나이로 미국 의회에 선출된 최연소 여성 정치인으로 새 역사를 썼다. 그리고 몇 달 만에 의회에서 가장 유명한 정치인이자 정치계에서 가장 화제성 높은 인물이 되었고 소셜 미디어에 팬도 엄청나게 많이 생겼다.

AOC는 정치계의 복장 규정을 바꾸고 있다. 그녀의 대표적인 스타일은 밝은 빨간색 립스틱, 커다란 링 귀걸이, 유행하는 옷 등이다. 때로는 여성 참정권 운동가들을 기리기 위해 흰색 옷을 입는 등 옷을 통해 메시지를 전하기도 하고, 때로는 미묘함을 완전히 배제하고 옷에 직접적으로 메시지를 새길 때도 있다. 2021년에 멧 갈라Met Museum Gala에 참석한 AOC는 등쪽에 굵은 빨간색 글씨로 '부자들에게 세금을 부과하라'고 적힌 흰색 드레스를 입어 사람들의 눈살을 찌푸리게 하기도 했다. 그녀는 비판에 대응해 인스타그램에 "미디어는 메시지다"라는 글을 올렸다.

만약 여러분이 틀에서 벗어난 생각과 행동을 한다면 이단아 포지셔닝이 적합할 수도 있다.

이단아의 원형

　스티브 잡스는 이단아적 리더의 원형이다. 트레이드마크인 검은색 터틀넥 셔츠와 청바지로 유명한 잡스는 옷 입는 스타일이나 사람들을 이끄는 스타일이 전형적인 CEO들과 완전히 달랐다. 그는 기술업계 리더들이 중요한 행사 때 편한 옷을 입는 걸 대중화했다.

　잡스 같은 이단아들은 전통적인 리더가 사람들을 잘못 이끌고 있다고 진심으로 믿는다. 그는 자신을 반(反) 리더라고 생각했고, "나는 결코 사업가가 되고 싶지 않았다. 내가 아는 모든 사업가들은 절대 닮고 싶지 않은 사람들이기 때문이다"라고 말했다.[1]

　잡스는 초기에 애플을 언더독으로 간주했다. IBM과의 경쟁은 '자유'를 억누르는 '악의 제국'과의 투쟁이며, 자기는 '세뇌'에 반대한다고 주장했다. 그는 특징 없고 괴짜 같은 기술 디자인을 추악하다고 거부하면서 기술업계를 변화시켰다. 맥북, 아이폰, 아이팟처럼 역사를 바꿔놓은 다양한 제품 시리즈에 미니멀리즘 미학을 적용하려고 꼼꼼하게 집중했다.

연습, 연습, 연습

　애플에 대한 모든 관심은 잡스에게 쏠렸고 잡스는 기대했던 결과물을 내놓았다. 잡스는 사람들의 마음을 사로잡는 쇼맨이자 기조연

설의 대가였다. 모든 제품 출시 행사는 훌륭한 연출에 따라 진행되었다. 모든 움직임, 모든 슬라이드, 모든 이미지가 세심하게 계획된 것이었다.

잡스는 대본이 없는 것처럼 보이고 싶은 부분마저도 절대 운에 맡기지 않았다. 프레젠테이션 마지막에, 다들 이제 끝났다고 생각할 때쯤 잡스는 갑자기 생각난 듯 무심하게 "하나 더 있다"면서 모자에서 다른 토끼를 꺼낸다. 그리고 그런 마무리 수법은 잡스의 트레이드마크인 프레젠테이션 형식의 일부가 되었다.

잡스는 여러 번 반복해서 리허설을 했다. 그래서 그렇게 잘 해낼 수 있었던 것이다.

이단아의 자아

잡스는 자기가 세상 사람들 99.9퍼센트와는 다른 천재라고 생각했다. 그는 경영대학원에서 가르치는 규칙을 대부분 다 어기는 까다로운 리더였다. 날마다 자신의 능력을 증명하지 못하면 쫓겨난다. 하지만 잡스는 사이비 종교 신도 같은 충성스러운 추종자들을 끌어들였고, 잡스를 권위자로 섬기는 직원과 고객들은 세상을 변화시키겠다는 그의 비전에 매료되었다.

다른 사람들도 알아차린 것처럼, 애플의 유명한 '미친 자들' 광고는 잡스 본인을 묘사한 것이다.

나라는 브랜드를 설계하라

"미친 자들을 위해 건배하자. 부적응자, 반항아, 문제아, 세상을 다르게 바라보는 사람들. 자기가 세상을 바꿀 수 있다고 믿을 만큼 미친 자들이 실제로 세상을 바꿔놓는다."

"다르게 생각하라"는 애플의 슬로건이 모든 걸 말해준다.

버진의 자세

리처드 브랜슨Richard Branson은 규칙을 깨는 리더십 접근법으로 유명하다. 그는 자기는 규칙을 배운 적이 없기 때문에 규칙 파괴자라고 불릴 수 없다고 말했다.

그가 이단아라는 증거는 자기 회사에 붙인 성적(性的)인 이름만 봐도 알 수 있다. 브랜슨이 통신 판매 레코드 회사를 처음 설립하면서 '버진'이라는 이름을 선택한 이유는, 그와 사업 파트너들 모두 '사업 경험이 없었기' 때문이다.

당연히 브랜슨에게는 속셈이 있었다. 그 이름은 사업 초기부터 홍보용 플랫폼 역할을 했다. 그리고 수십 년이 지난 지금도 언론은 여전히 "버진이라는 이름은 어떻게 생각해낸 건가"라는 질문을 종종 던진다.

다는 등의 대담한 목표를 세운 그의 주변에는 언제나 각종 소문이 떠돈다. 머스크는 사람들에게 아이를 더 많이 낳으라고 독려하면서 본인도 제 몫을 다하고 있다. 그는 자신의 일곱 번째 아이(아들)에게는 엑스 애쉬 에이 트웰브XAE A-Xii, 여덟 번째 아이(딸)에게는 엑사 다크 사이디어릴Exa Dark Siderael이라는 이름을 지어줬다.

머스크는 기득권층과 종종 싸움을 벌이며 세상사를 다윗(혹은 일론 자신) 대 골리앗의 싸움으로 바라보는 듯하다.

혁신가인가, 이단아인가?

머스크는 혁신가로서의 능력이 매우 뛰어나기 때문에 그를 포지셔닝 전략 1, 혁신가에 포함시키기 쉽다.

그의 전기차 회사인 테슬라는 전기차 업계를 변화시켰다. 그가 운영하는 스페이스X는 인간을 우주로 보낸 최초의 사설 기업이자 일반인을 궤도까지 올려보낸 최초의 회사다. 또 최초의 재사용 가능한 부스터 로켓도 만들었다.

그러나 머스크의 파격적인 관점과 특출난 성격은 이단아 포지셔닝 진영에 정확하게 들어맞는다. 머스크는 일을 이뤄내는 리더다. 그의 슬로건은 다음과 같다.

"아무도 하지 않는다면 내가 할 것이다."

이단아의 5가지 초능력

1. **남들과 반대되거나 신선한 관점:** 이단아는 남들과 다르거나 논쟁의 여지가 있는 관점을 취하는 걸 두려워하지 않는다. 하지만 이단아가 되기 위해 반드시 급진적인 반대자가 될 필요는 없다. 신선한 관점이나 통념과 다른 반전 있는 관점만 취하면 된다.

2. **남다른 이미지와 리더십 스타일:** 이단아는 옛것을 옹호하는 사람이 아니다. 그들은 극적인 방식으로 자신을 표현하고, 행정가 같은 전통적인 리더들과 다르기 때문에 쉽게 눈에 띈다(리처드 브랜슨, 레이디 가가Lady Gaga, 그리고 머리가 헝클어진 보리스 존슨Boris Johnson을 생각해보라). 이단아는 대부분 전통적인 리더십 규칙을 따르지 않지만 그건 중요하지 않다. 그들은 평범하지 않은 관점과 악당 같은 이미지를 좋아하는 직원과 추종자들을 끌어들이는 경향이 있다.

3. **기업가적이고 창의적인 사고방식:** 타고난 기업가인 이단아들은 역동적이고 야심만만하며 아이디어와 열정으로 가득하다. 그들은 매우 창의적이고 도전적인 목표를 세우는 경향이 있다. 강력한 직업 윤리를 발휘하며 결과를 얻을 때까지 포기하지 않는다. 많은 이단아들은 계속해서 새로운 사업에 착수하려는 성향이 있는 연쇄 기업가들이다.

4. **눈에 잘 띄고 논란이 많음:** 이단아들은 퍼스널 브랜드나 자신을 마케팅하는 데 관심이 많다. 그들은 교활한 술책의 대가다. 곤경에 빠졌다가도 잘 빠져나오는 게 그들의 결정적인 기술 중 하나다.

5. **인용 가능한 재담의 달인:** 이단아는 언론인들에게 흥미로운 기삿거리를 많이 제공하기 때문에 미디어의 사랑을 받는 경향이 있다. 그들은 크고 작은 회의석상에서 대담하고 극적인 연설을 하곤 한다. 업계에서 일어나고 있는 일에 대해 남들과 다른 입장을 보이기 때문에 업계 콘퍼런스 연설자나 패널로 자주 초대된다.

이단아를 위한 최고의 커리어

기술 벤처와 기업가적 벤처에는 독립적인 정신의 소유자들이 많다. 특히 이단아들이 빅테크 독점의 위협을 느끼는 기술 스타트업의 경우에는 다윗 대 골리앗 홍보 전략을 쓰기도 한다.

작가, 예술가, 공연자, 기타 창조적인 사람들은 자진해서 이단아가 되거나 타고난 성격상 이단아인 경우가 많다. 레이디 가가, 빌리 아일리시Billie Eilish, 밥 딜런Bob Dylan 같은 가수들은 이단아 브랜드를 이용해서 남들과 차별화될 때 어떤 힘을 발휘할 수 있는지 안다. 많은 이단아들은 전통적인 관점에 반대하는 것이 중요한 미디어 전문가나 컨설턴트로 성공한다.

이단아는 반가운 방해자이자 게임 체인저로 간주되는 경우가 많다. 사람들은 그들의 대담하고 틀에 얽매이지 않으면서 때로 불손하기도 한 지혜에 이끌린다. 요리사계의 이단아인 앤서니 보데인Anthony Bourdain을 생각해보라. 그는 단순한 음식 안내자가 아니라 우리를 더 넓은 세계로 안내한다. 그래서 우리는 그를 그리워한다.

대기업에서 근무하는 경우에는 이단아 전략이 위험할 수 있지만, 마케팅이나 제품 개발처럼 창의성이 중요한 부서는 이단아들을 많이 보유하고 있다. 이단아는 보수적인 업무 환경에는 어울리지 않으므로 그런 데서는 무모하고 적합하지 않은 인물로 비춰질 수 있다.

| 연습 훈련 | 이단아 퍼스널 브랜드 문장

경쟁력 분석

- 여러분이 일하는 업계, 회사, 혹은 선택한 분야에서 일하는 리더들과 그들이 상징하는 게 무엇인지 파악한다.
- 이단아 포지셔닝을 위해 남들과 다른 관점, 이미지, 성과를 얻으려면 어떻게 해야 할지 그와 반대되는 걸 알아낸다.

목표 대상

- **영향을 미치고자 하는 대상 파악:** 상사, 동료, 고객 등 대상을 구체적으로 정해야 한다. 그들의 정체성, 성격, 가치관, 생활 방식을 시각화한다.
- 여러분은 그들을 위해 어떤 문제를 해결할 수 있는가? 자기 생각을 적어보자.

포지셔닝 문장 샘플

- **예시:** 디지털 마케팅 분야의 창의적인 일자리로 옮기고 싶었던 한 재무팀 직원은 자신을 독창적이면서도 분석적인 이단아로 다시 브랜딩하고 싶어 했다.
- **문장 초안:** (창의적인 문제 해결사)가 필요한 (업계 최상위 디지털 기업의 고위 관리자들)에게 나는 (뛰어난 사업 기회와 창의적인 능력이라는 보기 드문 조합)을 상징한다.

포지셔닝 문장 최종 샘플

사업가의 마음과 창의적인 정신.

- **이단아 포지셔닝 문장:** 아래의 형식에 맞게 문장 초안을 합쳐서 나라는 브랜드를 위한 이단아 포지셔닝을 완성하자.
- **문장 초안:** (여러분이 해결할 수 있는 문제)의 해결사가 필요한 (목표 대상)을 위해 나는 (가치 제안)을 제공한다.

이단아 포지셔닝 최종 문장 _____

_____

- 이 문장을 믿을 수 있는 3가지 이유: 자신을 이단아로 포지셔닝하는 데 도움이 되는 색다른 프로젝트와 성과, 관점, 서적, 기사, 논문, 수상 경력, 경험 등을 나열한다.
- 3가지 키워드 나열: 여러분을 이단아로 규정할 수 있는 3가지 형

용사나 짧은 키워드 문구를 골라보자.

이단아 브랜드 요약

이단아 브랜드 아이디어: 성과를 올리는 대담하고 파격적인 리더

키워드: 남들과 다름

가치관: 성취, 위험 감수, 독립성

동기: 변화에 대한 강한 열망과 현상태에 대한 도전

브랜드 목소리: 열정적으로 솔직하게 말하자.

이상적인 고객: 틀에 얽매이지 않은 관점에서 생기는 스릴을 좋아하는 사람

슬로건: 평범함을 거부하라.

7장

포지셔닝 전략 4
속성

가장 일반적인 포지셔닝 전략은 속성, 즉 여러분의 브랜드를 경쟁자와 차별화하는 강점이나 특성, 별난 점 등을 중심으로 브랜드 정체성을 구축하는 것이다. 모든 산업, 모든 제품 분야, 모든 직업은 중요한 속성과 연관되어 있다. 속성 전략은 고객이 원하는 속성이 많은 자동차 같은 브랜드 카테고리에서 특히 인기가 높다.

메르세데스 벤츠Mercedes-Benz 브랜드는 '명성'을 중심으로 구축되었다. BMW는 '주행 성능'을 상징한다. 볼보가 내세우는 단어는 '안전'이다. 그래서 마케터들은 '단어를 소유'하는 게 중요하다고 말한다. 사람들도 마찬가지다. 여러분도 자신의 부가 가치를 정확하게 정의해서 전달할 수 있는 단어인 속성과 연결하고 싶어 한다. 그게 여

나라는 브랜드를 설계하라

러분의 키워드고 초능력이다. 자기 업무 분야에서 중요하고 다른 사람과 연관되어 있지 않으면서 내가 확실히 소유할 수 있는 속성이 필요하다. 그런 속성을 발견하면 마케팅과 퍼스널 브랜드 프로필의 중심으로 삼아야 한다. 그것이 여러분의 브랜드를 가장 매력적으로 만들어줄 것이다. 여러분이 원하는 건 자신과 그 단어 사이의 강한 연결고리다. 그래야 사람들이 해당 속성을 생각하면 바로 여러분이 떠오르고, 여러분을 생각하면 자동으로 그 속성이 떠오르게 된다.

여러분이 할 일은, 목표 고객에게 어필할 수 있고 경쟁자에 비해 최고의 마케팅 영향력을 발휘할 수 있는 속성 한 가지를 정해서 그걸 자기 것으로 만드는 것이다. 사람들이 여러분에게 감탄하는 다른 멋진 속성은 다 잊어버리자. 자신을 확실하게 내세울 수 있는 강점을 하나 선택한 뒤 그것을 중심으로 브랜드를 구축해야 한다. 그렇게 하면 사람들이 여러분과 여러분이 하는 말에 더 많은 관심을 기울일 것이다.

여러분에게는 그런 중요한 속성이 있는가?

- ☐ 다른 사람과 차별화되는 특별한 속성, 강점, 특성은 무엇인가?
- ☐ 직장에서 사람들이 여러분의 어떤 강점과 능력을 칭찬하는가?
- ☐ 특정한 속성을 통해서 어떤 성공적인 이니셔티브나 성과를 얻었는가?

□ 어떤 속성이 목표 고객에게 최대한의 이익을 안겨주는가?

□ 자기만의 속성으로 삼을 수 있는 특이한 점이 있는가?

여러분이 하는 일에 중요한 속성 하나에 탁월한 강점이 있다면, 전략 4, 속성 포지셔닝이 여러분에게 적합할 수 있다.

속성 포지셔닝: 내 속성은 ＿＿＿＿＿＿＿＿＿＿＿＿＿＿ 인데

이건 ＿＿＿＿＿＿＿＿＿＿＿＿＿＿＿＿＿ 때문에 중요하다.

속성 성격

특정한 속성이 돋보이는 사람들에게 가장 중요한 요소는 집중력이다. 여러분은 뛰어난 자제력과 옆길로 새지 않고 핵심 역량에 집중할 수 있는 능력이 있다. 그리고 직업과 관련된 가치 제안을 중심으로 내러티브를 구축한다. 그 속성은 여러분을 다른 사람들과 차별화하고 성공을 뒷받침해주는 초능력이다. 여러분의 속성은 동료나 고객을 상대로 자신을 홍보하는 방법의 핵심이다.

속성은 자기 마음에 드는 걸 고르는 게 아니다. 여러분은 직관력이 뛰어난 사람이기 때문에 목표 고객의 요구에 '딱 맞고' 자신에게도 적합한 속성을 식별할 수 있다. 공감 능력과 직관력에서 높은 점수를 받은 여러분은 사회적 단서를 아주 미묘한 것까지 파악할 수 있

는 능력이 있다. 평소 자기 직감을 따르는 경우가 많은데 그 직감은 대체로 정확하다.

여러분은 특정한 사회적, 직업적 상황에 '맞춰서' 자신의 행동과 주장을 쉽게 바꿀 수 있다. 사회적으로나 직업적으로나 바람직한 방식으로 자신을 표현할 수 있고 다른 사람들보다 효과적으로 새로운 상황에 적응할 수 있다.

여러분은 대부분의 경우:

- 타고난 강점을 극대화한다.
- 자기 분야에서 중요한 것을 옹호한다.
- 자신의 차별화 요소를 중심으로 부가 가치를 만든다.

하지만 가끔은:

- 업무에 너무 몰두할 때가 있다.
- 자기가 신뢰하지 않는 의견에 찬성한다.
- 사람들을 기쁘게 하려고 자기 입장을 바꾼다.

사람들이 여러분을 생각할 경우:

- 자신의 강점을 안다.
- 다른 사람들과 잘 어울릴 수 있다.
- 자기가 잘하는 일에 집중한다.

하지만 여러분의 행동은:

- 앞뒤가 다르거나 가식적인 모습을 보인다.
- 다른 사람들의 호감을 사려고 그들을 모방한다.
- 감정이 부족하다.

여러분이 이런 사람이라면 포지셔닝 전략 4, 속성을 잘 살펴보고 주요 속성을 중심으로 포지셔닝을 구축해야 할 이유가 더 많아진다.

여러분의 초능력은 무엇인가?

대부분의 사람들은 많은 속성을 갖고 싶어 한다. 성공을 위한 최고의 기회를 얻기 위해 모든 사람이 원하는 모든 것이 되려고 하는 것이다. 하지만 그건 실수다. 그렇게 되면 여러분과 여러분의 능력에 관심을 쏟기보다는 혼란에 빠질 것이다. 제품이나 사람에 한 가지 속성을 연결시키는 것도 충분히 어렵다. 2가지 이상을 연결하는 건 거의 불가능하다. 게다가 어쨌든 뛰어난 속성을 구축하면 사람들은 여러분이 한 가지만 잘한다고 생각하지 않을 것이다.

자신의 속성 찾기

속성 포지셔닝을 이용하면 다른 사람들의 요구에 '딱 맞으면서' 여러분의 강점이기도 한 최고의 속성을 '파악'할 수 있다. 요컨대 속성이 곧 가치 제안이라는 얘기다. 여러분의 속성은 전략, 발명품, 노하우, 동기 부여자, 연결자, 심지어 카리스마나 호감도 같은 성격 특성일 수도 있다.

목표 대상이 마음속에 이미 품고 있는 걸 키워 나가는 게 현명한 방법이다. 먼저 다른 사람들부터 시작하자. 그들은 여러분을 어떻게 생각하는가? 그들 생각을 알고 있는가? 모른다면 직접 물어보자. 단서를 찾을 기회는 매일 있다. 사람들이 직장에서 여러분을 뭐라고 칭찬하는가? 여러분의 어떤 부분을 비판하는가?

이번에는 자기 내면을 들여다보자. 백지를 한 장 앞에 놓아두자. 어떤 형용사들이 떠오르는가? 자신의 어떤 점에 감탄하는가? 다른 사람들이 여러분을 어떻게 생각하길 바라는가?

키워드(또는 표현) 고정

다른 사람들이 여러분과 연결시키기를 원하는 결정적인 특징은 무엇인가? 다른 사람들의 마음속에 이미 존재하는 이미지와 여러분이 나타내고 싶은 이미지를 서로 연결시킬 방법이 있는가?

마지막으로, 생각을 바깥쪽으로 확장해보자. 여러분이 일하는 업계나 업무 분야의 뜨거운 쟁점은 무엇인가? 여러분 회사에 부족한 강점은 무엇인가? 그 공백을 어떻게 메울 수 있을까? 자기를 표현하는 말을 찾으면 그걸 고정시키고 싶을 것이다. 반복의 힘을 과소평가하지 말자. 댄이 그랬던 것처럼 어떤 속성이나 메시지를 자주 반복하면 할수록 다른 사람들이 여러분과 해당 속성을 연관시킬 가능성이 높아진다.

수요가 많은 속성

엔지니어 출신인 댄은 코로나19 팬데믹 기간에 주요 부서의 책임자가 되었다. 판매 수익이 감소했다. 업계와 고객 모두 심각한 침체에 빠졌다. 공급망 문제 때문에 생산도 지연되었다. 이렇게 힘든 시기에는 회사가 오랫동안 골머리를 앓아온 문제를 해결할 추진력이 생기는 경우가 종종 있다. 댄의 회사는 생산 일정을 관리할 수 있는 시스템이 제대로 갖춰져 있지 않았다. 그래서 공급망 문제가 확대되었고, 위기가 발생하면서 통제 불능 상태가 된 것이다. 문제가 계속 쌓여가고 제대로 되는 일이 별로 없었다. 그런데 아무도 그 문제를 책임지거나 해결책을 찾으려 하지 않았다.

댄은 '책임감'이라는 속성을 중심으로 자신을 포지셔닝하기로 했다. 이건 동료와 고객들이 계획, 프로젝트 관리, 문제 해결, 자기 책임 분야에 대한 주인 의식 같은 강점을 지닌 댄과 결부시킨 중요한 속성이다.

슬로건에 포함된 속성

'책임감'이라는 말은 댄이 단순히 시스템과 기술 개선에 대해서만 얘기하는 사람이 아니라는 걸 가리킨다. 또 그의 팀이 자기들 분야에서 주인 의식을 갖기 시작하지 않으면 그로 인한 결과가 생길 것임을

나라는 브랜드를 설계하라

보여준다.

댄은 '책임감'이라는 말을 자신의 계획이나 "책임감은 문제가 아닌 해결책을 의미한다", "다들 언제 어디서나 책임을 져야 한다" 같은 팀 슬로건과 연결시켰다. 다른 동료들은 창의성이나 재무 분석, 마케팅 등의 분야에서 댄보다 뛰어날지도 모르지만 성과와 책임을 추적하기 위한 프로세스, 기술, 측정 기준을 개발하는 능력에 있어서는 댄을 따라올 사람이 아무도 없었다.

속성 수정

처음에는 자신의 속성을 제대로 이해하지 못할 수도 있다. 이건 프록터 앤드 갬블Procter & Gamble 같은 마케팅 강자를 비롯해 누구에게나 발생하는 일이다.

1960년대에 최초의 일회용 기저귀인 팸퍼스Pampers가 처음 출시되었을 때, 팸퍼스 마케팅 팀은 '편의성'이라는 속성에 초점을 맞췄다. 편의성은 완벽한 속성 같았다. 일회용 종이 기저귀를 쓰는 엄마들은 천 기저귀를 빨아서 소독하거나 비싼 기저귀 세탁 서비스를 이용할 필요가 없었다. 외출 중에 기저귀를 갈았을 때도 냄새 나는 천 기저귀를 들고 다닐 필요가 없었다.

목표 고객이 누구보다 잘 안다

하지만 편의성 속성 포지셔닝은 엄마들에게 잘 먹히지 않았다. 엄마들은 죄책감을 느꼈다. 그들은 그 선택을 단순한 이분법적 시각으로 바라봤다. 아기들에게는 천 기저귀가 가장 좋다. 일회용 기저귀는 엄마들에게나 좋다. 게다가 팸퍼스는 비쌌다. 그래서 엄마들은 마음과 지갑 사이에서 갈등했고 덕분에 초기에는 판매가 저조했다. 그래서 팸퍼스는 '뛰어난 흡수성'이라는 다른 속성을 선택했다. 그리고 보다 저렴한 제조 공정을 개발해서 가격을 낮췄다.[1]

이제 엄마들은 팸퍼스를 선택하는 것에 죄책감을 느낄 필요가 없었다. 흡수력은 아기들에게 도움이 된다. 그러자 판매량이 급등했다.[2] 그 속성은 사람들이 받아들이기가 쉬웠다. 머지 않아 천 기저귀와 기저귀 세탁 서비스는 자동차에 장착된 긴 안테나와 같은 길을 가게 되었다.

속성 포지셔닝의 핵심 전술

- 여러분을 나타내는 단어나 속성을 중요한 비즈니스 이니셔티브나 다른 활동과 연결시킨다.
- 의사소통을 할 때마다 여러분의 속성을 강조해서 여러분과 그 단어 사이에 강한 연결고리가 생기도록 한다.
- 모든 접점(온라인 및 대면)에서 해당 단어를 일관되게 사용한다.
- 기억에 남는 문구, 만트라, 슬로건을 이용해서 여러분의 속성

을 사람들 마음속에 정착시킨다.

• 자신의 속성을 중심으로 리더십 철학을 만든다.

속성과 정체성 혼합

자신을 한 단어로 표현할 수 있다면 자기가 브랜드가 되었다는 걸 알 수 있다. "오프라가 누구야?"라고 묻는 사람은 없다. TV 진행자이 자 슈퍼스타인 오프라 윈프리Oprah Winfrey는 성을 빼고 이름만 말해 도 다들 누구를 얘기하는지 안다.

내가 생각하기에 오프라의 주요 속성은 공감 능력이다. 그건 오프 라가 지닌 정체성의 강력한 일부분이고, 그녀가 방송인 겸 진행자로 성공한 주된 이유 중 하나다.

오프라가 누군가를 인터뷰하는 모습을 보자. 그녀가 질문을 던지 는 방식에서도 공감 능력이 드러난다. 듣는 방식에서도 마찬가지다. 2020년에 영국 해리 왕자와 메건 마클과의 인터뷰에서도 증명되었 지만, 오프라의 공감 능력은 사람들의 마음을 열어준다. 그녀에게는 내 얘기를 해도 괜찮을 것 같다는 기분이 든다. 그녀는 우리를 이해 하는 것 같다. 오프라처럼 감정 이입을 할 수 있는 사람은 많지 않다.

자기가 정말 잘하는 일을 거부하지 마라

　루실 볼Lucille Ball은 시트콤 〈왈가닥 루시I Love Lucy〉에서 주연을 맡아 스타가 되기까지는 영화배우로서 성공하겠다는 꿈을 품고 고군분투하는 여배우 중 한 명에 불과했다. 그녀의 경력은 여기저기 작은 역할을 맡거나 모델 일을 하는 것 이상으로 진척되지 못했다.[3] 루실의 연기 교사마저 그녀는 결코 성공하지 못할 거라고 말할 정도였다.

　영화계의 스타가 되겠다는 그녀의 비전은 흐지부지되었지만 관객들은 그녀의 진정한 재능, 그녀를 정의하는 본질적인 속성을 발견했다. 루실 볼은 재미있었다. 그녀의 차별화 요소는 절묘한 코미디 타이밍과 몸으로 웃기는 슬랩스틱 재능이었다. 사람들을 웃기는 건 많은 여배우가 가지고 있는 속성이 아니기 때문에 눈에 띄었다.

할리우드 모델:

재능 + 포지셔닝 + 포장 + 홍보 = 스타

　그녀가 자신에게 적합한 포지셔닝을 취하자, 스타일리스트는 머리카락을 불타는 듯한 밝은 빨간색으로 염색하자고 제안했고, 볼은 루시 리카르도Lucy RIcardo 역에 어울리게 목소리 톤을 높였다. 그리고 볼은 네트워크 방송에서 가장 인기 있는 프로그램을 통해 미국인들의 사랑을 받는 슬랩스틱 여왕이 되었다.[4]

　하지만 이렇게 사람들에게 재미를 주면서 성공을 거뒀지만 코미디언으로 낙인찍히는 것에는 늘 분개했다. 코미디계에서는 최고 중의 최고였지만 루실 볼은 다른 포지셔닝을 원했다. 영화계의 스타가 되고 싶었다.

브랜드란 다른 사람들이 여러분을 바라보는 방식인데, 루실 볼의 팬들은 그녀를 매혹적이라고 여기지 않았다. 그건 그녀에게 적합한 속성이 아니었다. 그녀에게 딱 들어맞는 속성은 재미였다. 사람들을 웃기는 건 어려운 일이지만 그보다 더 어려운 건 여러분의 브랜드가 다른 사람들 마음속에 확고하게 자리를 잡은 뒤에 다시 포지셔닝하는 것이다.

잘 사용하지 않는 단어 찾기

사회 과학자, 전문가, 연구원, 기타 많은 이들은 자신의 통찰력이나 철학을 설명하고 사람들의 관심을 끌기 위해 색다른 단어나 캐치프레이즈를 만들어내려는 시도를 종종한다.

경영 코치인 브레드 스털버그Brad Stulberg는 자신의 컨설팅 철학을 정의하기 위해 '연결감groundedness'이라는 단어를 선택했다. 그는 이 말을 '우여곡절을 이겨내는 내면의 힘과 자신감'이라 정의했다.[5]

연결감은 사람들이 많이 쓰는 단어가 아니기 때문에 머릿속에 오래 남아 있을 가능성이 높다. 간단하면서도 이점이 있고 특히 새로운 업무 환경에 적합해 보인다.

속성의 5가지 초능력

1. **자신의 속성에 집중:** 최고의 속성은 간단하면서 기억에 남는 이점을 전달한다. 사람들이 저지르는 가장 큰 실수 중 하나는 시장 전체에 어필하거나 모든 사람을 위한 모든 것이 되어야 한다고 생각하는 것이다. 브랜드든 사람이든 자신의 성공적인 속성에 집중하는 게 언제나 현명한 방법이다.

2. **다른 사람과의 빠른 화합:** 화합은 다른 사람의 사회적 리듬에 즉시 연결되어 친구가 되는 방법이다. 이렇게 남들과 빠르게 화합하는 사람들은 종종 다른 사람을 미묘하고 무의식적으로 모방하면서 그들과의 유사성이나 연관성을 찾는다. 또한 "다음 홍보 활동을 할 때 이 방법을 시도해보자"라는 식으로 화합을 도모하는 사람들은 협력과 긍정적인 반응을 이끌어낼 가능성이 높다는 연구 결과가 있다.

3. **뛰어난 정서 지능(EI):** 정서 지능은 다른 사람의 미묘한 감정적 단서를 포착하고 자기 감정을 이용해서 성공적으로 의사를 전달하고 공감하고 갈등을 완화하는 능력이다. 정서 지능이 높은 사람은 정신 건강, 업무 성과, 리더십 기술이 남들보다 뛰어나다.

4. **결과를 얻겠다는 결의:** 속성 포지셔닝은 경력 성공과 관련해 최상의 결과를 제공하는 속성 하나에 집중한다. 어떤 속성이 예전만큼 효과가 없다면 해당 속성을 현재 시장에 적합하게 바꾸거나 발전시키는 방법으로 브랜드 포지셔닝을 조정해야 한다.

5. **새로운 상황에 빠르게 적응:** 사람들은 대부분 변화를 좋아하지 않기 때문에 새로운 문화와 환경에 빠르게 적응하는 건 훌륭한 능력이다. 변화가 새로운 기준이 될 것으로 예상되는 오늘날에는 적응능력이 특히 중요하다.

| 연습 훈련 | 속성 퍼스널 브랜드 문장

경쟁력 분석

- 여러분이 일하는 업계에서 주요 경쟁자들은 어떤 속성을 나타내는지 식별해서 분석한다.
- 어떤 속성이 필요한가? 그 공백을 채울 수 있는가? 여러분의 속성이 더 중요한 이유는 무엇인가?

목표 대상

- **영향을 미치고자 하는 대상 파악:** 상사, 동료, 고객 등 대상을 구체적으로 정해야 한다.
- 사람들이 여러분과 연관 짓는 속성은 무엇인가? 가능성 높은 추측을 적거나 동료에게 물어보자.
- 여러분은 어떤 속성을 대표하고 싶은가? 그것은 여러분 회사나 업무에 필요한 강점인가?

포지셔닝 문장 샘플

- **예시:** 한 시장 조사원은 자기가 거둔 성공의 핵심 속성이 여성 소비자와 관계를 구축하는 능력이라고 판단했다.
- **문장 초안:** (소비자가 구매하는 브랜드를 선택하는 이유에 대한 조사)가 필요한 (마케터, 광고 대행사 고객)에게 나는 (소비자와 '친밀한 관계'를 맺어서 자신의 브랜드 선택 이유를 솔직하게 털어놓도록 하는 뛰어난 능력)을 상징한다.

포지셔닝 문장 최종 샘플

소비자들과 맺은 친밀한 관계 때문에 내 고객들은 나를 '매디슨 애비뉴의 오프라'라고 부른다.

- **속성 포지셔닝 문장:** 자신의 속성을 선택하고 아래의 형식에 맞게 문장 초안을 합쳐서 나라는 브랜드를 위한 속성 포지셔닝을 완성하자.
- **문장 초안:** (여러분이 해결할 수 있는 문제)의 해결사가 필요한 (목표 대상)을 위해 나는 (속성 가치 제안)을 제공한다.

속성 포지셔닝 최종 문장 _____

_____

- 이 문장을 믿을 수 있는 3가지 이유: 여러분의 속성 포지셔닝을 뒷받침하는 구체적인 프로젝트와 성과, 서적, 기사, 논문, 수상 경

나라는 브랜드를 설계하라

력, 경험 등을 나열한다.

- 3가지 키워드 나열: 여러분의 속성을 정의하는 3가지 형용사나 짧은 키워드 문구를 골라보자.

속성 포지셔닝 요약

속성 브랜드 아이디어: 여러분은 본인을 다른 이들과 차별화하는 중요한 속성을 대표한다.

키워드: 속성

가치관: 집중, 타인과의 연결, 자신의 강점에 충실

동기: 자신의 속성에 대한 강한 정체성

브랜드 목소리: 공감

이상적인 고객: 여러분의 속성에 동질감을 느끼는 고객

슬로건: 중요한 것에 집중하라.

8장

포지셔닝 전략 5
엔지니어

엔지니어 포지셔닝이 공대 출신들만을 위한 것이라고 생각해서는 안 된다. 엔지니어 포지셔닝(마법의 성분 또는 신규 프로세스 포지셔닝이라고도 한다)은 문제를 해결하거나 더 좋은 걸 만들기 위해 새로운 방법으로 사물을 재구성하거나 재설계하는 이들을 위한 것이다.

엔지니어인 여러분은 체계적이면서도 창의적인데 이건 강력한 조합이다. 여러분은 다른 사람이 아무것도 보지 못하는 곳에서 패턴을 발견한다. 물건을 수리하고 실험하고 개선하는 걸 좋아한다. 그리고 문제를 해결하기 전까지는 포기하려고 하지 않는다. 여러분은 결과를 공개하기 전에 모든 것이 정확한지 확인해야 하는 완벽주의자다.

여러분은 새로운 음식 재료나 비밀 양념을 기발한 방법으로 사용

나라는 브랜드를 설계하라

하는 요리사일 수도 있고, 기존 프로그램보다 잘 작동하는 새로운 알고리즘을 개발한 컴퓨터 프로그래머일 수도 있다. 보다 정확한 연구 수행 방법을 새로 만들거나 회사 공급망을 재설계하는 것도 가능하다. 남들과 다른 운동 프로그램을 보유한 물리치료사이거나 새로운 식이요법을 시도한 유명 인사일 수도 있다.

가능성은 무한하다. 여러분의 차별화 요소는 뭔가를 수정하고 개선하는 것이다. 여러분은 창의적이면서도 실용적이다.

여러분은 엔지니어인가?

□ 여러분은 뭔가를 개선할 수 있을지 알아보기 위해 물건이나 아이디어, 프로세스를 만지작거리는 걸 좋아하는가?
□ 어릴 때 물건이 어떻게 작동하는지 보려고 분해해본 적이 있는가? 아니면 어릴 때 요리하는 법을 배우고 자기만의 레시피를 만들어본 적이 있는가?
□ 적은 비용으로 상황을 더 좋게 만드는 방법을 알고 싶은가?
□ 비판적이고 체계적이면서 동시에 창의적으로 생각하는가?

이 질문 중 2개 이상 '그렇다'고 답했다면 포지셔닝 전략 5, 엔지니어(마법의 성분 또는 신규 프로세스 포지셔닝이라고도 한다)를 고려해야한다.

엔지니어 포지셔닝: 나는 ＿＿＿＿＿＿＿＿＿＿＿ 할 수 있는
특별한 성분이나 새로운 프로세스인 ＿＿＿＿＿＿＿ 를 개발했다.

엔지니어의 성격

엔지니어인 여러분은 뭔가를 수정하고 재설계하는 걸 좋아한다. 여러분은 호기심이 많고 비판적인 사고를 하며, 체계적이면서도 매우 창의적이고 직관력이 뛰어나다. 프로젝트에 집중할 때 가장 행복하고, 문제에 대한 최선의 해결책을 찾기 위해 분석과 실험에 몰두한다. 심지어 어릴 때도 뭐든 만지작거리면서 작동 효율을 높이는 걸 좋아했고 무슨 일이 일어나는지 보려고 각종 실험을 시도했다.

여러분은 논리적이고 집중력이 뛰어나며 결과를 얻는 데 열심이지만, 그러면서도 창의적이고 새로운 방법으로 일을 시도하는 걸 좋아한다. 협동심이 있고 팀을 이뤄서든 혼자서든 일을 잘 해낸다. 요리를 좋아하는 경우에는 종종 재료를 가지고 실험을 하거나 다른 재료로 대체하기도 하고, 색다른 조리 과정을 시도하기도 한다.

여러분은 공정하고 합리적이지만 때때로 비판적인 태도를 보이기도 한다. 여러분은 자기 자신과 다른 사람들에게 높은 기준을 요구한다. 만약 상황이 기대에 미치지 못한다면 다른 사람들뿐만 아니라 자기 자신까지 비판한다. 여러분은 자신을 비롯한 모든 것을 개선하고 완벽하게 만드는 것이 목표이기 때문에 완벽주의자가 될 수도 있다.

나라는 브랜드를 설계하라

여러분은 파티광이라기보다는 내향적이고 외톨이인 경향이 있다. 가까운 친구와 동료가 몇 명 있긴 하지만 프로젝트에 푹 빠져서 일하는 걸 가장 좋아한다.

여러분은 단호하고 문제를 해결할 때까지 절대 중단하지 않고 사물을 철저하게 분석하는 게 중요하다고 생각한다.

여러분은 대부분의 경우:

- 심층 분석을 선호한다.
- 창의적이면서도 체계적이다.
- 문제를 해결할 때까지 그만두려 하지 않는다.

하지만 가끔은:

- 모호한 질문을 싫어한다.
- 다른 사람들과 너무 가까워지는 걸 피한다.
- 엉성하게 일하는 걸 좋아하지 않는다.

사람들이 여러분을 생각할 경우:

- 꼼꼼하면서도 창의적이다.
- 철저하고 분석적이다.
- 상황을 개선하는 기술자다.

하지만 여러분의 행동은:

- 일이 다 끝나기 전에는 논평을 하지 않는다.
- 연구에 몰두한다.
- 사람들을 피하고 혼자 있는 걸 좋아한다.

여러분이 이런 사람이라면, 포지셔닝 전략 5, 엔지니어를 살펴봐야 할 이유가 더 많아진다.

세상을 구하는 마법의 성분

코로나19가 세상을 처음으로 위협하던 초기에 백신 연구자 2명이 있었다. 바이온텍BioNTech 공동 설립자 겸 CEO인 우우르 샤힌Uğur Şahin과 모더나Moderna CEO인 스테판 방셀Stéphane Bancel은 백신 연구자들이 모인 작은 틈새시장 외에는 거의 알려지지 않은 인물들이었다. 두 사람은 코로나19와 맞서 싸우기 위해 메신저 리보핵산mRNA 분자를 이용해서 백신을 개발한다는 똑같은 목표를 가지고 있었다. 대부분의 과학계는 그들이 사용하는 '마법의 성분'과 메신저 리보핵산 연구에 회의적이었다.[1]

2020년에 팬데믹 소식이 전해지고 전 세계가 고통을 겪기 시작하자 이 두 과학자는 백신을 만들기 위해 팀원들을 동원해서 말 그대로 24시간 내내 연구를 진행했다. 이들이 만든 백신의 임상 시험이 시작되자 모더나 제품은 94.5퍼센트, 화이자-바이온텍Pfizer-BioNTech 제품은 95퍼센트의 효능을 보였다. 두 과학자와 그들의 마법 성분인 메신저 리보핵산이 대성공을 거둔 것이다.

셰프의 엔지니어링 마법

과거의 셰프들은 주목받지 못하는 곳에서 열심히 일했다. 그러니까 요리사들이 특수 프로세스/마법 성분 전략을 채택해서 유명한 셰프가 탄생하기 전까지는 말이다. 줄리아 차일드Julia Child, 고든 램지Gordon Ramsay, 제임스 비어드James Beard, 볼프강 퍽Wolfgang Puck, 레이첼 레이Rachael Ray, 그리고 〈네이키드 셰프Naked Chef〉의 제이미 올리버Jamie Oliver를 생각해보라. 일류 레스토랑에서는 유명한 고객들이 아닌 셰프가 가장 중요한 존재인 경우가 많다.

오늘날의 많은 유명 셰프들은 프랑스식 전통을 따르는 까다로운 셰프 밑에서 힘들게 일하기보다 텔레비전에 출연해서 자신의 브랜드를 구축한다. 고든 램지는 양쪽 진영에 모두 발을 걸치고 있다. 그는 16개의 미슐랭Michelin 스타를 보유한 최고의 셰프이자 텔레비전에 출연해서 치열한 경쟁을 벌이는 거칠고 정신 나간 셰프다.

아이나 가르텐Ina Garten은 워싱턴 DC의 관리예산실에서 원자력 정책을 분석하는 엔지니어로 경력을 쌓기 시작했다.[2] 낮에 직장 일을 마친 뒤 밤에는 남편 제프리를 위해 줄리아 차일드의 《프랑스 요리의 기술The Art of French Cooking》에 담긴 레시피를 열심히 공부했다. 가르텐의 요리 활동은 놀라운 성과를 거뒀고, 결국 험프리 보가트Humphrey Bogart와 에바 가드너Ava Gardner가 출연한 1945년도 영화의 제목을 따서 '맨발의 백작부인The Barefoot Contessa'이라는 이름을 붙인 뉴욕 이스트햄프턴의 한 전문 식품점을 매입했다.

가르텐은 셰프가 되기 위한 정식 교육을 받지는 않았다. 하지만 푸드 네트워크Food Network 방송국에서 '맨발의 백작부인'이라는 브랜드를 만들었다. 그녀의 '특별 과정'은 일반인도 손쉽게 익힐 수 있는 '간편식'을 개발하는 것이다. 가르텐의 레시피는 과학 방정식처럼 정확한 계량을 사용하기 때문에 '바보도 따라 할 수 있는데' 이건 예산 분석가 일을 하면서 전수받은 기술임이 틀림없다. 현재 그녀는 사람들에게 가장 사랑받는 유명 셰프 중 한 명이다.

여러분의 비법은 무엇인가?

'엔지니어'인 여러분은 샌더스 대령이 KFC 치킨을 만들 때 11가지 허브와 향신료를 사용하거나 에너지 음료 레드불에 비밀 재료가 들어가는 것처럼 새로운 성분이나 구성 요소를 참신한 방법으로 조합할 수 있다.

KFC 치킨 양념은 각기 다른 공장에서 별도로 혼합되기 때문에 조리법 전체를 아는 사람은 많지 않다. 브랜딩 관점에서 볼 때, 레시피 자체와 비밀 특허로 보호받는 레시피의 신비로움 중 어느 쪽이 더 가치가 높은지 판단하기 어렵다. 고객에게 제공하지 않는 것도 제공하는 것만큼이나 중요하다는 얘기다. 마찬가지로, 여러분에게도 어떤 비법이 있다면 다들 그걸 알고 싶어 할 것이다.

충치를 예방하는 마법의 성분

크레스트Crest는 충치를 줄이는 '마법' 성분인 불소를 발견한 최초의 치약이다.[3] 미국치과협회의 '인증'을 받은 크레스트는 노먼 록웰Norman Rockwell이 그린 아이들이 등장하는 광고 캠페인을 시작하면서 '엄마 보세요, 충치가 없어요'라는 제목을 달았다. 마법의 성분을 이용한 크레스트는 미용 제품에서 치료제로 지위가 격상했고, 판매도 급증했다. 크레스트는 콜게이트Colgate를 제치고 수십 년간 미국인이 가장 좋아하는 치약으로 자리매김했다.[4]

요즘에는 거의 모든 치약에 불소가 함유되어 있지만 충치 외에도 치아 착색이나 플라크, 입 냄새, 민감성 치아 등 걱정해야 하는 다른 구강 문제가 많다. 그리고 그 문제와 싸울 마법의 성분도 많다.

크레스트는 콜게이트가 새로운 성분을 이용해서 선두를 차지하기 전까지는 제조법을 거의 바꾸지 않고 그대로 유지했다. 치약 전쟁은 아직 계속되고 있고, 지금은 우리의 구강 위생 문제를 해결해주는 다양한 성분을 자랑하는 브랜드가 수백 개나 있다.

투자자를 위한 더 좋은 프로세스

엔지니어 포지셔닝은 다른 사람들 것보다 낫다고 생각되는 특별한 접근 방법이나 프로세스가 있는 컨설턴트와 조언자에게 좋은 전략이 될 수 있다.

재무 담당 임원인 존 보글John Bogle은 뮤추얼 펀드를 적극적으로 관리해도 시장 평균 수익률을 이기기 힘들다는 걸 알고는 '인덱싱

indexing'이라는 새로운 프로세스를 창시했다. 몸값이 비싼 '전문가'가 투자할 주식을 선택하는 게 아니라 컴퓨터가 S&P 500 같은 주식 지수를 모방하게 하면 어떨까?

초기에 보글은 관리 운용 펀드를 능가하는 인덱싱의 능력을 소리 높여 열정적으로 옹호했다. 그에게는 성과를 증명할 실적 차트가 있었지만 그의 새로운 프로세스에 관심을 보이는 투자자는 거의 없었다. 인덱스 펀드에 대한 신뢰도가 너무 낮아서 언론에서는 그걸 '보글의 바보 같은 작품'이라고 불렀다. 하지만 현재 보글의 '특수 프로세스'인 인덱싱은 뮤추얼 펀드 투자의 40퍼센트를 차지한다.[5]

엔지니어를 위한 최고의 커리어

이 전략은 물론 엔지니어에게도 효과가 있지만 컨설턴트, 의사, 연구원, 과학자, 요리사, 디자이너, 컴퓨터 프로그래머, 변호사 및 기타 전문가(다른 이들과 다른 업무 방식을 통해 부가 가치를 얻는 경우)에게도 좋은 포지셔닝 전략이 될 수 있다. 공정을 재설계해서 제조 비용을 줄이거나 여론 조사 통계를 분석하는 새로운 방법을 고안해서 정확도를 높일 수 있다.

엔지니어의 5가지 초능력

1. **문제에 체계적, 프로세스 지향적으로 접근:** 아마 엔지니어만큼 체계적이고 프로세스 지향적인 포지셔닝 전략은 없을 것이다. 엔지니어는 문제를 해결하기 위해 일관된 프로세스를 사용하는데, 여기에는 국면, 단계, 절차가 포함되어 있다.

2. **더 나은 해결책을 찾기 위한 실험:** 엔지니어는 해결책을 찾을 때 모든 세부 사항이 정확하고 빠진 게 없는지 확인하기 위해 체크하고 또 체크하고, 테스트하고 또 테스트하는 기술자다.

3. **결과에 철저히 집중:** 엔지니어는 긴박감을 조성한다. 그들은 마감일과 명확하고 구체적인 목표를 정한다. 프로젝트를 하다 보면 바뀌는 부분이 많지만, 그들은 자기가 하는 일과 목표에서 결코 눈을 떼지 않는다.

4. **탁월한 분석 기술:** 관련 사실과 세부 사항은 엔지니어에게 중요한 문제다. 그들은 매우 체계적이고 분석도 매우 철저히 한다. 명확한 추론을 통해 문제에 대응한다.

5. **열정적이고 의욕적:** 그들은 자기 일에 완전히 몰입할 때 가장 큰 행복을 느끼며 프로젝트는 힘들수록 더 좋다.

| 연습 훈련 | 엔지니어 포지셔닝 문장

경쟁력 분석

- 여러분이 일하는 업계에서 주요 경쟁자들이 어떤 능력을 대표하는지 식별해서 분석한다.
- 특별한 프로세스나 마법의 성분이 있는가? 그것이 여러분을 어떻게 차별화하는가?

목표 대상

- **영향을 미치고자 하는 대상 파악**: 상사, 동료, 고객 등 대상을 구체적으로 정해야 한다.
- 여러분의 프로세스나 마법 성분은 어떤 문제를 해결할 수 있는가? 여러분이 해결할 수 있는 문제는 무엇인가? 자기 생각을 적어보자.

포지셔닝 문장 샘플

- **예시**: (한 컴퓨터 엔지니어는 어려운 문제를 해결하는 프로그래머로 자신을 포지셔닝하고자 했다.
- **문장 초안**: (까다로운 컴퓨터 소프트웨어의 문제에 대한 해결책)이 필요한 (고객, 잠재 고객)을 위해 나는 (포기하지 않는 프로그래머)가 될 수 있다.

나라는 브랜드를 설계하라

포지셔닝 문장 최종 샘플

어려운 문제를 해결하는 인내심 있고 끈질긴 프로그래머.

- **엔지니어(특수 프로세스) 포지셔닝 문장:** 아래의 형식에 맞게 문장 초안을 합쳐서 나라는 브랜드를 위한 엔지니어 포지셔닝을 완성하자.
- **문장 초안:** (여러분이 해결할 수 있는 문제)의 해결사가 필요한 (목표 대상)을 위해 나는 (가치 제안)을 제공한다.

엔지니어 포지셔닝 최종 문장 _____

_____

- 이 문장을 믿을 수 있는 3가지 이유: 자신을 특별한 프로세스, 마법의 성분, 성공적인 작업 방식을 지닌 엔지니어로 포지셔닝하는 데 도움이 되는 프로젝트와 성과, 서적, 기사, 논문, 수상 경력, 경험 등을 나열한다.
- 3가지 키워드 나열: 여러분을 엔지니어로 규정할 수 있는 3가지 형용사나 짧은 키워드 문구를 골라보자.

엔지니어 포지셔닝 요약

엔지니어 브랜드 아이디어: 여러분을 뭔가를 개선한 남다른 프로세스나 특별한 성분을 개발했다.

키워드: 특별한 프로세스, 마법의 성분, 엔지니어

가치관: 집중, 뭔가를 더 효율적이거나 나은 쪽으로 변화시키기

동기: 상황을 개선하려는 강한 열망

브랜드 목소리: 분석적이고 창의적임

이상적인 고객: 여러분의 방식을 높이 평가하는 사람들

슬로건: 뭐든지 개선할 수 있다.

9장

포지셔닝 전략 6
전문가

팔방미인, 즉 많은 것들을 조금씩 알고 있는 제너럴리스트가 되는 건 현명한 퍼스널 브랜드 전략이 아니다. 명확하게 정의된 한 분야의 전문가가 되는 게 현명하다. 신선한 메시지를 전하는 전문가는 강력한 신호를 보내면서 소음을 뚫고 나온다.

집중은 강한 힘을 발휘한다. 전문가 전략의 핵심 요소는 특정 영역에 대한 심층적인 지식이다. 집중하는 분야가 좁을수록 브랜드의 힘이 강해진다는 게 일반적인 브랜딩 규칙이다. 우리는 전문가는 성공하고 제너럴리스트는 그렇지 못한 시대에 살고 있다. 그래서 전문가들은 높은 평가를 받고 보수도 많이 받는 경향이 있다.

전문가 전략을 실행할 때는 뭔가를 새로운 방식으로 해석할 수 있거나 자기만의 철학과 기준을 갖는 게 도움이 된다. 여러분은 의미 있는 방식으로 아이디어를 정리하거나 복잡한 주제의 세부적인 부분까지 설명해서 모든 사람을 이해시킬 수 있다. 전문가가 많지 않은 분야를 선택해서 남들 눈에 잘 띄는 것도 현명한 방법이다. 아니면 현재 전문가들끼리 소통이 잘 안 되는 분야를 찾거나 심층적인 지식이 돋보일 수 있는 틈새시장에 집중하는 방법도 있다.

또 다른 전략은 반대 목소리를 내는 것이다. 업계 콘퍼런스나 언론은 균형을 맞추거나 색다른 관점을 보여주거나 토론에 약간의 흥분을 더하기 위해 일반적인 대세와 다른 의견을 지닌 비주류 전문가를 부르는 걸 좋아한다.

여러분은 전문가인가?

□ 여러분은 한 가지 일을 정말 잘 알고 있는가? 아니면 앞으로 그렇게 되려는 계획이 있는가?

□ 지금 여러분이 열정을 품고 있는 분야가 전문성의 중심이 될 수 있는가?

□ 여러분이 일하는 분야에서 선구적인 이론가로 인정받는가?

□ 전문가가 부족해서 여러분이 돋보일 수 있는 틈새시장이 있는가?

□ 전문가로서 기여한 분야가 있는가?

이 질문 중 2개 이상 '그렇다'고 답했다면 포지셔닝 전략 6, 전문가를 고려해보자.

전문가 포지셔닝: 나는 ＿＿＿＿＿＿＿＿＿＿＿＿ 의 전문가다.

전문가의 성격

전문가는 집중력이 강하고 근면하며 성실하다. 여러분은 한 가지 일을 정말 잘 아는 고슴도치 같은 사람이다. 자기 전문 분야에 대한 심층적인 지식과 전문 기술, 확실한 자격증을 갖추고 있다. 자기 전문 분야에 열정을 품고 있고 해당 분야에서 진행 중인 새로운 발전에 대해서도 잘 안다.

여러분은 목표 지향적이고 결단력이 있으며 체계적이다. 여러분의 목표는 자기 분야의 전문가로서 중요한 기여를 한다. 뭔가를 탐색하기로 결정하면 끊임없이 테스트를 거듭한다. 여러분은 목표를 달성하기 위해 끝까지 갈 것이다. 여러분은 집중적인 연구와 분석을 바탕으로 신중한 결정을 내린다. 어떤 말을 하기 전에 신중하게 생각하고 관련 주제에 대한 해박한 지식으로 다른 사람들에게 깊은 인상을 남긴다. 지식 때문에 다른 사람들의 높은 신뢰를 받는데, 여러분에게는 이런 타인의 신뢰가 중요하다.

여러분은 혼란스러운 시기에도 안정적이고 꾸준하며 믿을 수 있다. 사람들은 여러분에게 의지할 수 있다는 걸 안다. 신뢰성은 여러분 DNA의 일부다.

여러분은 대부분의 경우:
- 깊이 있는 주제에 집중한다.
- 예상보다 더 많은 작업을 수행한다.
- 자기 전문 분야에 대한 최신 정보를 알고 있다.

하지만 가끔은:
- 팀원들을 지나치게 몰아붙인다.
- 엉성한 사람들에게 인내심을 잃는다.
- 너무 세부적인 부분에 초점을 맞출 수 있다.

사람들이 여러분을 생각할 경우:
- 지식이 풍부하고 분석적이다.
- 신중하고 세심하며 사려 깊다.
- 성실하고 신뢰할 수 있다.

하지만 여러분의 행동은:
- 전통에 지나치게 의존한다.
- 너무 분석적이며 전체적인 상황을 보지 못한다.
- 일이 끝날 때까지는 업무에 대해 융통성이 없다.

여러분이 이런 사람이라면 포지셔닝 전략 6, 전문가를 살펴봐야 할 이유가 더 많아진다.

전문가들은 한 가지 중요한 사실을 알고 있다

코로나19 팬데믹과 그 이후의 상황을 헤쳐 나오는 동안 우리가

나라는 브랜드를 설계하라

갑작스럽게 알게 된 전염병 전문가들이 많다. 그중에서도 유독 눈에 띄는 전문가가 바로 앤서니 파우치Anthony Fauci 박사다. 데이터 중심의 직접적인 접근 방식을 이용하는 파우치 박사는 미국에서 공중보건 노력의 화신이 되었다. 미국인들이 두려움에 떨면서도 코로나바이러스에 대해서 잘 모르던 팬데믹 초기에 파우치 박사는 매일 백악관에서 TV에 출연해 이해하기 쉬운 말로 정보를 제공한 덕분에 '코로나바이러스 전염병의 최고 설명 책임자'라는 별명을 얻었다.[1]

그러던 중, 2020년 3월 23일에 백악관 기자실에서 열린 트럼프 대통령의 일일 브리핑에 파우치 박사가 모습을 드러내지 않자 트위터가 난리가 났다. #NoFocci가 트렌딩되기 시작했다. 사람들은 걱정했다. 그는 단순한 전문가가 아니라 사람들이 의지하고 신뢰할 수 있는 전문가였다. 파우치 박사가 없다면 누가 지금 일어나고 있는 일들을 솔직하게 말해줄 것인가? 백악관이 박사를 다시 일일 브리핑에 복귀시키기 전까지 긴장되는 상황이 이어졌다.

전문가 자격증

전염병에 대한 완벽한 자격을 갖춘 파우치 박사가 전문가라는 데는 의심의 여지가 없다. 파우치는 평생 전염병이라는 한 가지 중요한 일에 집중해 왔다. 그는 코넬 대학교 의대를 수석으로 졸업했다. 그리고 행정부가 6번 바뀌는 동안 미국 국립 알레르기·전염병 연구소를 지휘했다. 무엇보다 중요한 건 그가 사람면역결핍바이러스HIV, 사스SARS, 조류독감, 돼지 인플루엔자, 지카Zika, 에볼라 등 수많은 바이러스성 전염병의 진원지에서 신뢰받는 전문가라는 점이다. 현재 그는 미국에서 가장 유명한 전문가 중 한 사람이다.

모든 조직, 산업, 사람에게는 전문가가 필요하다. 세금 분야의 H&R 블록H&R Block이나 업계 및 직무 전문가를 대거 보유한 맥킨지McKinsey 같은 회사는 전문가 전략을 이용해 회사를 포지셔닝한다.

본인이 전문가가 될 수 있는 틈새시장을 개척해보자. 언론과 업계 리더들은 항상 뭔가를 새로운 방식으로 해석하거나 다른 관점을 제시할 신선한 인물을 찾고 있다는 걸 기억하자.

정보 격차 해소

여러분은 〈샤크 탱크Shark Tank〉라는 TV 프로그램에 나오는 바바라 코코란Barbara Corcoran을 보면서 요령 좋은 유명인 투자자라며 감탄할지도 모른다. 하지만 나는 그녀가 경력 초기에 전문가 전략을 활용해서 뉴욕시 부동산업계의 가장 높은 위치까지 올라간 것에 감탄을 금치 못한다.

20대 때 20가지 직업을 경험해본 그녀는 뉴욕에서 주거용 부동산을 파는 걸 자기 천직으로 삼았다. 1970년대 중반과 1980년대에는 우리가 흔히 '최고급 아파트 열쇠를 가진 밍크코트의 숙녀들'이라고 부르는 이들이 고급 부동산 거래를 거의 지배했다. 코코란은 돈 많은 집안 출신이 아닌 노동자 계급에 속하는 뉴저지주의 아일랜드계 가톨릭 가정에서 10남매 중 한 명으로 태어났다. 코코란은 모피 코트를 좋아하지 않았지만 부동산 중개료로 처음 받은 돈을 버그도프Bergdorf 백화점의 디자이너 코트에 투자한 건 사실이다.

그 일을 시작한 지 불과 1년 만에 자기 이름으로 부동산 십여 건을 매매한 코코란은 그 시장의 공백을 발견했다. 당시 맨해튼에는 고급 주거용 부동산 판매가에 대한 믿을 만한 정보가 거의 없었다. 밍크 옷을 입은 여성들은 판매 가격을 비밀에 부쳤다. 코코란은 정보 엠바고를 돌파하기로 결심했다.

'전문가' 정보 공유

전문가 전략은 미디어 인터뷰, 필자 이름이 들어간 칼럼, 소셜 미디어 게시물, 온라인 강좌, 뉴스레터, 팟캐스트 같은 인지도 전술에 안성맞춤이다.

부동산업계에서 일하기 시작하고 1년 뒤, 코코란은 〈코코란 보고서Corcoran Report〉라는 부동산 보고서를 작성했다. 이 보고서는 그녀의 회사가 판매한 아파트 십여 채를 기준으로 맨해튼 고급 아파트의 평균 판매가를 알려줬다. 〈코코란은 보고서〉를 60부 복사해서《뉴욕 타임스》의 모든 기자들에게 보냈다. 이 보고서와 그녀에 관한 이야기가 《뉴욕 타임스》 일요판의 부동산 섹션 1면에 실리면서 무명이었던 코코란은 뉴욕시 부동산 전문가가 되었다.

1만 시간 건너뛰기

이 사례를 분석해보자. 코코란은 당시 부동산업계에서 일한 경험이 1년 정도밖에 안 되었으므로 '전문가'라고 하기 힘든 상태였다. 말콤 글래드웰Malcolm Gladwell이 《아웃라이어Outliers》라는 책에서 얘기했던 전문가가 되려면 1만 시간의 연습이 필요하다는 주장은 잊어버리자(현재 다른 연구를 통해 이 주장이 틀렸다는 사실도 밝혀졌다).[2]

코코란은 투지를 발휘해서 경쟁자들을 뛰어넘고 뉴욕 부동산계의 여왕이 되었다. 소위 전문가라던 사람들은 자신의 부동산 전문 지식을 꽁꽁 숨겨두기만 했다. 그녀는 전문가 역할을 선점했다. 언론은 항상 전문가와 '비밀' 정보를 찾고 있는데, 코코란은 기꺼이 이런 요구에 응했다.

제3자의 지지 얻기

저명한 인물이나 유명 인사가 여러분의 전문성을 인정하는 것만큼 가치 있는 것도 없다. 코코란은 이 전술에서도 뛰어났다.

〈코코란 보고서〉의 새로운 판을 준비하면서, 코코란은 세계에서 가장 비싼 아파트에 초점을 맞추기로 했다. 때는 1983년으로 도널드 트럼프가 한창 트럼프 타워를 짓고 있던 중이었는데, 그는 이 건물을 '세계에서 가장 비싼 콘도미니엄'으로 브랜딩했다.

코코란은 도널드 트럼프를 인터뷰하고 싶었지만 거절당했다. 그녀는 비서에게, 자신의 분석에 따르면 트럼프 타워는 가장 비싼 아파트가 아니라 세계에서 가장 비싼 아파트 상위 10개 목록 가운데 최하위에 가깝다는 말을 트럼프에게 전해달라고 했다.[3]

여러분도 짐작했겠지만 이 메시지 덕에 코코란은 트럼프를 꽤 빨리 만나게 되었다. 트럼프는 그녀에게 트럼프 타워가 가장 비싸다고 설득했고, 그곳이 가장 비싼 아파트라고 주장하는 광고마다 코코란 그룹Corcoran Group 브랜드를 포함시키기로 동의했다. 결국 바바라 코코란 브랜드는 뉴욕의 고급 아파트 전문가라는 보증을 받게 되었다.

그녀는 회사를 매각한 뒤 〈샤크 탱크〉를 통해 매스컴 인기 스타 겸 기업가 정신 전문가로 자신을 다시 브랜딩했다.

다른 관점

'오마하의 현인'으로 각인된 워렌 버핏Warren Buffett은 세계에서 가장 부유하고, 가장 성공적이고, 가장 영향력 있는 투자자 중 한 명이다.

그는 완전히 자수성가한 사람이다. 네브라스카주에서 태어난 그는 열한 살 때 처음으로 주식을 샀다. 하버드 경영대학원 입학을 거절당한 그는 결국 컬럼비아 경영대학원에 입학했다. 하지만 그곳에서 가치 투자의 창시자들인 벤저민 그레이엄Benjamin Graham, 데이비드 도드David Dodd와 함께 공부했기 때문에 결국 운이 좋았던 셈이다. 버핏은 자신의 소명을 발견했다. 버핏은 가장 유명하고 존경받는 가치 투자 옹호자가 되었는데, 가치 투자란 매출, 수익, 자산 등에 비해 가격이 저렴한 기업 주식을 구매해서 결국 많은 이익을 올리는 투자 스타일이다.

다시 말해, 그는 뉴스에 자주 등장하는 인기 종목은 사지 않고 많은 투자자들이 무시하는 배당금이 높고 가격은 저렴한 종목을 찾았다. 그리고 "적당한 회사를 아주 저렴한 가격에 사는 것보다는 훌륭한 회사를 적당한 가격에 사는 편이 훨씬 낫다"[4]는 슬로건을 통해 투자자들에게 자신의 투자 철학을 설명했다. 버핏은 '주식'이 아닌 '기업'에 투자한다는 원칙을 고수하면서 매년 시장 수익률을 이겼다.

자신의 주제를 많은 이들에게 알리자

오늘날 버핏은 가치 투자자들의 신이고 버핏의 연례 서신은 그들의 성경이다. 버핏은 40년 넘는 기간 동안 자기가 운영하는 회사 버크셔 해서웨이Berkshire Hathaway의 투자자들에게 공개 서한을 썼다.

이 편지는 기업 실적과 복잡한 주제를 간단하게 설명하는 그의 능력 덕에 투자계에서 반드시 읽어야 하는 글로 통한다.

그렇다면 버핏이 복잡한 주제를 명확한 말로 전달하는 비결은 무엇일까? 그는 기자들에게 그 편지를 누나와 여동생에게 보내는 편지처럼 쓴다고 말했다. "편지 첫머리에 '도리스와 버티에게'라고 썼다가 마지막에 그 부분을 삭제한다."

전문가 = 신뢰할 수 있는 출처

인지도를 높이는 건 브랜드와 여러분 모두에게 중요한 일이다. 인지도가 높은 브랜드가 시장을 장악해서 더 높은 가격을 받는 경향이 있다. 전문가로서 인지도를 얻으면 경력에도 도움이 되고 여러분을 바라보는 다른 사람들의 인식도 달라진다.

사람들은 전문가를 신뢰한다. 전문가는 한 가지 일에 대해서 정말 잘 안다는 사실을 증명하는 자격증을 가지고 있기 때문이다. 그건 교육과 학위일 수도 있고, 직장 경험, 프로젝트, 상, 연구, 자격증, 업적, 직업 교육, 논문과 책, 멘토십, 미디어의 인정일 수도 있다.

팬데믹 때문에 의사, 간호사, 병원 관리자, 의학 교수, 공중 보건 전문가 등 수십 명의 새로운 의료 전문가들이 주목받게 되었다. 또 재택근무로 인해 주택 개조, 원격 작업, 요리 전문가에 대한 수요가 급증했다.

내년 혹은 다음 달에는 어떤 전문가들에 대한 수요가 생길지 누가 알겠는가? 주식 시장 전문가, 경제학자, 정치인 같은 일부 전문가들은 항상 수요가 있다. 전문가인 여러분은 상황에 적응하는 방법을 파악하고 자신의 화두를 최신 상태로 유지하는 데 능숙해야 한다.

책을 쓰는 것도 하나의 방법이다. 여러분이 어떤 주제에 대한 책을 썼다면 즉시 그 분야의 전문가로 인식된다. 전문가가 아니라면 어떻게 책을 쓸 수 있겠는가?

전문가를 위한 최고의 커리어

본인이 전문가가 될 수 있는 틈새시장을 개척하는 것을 고려해보자. 언론은 항상 뭔가를 쉽게 이해할 수 있는 방식으로 해석하거나 색다른 관점을 제시할 신선한 인물을 찾고 있다는 걸 기억하자.

전문가 전략은 회계사, 재정 고문, 변호사, 제품 전문가 같은 전문가들에게 안성맞춤이다. 모든 유형의 고객을 다루는 컨설턴트라면 경쟁이 치열할 것이다. 하지만 자기만의 전문 분야가 있다면, 사람들은 전문가의 조언에 기꺼이 높은 요금을 지불할 것이다. 여러분이 법조계 인사를 주로 상대하는 회계사라면, 변호사들은 본인의 업무에 대해 잘 아는 여러분의 조언에 기꺼이 상응하는 대가를 치를 것이다.

대기업에서 전문가 역할을 하고 있는 사람도 전문가 전략을 실행할 수 있다. 금융 서비스 회사에서 일하는 한 동료는 퇴직 연금 전문가인데, 중요한 건 1974년에 제정된 고용인퇴직소득보장법ERISA의 전문가이기도 하다는 것이다. 그녀는 자격증을 취득했고 최신 정보도 꾸준히 습득했다. 그 회사에는 그녀만큼 규정 준수 규칙을 잘 아는 사람이 없었기 때문에 이 문제와 관련해서는 다들 그녀를 찾았고 덕분에 고용 보장을 받게 되었다.

전문가의 5가지 초능력

1. **한 가지 분야에 대해 매우 박식함:** 천재는 열정이라는 중요한 재능이 있어서 다른 사람들보다 뛰어난 능력을 발휘하며 돋보일 수 있다. 그래서 사람들이 여러분을 생각하면 여러분의 전문 분야가 떠오른다.

2. **깊이 있는 사상가와 선구적인 이론가:** 전문가는 한 가지 주제를 깊이 파고드는 분석적인 사상가이기 때문에 주도적인 목소리를 내는 논평가로 인정받을 수 있다.

3. **뛰어난 자격:** 전문가는 신뢰성이 매우 중요하기 때문에 학업, 교육, 출판물, 업계 수상 경력 같은 자격 증명이 핵심이다. 다만 독학이나 비전통적인 방법으로 전문 지식을 쌓을 가능성이 높은 인플루언서 전문가는 예외다.

4. **뛰어난 의사 전달자 겸 해설자:** 미디어와 커리어에 정통한 전문가들은 복잡한 정보를 간단하게 전달하거나 흥미롭게 만드는 재주

가 있다.

5. **전문성을 위한 강력한 홍보 플랫폼:** 언론과 업계 콘퍼런스에서 그들의 전문 분야를 조명하기 위해 전문가를 찾는 경우가 종종 있다. 최고의 전문가들은 뛰어난 커뮤니케이션 기술을 발휘해서 청중들을 사로잡는다.

| 연습 훈련 | 전문가 퍼스널 브랜드 문장

경쟁력 분석

- 여러분이 일하는 업계, 회사, 혹은 선택한 분야에서 전문가 2~3명을 식별해서 분석한다.
- 여러분이 전문가로서 차별화되는 부분은 무엇인가? 자기 생각을 적어보자.

목표 대상

- **영향을 미치고자 하는 대상 파악:** 상사, 동료, 고객, 구인 담당자, 업계 리더, 언론 등 대상을 구체적으로 정해야 한다.
- 여러분이 전문 지식을 활용해서 해결할 수 있는 문제는 무엇인가? 자기 생각을 적어보자.

포지셔닝 문장 샘플

- **예시:** 한 투자 전문가는 새로운 투자 영역인 디지털 자산 전문가로 인정받기를 원했다.
- **문장 초안:** 새로운 자산 등급에 대한 전문적인 투자 조언이 필요한 투자자와 금융 매체를 위해 나는 디지털 자산에 대한 통찰을 제공한다.

포지셔닝 문장 최종 샘플

디지털 자산 전문가 – 투자 분야의 차세대 물결

- **전문가 포지셔닝 문장:** 아래의 형식에 맞게 문장 초안을 합쳐서 나라는 브랜드를 위한 전문가 포지셔닝을 완성하자.
- **문장 초안:** (여러분이 해결할 수 있는 문제)의 해결사가 필요한 (목표 대상)을 위해 나는 (가치 제안)을 제공한다.

전문가 포지셔닝 최종 문장 _____

_____

- 이 문장을 믿을 수 있는 3가지 이유: 직업, 연구, 지적 재산, 언론 인터뷰, 백서, 웹사이트, 기명 기사, 강좌 등 여러분의 전문가 포지셔닝을 뒷받침할 수 있는 것들을 전부 적는다.
- 3가지 키워드 나열: 여러분의 전문성을 정의하는 키워드를 골라 보자.

전문가 브랜드 요약

전문가 브랜드 아이디어: 전문 분야에 대한 심층적인 지식과 신뢰할 수 있는 출처

키워드: _____의 전문가

가치관: 지적 능력, 데이터, 통찰력 있는 관점

동기: 다른 사람을 돕기 위해 자신의 지식을 전달

브랜드 목소리: 사려 깊고 권위 있으며 박식함

이상적인 고객: 전문가의 의견을 원하는 사람이나 회사

슬로건: 한 가지에 대해서는 정말 잘 안다.

나라는 브랜드를 설계하라

10장

포지셔닝 전략 7
목표 시장

　여러분이라면 누구를 선택하겠는가? 다양한 고객과 함께 일하는 전문가? 아니면 여러분 같은 사람들만 상대하면서 일하는 사람? 이건 대부분의 사람들이 쉽게 대답할 수 있는 질문이다. 바로 이런 이유 때문에 목표 시장(사용자라고도 함) 포지셔닝이 강력한 힘을 발휘할 수 있다. 여러분은 모든 사람에게 어필하려 하지 않고 특정한 목표 고객 그룹과 그들의 특이한 점, 기호, 라이프 스타일, 요구, 태도에 호소하려고 한다. 간단히 말해서 목표 시장 포지셔닝은 여러분에 관한 게 아니라 여러분의 사용자에 관한 것이다.

　브랜딩 업계에서 목표 시장 포지셔닝의 전형적인 예는 베이비붐 세대와 청소년 문화가 자리를 잡던 1960년대 초에 시작된 '펩시 세대Pepsi Generation' 캠페인이다. 펩시는 그 당시 브랜드들과는 완전히 다른 혁명적인 일을 했다. 제품 속성이 아니라 펩시를 마시는 사람들의 속성에 초점을 맞춘 것이다.

펩시의 마케팅은 젊은이들이 해변에서 배구를 하는 등 활동적인 일을 하면서 즐기는 모습을 주로 보여줬다. 젊은이들은 자신의 라이프 스타일에 초점을 맞춘 그 광고 캠페인을 좋아했다. 덕분에 매출이 급증했다. 이것은 특정한 유형의 클라이언트만 상대하는 전문가를 위한 훌륭한 포지셔닝 전략이다. 여러분은 그들의 요구, 욕망, 관점에 대한 이해를 바탕으로 공동체를 만들고, 그들은 충성심으로 여러분에게 보답한다. 여러분은 여러 가지 면에서 목표 고객을 누구보다 잘 알고 있고, 심지어 그들 자신보다도 잘 안다.

목표 시장 포지셔닝이 여러분에게 적합한가?

- □ 여러분은 누구보다 잘 알고 좋은 서비스를 제공할 수 있는 특정 그룹의 사람들과 친분 관계가 있는가?
- □ 특정 그룹에 대한 지식을 바탕으로 경력을 쌓거나 신제품을 출시할 수 있는 독자적인 기회가 있다고 생각하는가?
- □ 고객 서비스 지향성이 강한 편인가?
- □ 특정한 목표 고객에게 더없이 적합한 배경, 자격, 경험을 갖추고 있는가?

나라는 브랜드를 설계하라

□ 여러분이 다른 이들보다 잘 도울 수 있다고 생각하는 목표 그룹이 있는가?

이 질문 중 2개 이상 '그렇다'고 답했다면 포지셔닝 전략 8, 목표 시장을 이용해서 자신을 포지셔닝할 수 있다.

목표 시장 포지셔닝: ＿＿＿＿＿＿＿＿＿＿＿＿＿ 때문에
＿＿＿＿＿＿＿＿＿＿＿＿＿ 을(를) 목표 그룹으로 정했다.

목표 시장의 특성

다들 자기가 고객 지향적이라고 말하지만, 여러분은 정말로 그렇다. 공통된 가치관, 라이프 스타일, 관점을 통해 정서적, 지적으로 연결된 핵심 고객 그룹을 중심으로 전문 브랜드를 구축하는 것이 여러분의 목표다. 여러분은 목표 고객을 이해할 뿐만 아니라 그들과 깊이 연결된다. 그들과 자신을 동일시하고 그들에게 공감을 느낀다. 그들은 여러분의 특별한 공동체(부족)고, 여러분의 목표는 그들을 더 잘 알고 그들의 요구를 누구보다 잘 해결하는 것이다.

여러분은 그들의 열망, 태도, 심리적 구성을 이해한다. 그 대가로 여러분의 부족은 여러분이 그들의 이익을 최우선으로 생각한다고 믿으며 여러분은 실제로 그렇게 한다.

여러분은 좋은 경청자고, 고객에게 매우 세심하고 사려 깊다. 여러분은 그들의 문제를 이해하고 그걸 해결하려고 많은 노력을 기울이지만, 동시에 경계를 유지해야 한다는 걸 이해하고 적절하게 대응하는 방법도 알고 있다.

목표 시장 포지셔닝의 핵심 요소는 자기가 아닌 목표 고객에게 명확하게 초점을 맞추는 것이다. 둘은 완벽하게 어울리는 짝이다. 여러분은 같은 생각을 가진 사람들을 찾아서 그들과 자신을 동일시하고, 그들은 여러분과 동일시하면서 주변에 적극적으로 추천한다.

여러분은 대부분의 경우:	**사람들이 여러분을 생각할 경우:**
• 그룹과 자신을 동일시한다. • 참을성이 있고 사려 깊다. • 사용자를 기쁘게 할 새로운 아이디어가 있다.	• 다른 사람의 요구에 상당히 주의를 기울인다. • 말을 잘 들어준다. • 남을 잘 돕는다.
하지만 가끔은:	**하지만 여러분의 행동은:**
• 큰 그림을 보지 못한다. • 갈등을 회피한다. • 화를 내기보다 무감각해진다.	• 다른 사람을 위해 자신의 요구를 희생한다. • 자신의 욕구를 표현하지 않는다. • 대립과 의견 불일치를 피한다.

이 성격 프로필이 여러분과 비슷하다면 포지셔닝 전략 7, 목표 시장을 살펴봐야 할 이유가 더 많아진다.

공통된 라이프 스타일과 관점

오토바이를 좋아해서 사우스다코타주 스터러지스Sturgis에서 열리는 연례 대회에 참가할 정도의 열성 팬이거나 아니면 주말에 가볍게 즐기는 정도의 사람이라면 할리데이비슨Harley-Davidson을 알 것이다.

할리 데이비슨은 크고 빠르고 미국적이다. 할리는 오토바이를 파는 게 아니라 삶의 방식을, 자유라는 반체제 문화를 판매한다. 할리를 타는 사람은 그것만으로도 자기가 어떤 사람인지 알릴 수 있으며, "에라, 모르겠다, 그냥 달리자"라는 슬로건에 이 회사의 모든 게 담겨 있다.

값비싼 블록버스터 TV 광고를 하는 대부분의 음료와 달리 레드불은 관례를 따르지 않았다. 이 회사 마케팅은 제품에 초점을 맞추는 게 아니라 목표 고객인 18~35세 사이의 남성들을 직접 겨냥했다.

레드불 마케팅은 고객에 관한 것이었고, 익스트림 스포츠 행사처럼 젊은이들이 갈망하는 콘텐츠와 경험을 담았다. 이들의 슬로건은 "레드불 날개를 펼쳐줘요"인데, 이건 극도로 활동적인 라이프 스타일을 이어가는 데 필요한 에너지다.

여러분의 고객을 흥분시키는 건 뭘까?

스타벅스도 고객들에게 초점을 맞춘다. 도회적이고 부유하고 바쁜 전문직 종사자들은 매일 카페인을 필요로 한다. 스타벅스의 사명은 주문할 때 컵에 이름을 적는 것부터 시작해 고객이 자기 취향에 맞게 음료를 맞춤 제작할 수 있도록 하는 등 최고의 고객 경험을 만드는 것이다.

일부 스타벅스 팬들은 틱톡TikTok 같은 소셜 미디어에 '스타벅스 시크릿 메뉴'라는 정교한 조합을 올리면서 게임을 하듯 서로를 이기려고 애쓴다. 'Annalovescoffee'라는 이름으로 게시물을 올린 한 인플루언서도 자기가 만든 조합을 공유했다.

"캐러멜 시럽과 바닐라 크림 콜드 폼을 넣은 벤티 사이즈 콜드브루에 애플 브라운 슈가 시럽, 애플 폼, 그리고 맨 위에 시나몬 돌체."[1]

비슷한 사람끼리 끌린다

고객 틈새시장을 찾는 건 생각보다 쉽다. 여러분의 본질적인 모습과 본인이 가장 잘 아는 것부터 시작하자. 자신의 열정, 관심사, 경험을 돌아보자. 인구 통계학이나 심리적인 면에서 볼 때 비교적 쉽게 여러분의 사업이나 직업 중심으로 삼을 수 있는 그룹이 있는가?

여러분은 기업가만 상대하는 회계사나 비즈니스 컨설턴트가 될 수도 있다. 혹은 더 의미 있는 직업으로 바꾸고 싶어 하는 기업 직원들과 함께 일하는 커리어 코치나 퇴직자, 여성, 가업 승계 계획이 주요 고객인 재무 컨설턴트일 수도 있다.

틈새시장을 찾았다면 사용자들과 내적으로 동화되는 게 목표 시장 전략을 실행하는 핵심이다. 자신의 부족과 매우 강력한 연결(공통된 정체성)을 맺어야 한다. 특히 컨설턴트, 코치, 재무 고문, 변호사, 고객 지원 전문가, 인플루언서 등의 경우에는 고객과 그들의 필요, 욕구, 관점을 바탕으로 커뮤니티를 구축하기 때문에 이런 포지셔닝을 통해서 성공을 거둘 수 있다.

이걸 관심사가 같은 사람들이 모인 공동체라고 생각해보자. 여러분은 자기 목표 시장을 구성하는 이들이 어떤 사람인지 알고 그들을 감정적으로 속속들이 이해한다. 그들에게 필요한 것, 그들이 안고 있는 문제, 그리고 무엇이 그들을 움직이는지도 안다. 그들은 여러분이 선호하는 고객이고, 그들은 여러분과 여러분이 제공하는 제품과 서비스를 선호한다.

고객 페르소나 만들기

여러분은 자기 목표 고객을 잘 안다고 생각할 수도 있지만 그들의 요구, 좌절감, 목표에 부합하는 새로운 아이디어를 고안하려면 마케터들처럼 고객 아바타나 고객 페르소나를 만드는 게 도움이 된다. 이건 여러분의 목표 고객을 설명하고 포착하는 가상의 원형이다.

한 가지 방법은 평균 연령, 결혼 여부, 관심사, 걱정거리 같은 개인 정보를 비롯해 목표 고객을 정의하는 주요 특성을 간략하게 설명하는 것이다. 그들 인생의 하루가 어떤 모습일지 설명을 적어보자. 무엇이 그 사람을 좌절시키는가? 그들의 경력은 어떠할까? 그냥 머릿속으로만 이런 질문에 답하는 게 아니라 이름, 사진, 짧은 설명(라이프 스타일, 일상생활, 나이, 결혼 여부 같은 개인적인 세부 사항, 과제, 뉴스 및 정보 출처 등)이 첨부된 가상의 고객 프로필을 작성하자. 고객 프로필이 정리되면 고객에게 자신을 홍보하는 방법도 명확해진다.

누구에게 전화를 걸겠는가?

특정한 유형의 고객을 대변하면 해당 프로필에 맞는 사람들이 여러분을 찾아올 것이다. 사람들이 여러분에게 전화를 거는 이유는 여러분이 그들 같은 사람을 상대한 경험이 많기 때문이다. 여러분은 그들의 문제와 욕구에 익숙하다.

만약 여러분이 성희롱 피해를 당한 여성이라면 누구에게 법률 상담을 요청하겠는가? 그야 물론 여성 인권 변호사인 글로리아 올레드Gloria Allred다.

고객 틈새시장 = PR 플랫폼

#MeToo나 #TimesUp이 등장하기 훨씬 이전인 40여 년 전부터

나라는 브랜드를 설계하라

올레드의 특별한 틈새시장 고객은 피해를 입은 여성들이었다. 전직 교사인 그녀는 유명한 남성들에 맞서서 여성들을 대변하는 것으로 명성이 높았다.

그녀는 자기가 맡은 사건에 대한 미디어 내러티브를 관리하는 능력도 매우 뛰어난 것으로 인정받았다. 그리고 인상적인 승소 기록을 보유하고 있다. 올레드는 그런 전문성 덕분에 대부분의 경쟁자들과 비교할 수 없을 정도로 많은 언론의 주목을 받았고 법조계의 유명 인사가 되었다.

공통된 과거를 통한 유대감

그렇다면 올레드는 왜 이런 피해자들을 중심으로 법조계 경력을 쌓고 법률 사무소를 세운 걸까? 그녀 자신이 성폭력 피해자였기 때문에 다른 여성 피해자들과 동질감을 느꼈던 것이다. 〈토킹 올레드Talking Allred〉라는 넷플릭스 다큐멘터리에서 그녀는 자기가 강간을 당했던 일에 대해 얘기했다.

"여성이 불의의 희생자인 사건은 전부 내 개인적인 일처럼 느껴진다. 여성에 대한 헌신은 내 삶에서 비롯된 것이다."[2]

특정한 틈새시장에 집중하는 게 올레드의 성공적인 퍼스널 브랜드 전략이었다. 그녀는 웹사이트에서 자신을 '오늘날 미국에서 가장 유명한 여성 변호사'이자 '피해자의 권리를 위해 최전선에서 싸우는

두려움을 모르는 변호사, 페미니스트, 활동가, 텔레비전 및 라디오 해설자'라고 소개한다.[3]

인플루언서의 힘

목표 시장 포지셔닝을 현대적으로 이용하는 방법 하나는 여러분과 같은 열정을 공유하는 사람들이 모인 참여형 온라인 커뮤니티에서 인플루언서가 되는 것이다. 많은 인플루언서들은 기술, 건강, 여행, 미용 분야의 틈새시장에서 시작해서 그걸 토대로 목표 시장을 구축하는 경우가 많다.

인플루언서의 힘은
팔로워들의 구매 결정에 영향을 미치는 데서 생긴다.

쉬워 보일 수도 있지만 인플루언서가 되려면 온종일 혹은 하루 중 반이라도 이 일에 매달려야 한다. 지속적으로 콘텐츠를 만들고, 팬들에게 반응하고, 다른 사람들과 차별화될 수 있는 아이디어를 내야 한다. 매력적인 사진을 올리고 자주 새것으로 바꾸려면 시간이 걸린다. 또 자기 일상생활의 모든 걸 인터넷에 기록하고 공유해야 한다.

성공하는 데는 인플루언서의 성격이 많은 부분 차지한다. 하지만 팬들이 활발하게 활동하면서 다양한 의견을 주고받도록 계속 불을

나라는 브랜드를 설계하라

지펴야지 그렇지 않으면 커뮤니티가 다른 데로 관심을 돌리게 된다.

인플루언서에게 열성 팬이 많으면 놀라운 일이 일어날 수 있다. 여러분은 충성스러운 인스타그램 팔로워가 수백만 명씩 되고 브랜드 관련 게시물을 올릴 때마다 엄청난 돈을 받는 카일리 제너Kylie Jenner나 크리스티아누 호날두Christiano Ronaldo 같은 최고의 인플루언서가 되지는 못할지도 모른다. 하지만 커뮤니티에 열성 팬이 천 명 이상만 있어도 제품 홍보와 광고를 통해 수익을 올릴 가능성이 있다.

사람들과의 유대도 중요하다. 닐슨Nielsen의 소비자 신뢰 지수에 따르면 90퍼센트 이상의 소비자들이 기존 광고보다 인플루언서들의 말을 더 신뢰한다고 한다.[4]

목표 시장 포지셔닝의 5가지 초능력

1. **목표 고객과 정체성 공유:** 집단 구성원들이 중요한 사람이라는 기분을 느끼게 해주면 그 보상으로 그들의 충성심을 얻을 수 있다. 여러분은 비슷한 문화, 가치관, 활동, 욕구, 관점을 공유하는 이들과 같은 정체성을 향유하면서 그들과 공동체를 이루고 있다.

2. **강력한 고객 중심주의 및 고객 서비스 지향성:** 여러분은 자기 '고객'을 위해 더 많은 노력을 기울인다. 여러분이 어떤 조직의 고용인이라면 상사, 고위 관리자, 동료, 클라이언트 등이 여러분의 '고객'이 된다. 여러분이 직접 사업을 운영하는 전문가라면 클라이언트

가 곧 고객이다. 고객이 어느 부류에 속하든 그들을 보석처럼 대해야 한다.

3. **목표 집단에 대한 심층적인 지식:** 목표 집단에만 집중하면 바람직한 일이 생길 수 있다. 여러분은 자기 목표 집단에 대해 많이 알고 있다(그들이 어떤 생각을 갖고 있는지, 다른 인구 통계학적 집단이나 심리적 집단과 비교했을 때 뭐가 다른지 등). 여러분의 지식은 지적 재산권, 홍보, 업계 인지도, 보상, 제품 개발 등의 측면에서 가치가 있다.

4. **강력한 추천 비즈니스:** 호의적인 입소문보다 더 좋은 건 없는데 여러분은 사람들의 대화를 유도하는 방법을 안다. 여러분은 목표 고객 집단을 우선시하므로 그들은 여러분을 다른 이들에게 적극적으로 추천하고 여러분은 그들의 추천에 보상을 해준다.

5. **신뢰할 수 있는 파트너:** 여러분과 커뮤니티는 공통된 목적과 명분(행동 이면의 '이유')이 있기 때문에 목표 고객은 여러분을 매우 신뢰한다.

| 연습 훈련 | 목표 시장 포지셔닝 브랜드 문장

경쟁력 분석

- 여러분이 일하는 업계, 회사, 혹은 선택한 분야에서 동일한 틈새 시장에 집중하는 경쟁자를 식별해서 분석한다.
- 여러분은 경쟁자들과 어떻게 다른가? 여러분이 목표 고객층과 맺

나라는 브랜드를 설계하라

고 있는 관계가 특별하다고 생각하는 이유를 적어보자.

목표 대상

- **목표 대상 정의:** 상사, 동료, 고객, 구인 담당자, 업계 리더, 언론 등 대상을 구체적으로 정해야 한다.
- 목표 고객을 위해 해결할 수 있는 문제는 무엇인가? 여러분 생각을 적어보자.

목표 시장 포지셔닝 문장 샘플

- **예시:** 어떤 비즈니스 컨설턴트는 사업을 한 단계 성장시키고자 하는 기업가들에게 초점을 맞추고 싶어 했다.
- **초기 포지셔닝 문장:** 성장 전략이 필요한 기업가들을 위해 신규 벤처를 거대 브랜드로 키우는 데 필요한 전략과 전술을 제공한다.

포지셔닝 문장 최종 샘플

- **소기업 지원:** 소규모 기업을 거대 브랜드로 성장시킨다.
- **목표 시장 포지셔닝 문장:** 아래의 형식을 이용해서 자신의 특별한 사용자 틈새시장을 정의하고, 나라는 브랜드를 위한 목표 시장 포지셔닝을 완성하자.
- **문장 초안:** (여러분이 해결할 수 있는 문제)의 해결사가 필요한 (목표

대상)을 위해 나는 (가치 제안)을 제공한다.

목표 시장 포지셔닝 최종 문장 _____
_____

- 이 문장을 믿을 수 있는 3가지 이유: 목표 시장과의 관계를 보여 주는 경험, 지식, 배경, 행사 등을 3가지 적는다.
- 3가지 키워드 나열: 여러분의 목표 시장 포지셔닝을 정의할 수 있는 형용사나 짧은 키워드 문구를 3가지 골라보자.

목표 시장 포지셔닝 요약

목표 브랜드 아이디어: 특정한 목표 커뮤니티와 동일한 정체성 공유

키워드: 목표 그룹

가치관: 커뮤니티, 목표 그룹과 동일시

동기: 특정한 목표 고객과 관계를 맺고 도와준다.

브랜드 목소리: 자상하고 박식하다.

이상적인 고객: 화합 가능한 이들이 모인 일관성 있는 커뮤니티에 참여하고 싶은 사람 또는 기업

슬로건: 생각이 비슷한 사람들이 모인 커뮤니티는 강력한 힘을 발휘한다.

나라는 브랜드를 설계하라

11장

포지셔닝 전략 8
엘리트

엘리트 또는 고급 브랜드는 모든 면에서 우수하다. 품질이 뛰어나고, 가격이 비싸며, 구하기 힘든 경우도 많다. 비싼 브랜드는 지위가 높다는 걸 알리고 가격 결정력도 있다. 그들은 가격을 인상해도 여전히 수요를 유지할 수 있다. 여러분도 가격 결정력이 있어야 한다. 그렇지 않으면 사람들이 여러분을 저렴한 브랜드라고 생각할 것이다.

사실 높은 가격은 엘리트 브랜드가 고객층에 어필하는 주된 이유다. 첫째, 소유자가 그 가격을 감당할 수 있다는 걸 보여주고 또 많은 이들에게 높은 가격은 우월함을 의미하기 때문이다. 시간당 1천 달러를 받는 컨설턴트가 시간당 2백 달러를 받는 컨설턴트(또는 변호사나 다른 전문가)보다 낮다는 건 분명해 보인다. 그들은 최고의 연봉이나 높은 수수료를 정당화하기 위해 훌륭한 배경과 뛰어난 실적을 인용할 수 있다.

구하기 힘들게 해서 가짜 희소성을 만드는 것이 이 브랜드 전략의 매력적인 부분이다. 명품 제조업체들이 인기 있는 신제품을 한정 수량만 만들어서 몇 분 안에 매진되고 대기자 명단까지 생기게 하는 판매 방식을 살펴보자. 희소성은 욕구를 자극해서 판매 광풍을 일으키고 브랜드에게 엘리트의 신비로운 느낌을 안겨준다.

엘리트 전략은 퍼스널 브랜딩에서 성공하기 힘든 방법일 수도 있다. 여러분은 엘리트일 수도 있고 아닐 수도 있다. 자기가 일하는 업계에서 상위 10퍼센트에 속하는가? 아니면 업계를 지배하는 엘리트 중 한 명인가? 일류 전문가? 아니면 예술 분야의 엘리트? 혹은 상위 1퍼센트? 그렇다면 자신을 좋은 인맥이 있고 그것의 가치를 아는 엘리트처럼 보이도록 해야 한다.

여러분이 엘리트라면 그건 매우 강력한 이점이다. 여러 가지 면에서 볼 때 우리 사회는 능력주의에서 유명 인사 주의로 바뀌고 있는데, 여러분은 그 혜택을 누릴 수 있는 운 좋은 사람 중 한 명이다.

여러분은 엘리트인가?
- 실력이 탁월하고, 비싸고, 가치가 있는가?

□ 여러분은 최고의 직업과 최고의 연봉을 정당화할 수 있는 뛰어

난 실적을 보유하고 있는가?

□ 여러분이 하는 일은 수요는 많은데 자격을 갖춘 사람들은 부족한가?

□ 고가 전략을 성공시킬 자신이 있는가?

□ 자기 업무 분야에서 최고 수준에 속하는가?

□ 중요한 인맥과 잘 연결되어 있는가?

이 질문 중 2개 이상 '그렇다'고 답했다면 포지셔닝 전략 8, 엘리트를 사용해서 자신을 포지셔닝할 수 있다.

엘리트 포지셔닝: ＿＿＿＿＿＿＿＿＿＿＿＿＿＿＿ 때문에 나는 엘리트고 최고 수준에 속한다.

엘리트의 성격

여러분은 자기 직업이나 특정한 분야에서 최상급 인재며 본인의 가치를 소중하게 여긴다. 여러분은 일을 '적절한' 수준으로만 하지 않는다. 본인의 뛰어난 능력에 자신이 있다. 여러분은 자기 분야에서 최고의 명성을 자랑한다. 여러분의 지식과 재능, 능력 덕분에 최고의 위치에 올랐다는 데는 의심의 여지가 없으며, 다른 사람들도 여러분의 가치를 인정해 주기를 원한다.

여러분은 가면 증후군을 앓은 적이 없다. 높은 자존감과 자신감을 가지고 있다. 본인의 평가에 따르면 여러분은 경쟁자들보다 능력이 훨씬 뛰어나서 상위 10퍼센트, 혹은 1퍼센트 안에 들 정도다. 여러분은 야망과 결단력이 있고 사람들을 잘 안다. 본인의 업적을 자랑스럽게 여기고 높은 보수를 받는데, 자기는 그런 돈을 벌 자격이 있고 충분히 그만한 가치를 한다고 생각한다.

때로 여러분은 다른 사람들보다 우월하다고 느끼거나 인생에서 가장 좋은 걸 누릴 자격이 있다고 생각한다. 명품을 좋아하고 높은 생활 수준을 유지하기 위해 모든 면에서 최고 품질의 상품만 구매한다. 종종 중요한 인물이 된 듯한 기분을 느끼면서 성취자로서 인정받을 필요가 있다.

여러분은 자신을 특별하고 손에 넣기 어렵고 수요가 많은 사람이라고 여기면서 다른 사람들도 자기를 그렇게 바라봐주길 바란다. 때로는 일류라는 이미지를 강화하기 위해 실제보다 수요가 더 많은 척하기도 한다. 잘 꾸며놓은 사무실이 있고, 고객과 동료를 위해 고급스러운 맞춤형 경험을 제공한다. 외모를 멋지게 유지하는 게 가치 있는 일이라고 여기며 가지고 있는 명품 중 일부는 불필요한 사치품일 수도 있지만 그걸 전부 다 원한다. 여러분의 옷, 자동차, 집, 라이프 스타일은 엘리트 지위의 연장선이다.

나라는 브랜드를 설계하라

여러분은 대부분의 경우:	사람들이 여러분을 생각할 경우:
• 자존감과 자신감이 높다. • 리더로서 인정받고 있다. • 고급스러운 라이프 스타일을 즐긴다.	• 성공했고 자신감이 있다. • 자기 마음대로 한다. • 자기 사회 계층에 관심이 있다.
하지만 가끔은:	**하지만 여러분의 행동은:**
• 과욕을 부린다. • 물질 만능주의적이다. • 실제보다 더 성공한 척한다.	• 외모에 집중한다. • 다른 사람들보다 우월하다고 느낀다. • 거만하거나 차갑다.

여러분이 이런 사람이라면 포지셔닝 전략 8, 엘리트 포지셔닝을 살펴봐야 한다.

625달러짜리 야구 모자를 쓴 상위 1퍼센트

인기 있는 HBO 드라마 〈석세션Succession〉에서 로건 로이와 켄달 로이가 쓴 야구 모자는 평범해 보이지만 미국의 부유층 사이에서 구매 열풍을 일으켰다.[1] 그 모자에는 로고도 새겨져 있지 않다. 그리고 몇몇 사람들이 지적한 것처럼 고화질 텔레비전으로 보면 캐시미어 질감이라는 걸 확인할 수 있다.

이 모자의 매력은 명품을 잘 아는 상위 1퍼센트만이 그게 평범한 야구 모자가 아니라는 걸 알아볼 수 있다는 점이다. 이건 명품 브랜드 루이비통 모에헤네시LVMH가 소유한 이탈리아 엘리트 브랜드 '로로피아나Loro Piana'가 사치스러운 베이비 캐시미어로 만든 625달러짜리 모자다. 한마디로 풍요로움을 상징하는 모자다.

엘리트 포지셔닝을 사용하는 로로피아나 회사는 세계에서 가장 고급스럽고, 가장 희귀하며, 가장 값비싼 직물로 만든 옷에 중점을 둔다. 그들은 중국 북부와 몽골에서 발견되는 어린 히르쿠스 염소의 털로 만든 희귀한 섬유인 '베이비 캐시미어'를 발견했다.

베이비 캐시미어는 새끼 염소가 3~12개월일 때 한 번만 수확할 수 있는데, 염소 한 마리의 털로 생산 가능한 섬유는 35그램 정도다. 로로피아나 캐시미어 야구 모자 중에는 가격이 1천 달러가 넘는 것도 있다. 이제 그 모자는 고급스러움과 엘리트주의를 상징한다.

높은 가격 = 무월성인가?

대부분의 사람들은 비싼 물건이 더 낫다고 생각한다. 와인 시음회에서 지원자들에게 고급 와인 5종을 평가해 달라고 요청했다고 하자. 각 병에는 5달러, 10달러, 35달러, 45달러, 90달러의 가격표가 붙어 있었다.[2] 당연히 모든 사람이 비싼 와인을 가장 좋아했다. 하지만 그들은 모두 속았다. 사실은 가장 비싼 90달러(실제 소매가) 와인이 10달러짜리였고, 45달러 와인이 5달러짜리였던 것이다.

시음자들이 와인을 마시는 동안 뇌 스캔을 진행했는데, 그들의 뇌도 속은 것으로 밝혀졌다. 사람들이 비싼 와인을 마신다고 생각할 때 뇌는 더 많은 즐거움을 느꼈다. 나중에 가격 정보 없이 테스트를 진행하자, 와인 시음자들은 가장 저렴한 와인을 최고의 와인으로 평가했다. 유럽과 미국에서 실시한 다른 와인 시음 테스트에서도 비슷한 결과가 나왔다.

알고 보니 와인 시음은 가격에 많은 영향을 받는 매우 주관적인 경험인 것으로 밝혀졌다. 대부분의 사람들은 고급스럽고 비싼 와인과 저렴한 하우스 와인의 차이를 구분하지 못한다. 그냥 가격이 비싸면 그게 더 좋을 거라고 생각하는 것뿐이다.

희소성은 FOMO(좋은 기회를 놓치고 싶지 않은 마음)를 부채질한다

마케터들은 희소성이 브랜드의 가치와 인지도, 호감도를 부채질한다는 걸 예전부터 알고 있었다. 자녀를 위한 '인기' 장난감이든 마이바흐 에디션 100Maybach Edition 100 같은 고급 자동차든, 남들이 놓친 구하기 힘든 물건을 손에 넣으면 자기가 행운아라는 기분이 든다(그리고 그 물건을 얻지 못한 사람들의 불행을 약간 고소하게 느낄 수도 있다). 만약 어떤 브랜드가 모든 사람이 원하는 양만큼 제공된다면 별로 엘리트다운 브랜드는 아닐 것이다. 그렇지 않은가?

아브라카다브라

유명인과 파트너 관계를 맺는 것은 예전부터 엘리트 브랜딩을 위한 툴키트의 일부였다. 예(Ye, 예전 이름 카니예 웨스트Kanye West)와 갭Gap이 손잡고 만든 패션 벤처인 이지 갭Yeezy Gap을 살펴보자. 2021년 9월 29일에 첫 번째 재킷과 후드티가 출시되자마자 단 몇 분 만에 매진되면서 갭 제품 사상 최대 일일 매출을 달성했다.[3]

현재 이지 갭은 프랑스 패션 브랜드 발렌시아가Balenciaga와 파트너십을 맺고 이지 갭 엔지니어드 바이 발렌시아가라는 새로운 컬렉션을 내놓으면서 더욱 엘리트화되고 있다.

여러분도 자기 분야에서 잘 알려진 '유명인' 한두 명과 파트너 관계를 맺고 싶을지 모른다. 유명인과의 연줄은 사람들이 여러분을 바라보는 방식에 약간의 마법 가루를 뿌려줄 것이다.

여러분은 엘리트인가?

엘리트는 매일 최고의 성과를 내는 사람이 아니다. 현실적으로 생각하고, 자만심에 사로잡히지 말자. 엘리트 지위는 그리 흔하지 않다. 최고 중의 최고에 속해야 하고 그런 사람들과 연결되어야 한다.

엘리트라고 하면 흔히 정부 기관의 '워싱턴 엘리트', 월스트리트의 비즈니스 엘리트, 할리우드의 'A급 배우'를 생각한다. 세계를 이해하는 한 가지 방법은 최고의 성과를 인정하고 그룹과 엘리트들 내에 계층 구조를 만드는 것이다.

돈은 항상 엘리트 순위의 일부였다. 엘리트 브랜드는 품질이 좋고 비싸다. 그리고 와인 시음 테스트에서 관찰한 것처럼 비싼 가격을 받는 브랜드나 사람은 그 자체로 엘리트라는 인식을 준다. 2천만 달러를 받는 CEO는 1백만 달러 또는 겨우 20만 달러를 받는 CEO보다 더 뛰어난 사람이어야 한다. "그들이 더 가치 있는 사람이 아니라면 어떻게 그리 많은 돈을 받을 수 있을까?"라고 생각한다.

종종 유명인 고객이나 친구가 있으면 자신을 엘리트의 일원으로 포지셔닝하는 데 도움이 될 수 있다. 때로는 세간의 이목을 끄는 것만으로도 엘리트의 지위를 정당화하기에 충분하다.

엘리트 지위 유지

전직 관료들은 대부분 정부 엘리트와의 인맥이나 업무 수행 방식에 대한 지식 덕분에 민간 부문으로 옮길 때 돈을 많이 번다. 여러분이 이 전략을 사용한다면 가격이나 고객이 적합하지 않을 경우 괜찮은 기회도 뿌리칠 수 있는 자신감과 재정적 능력이 있어야 한다.

그렇지 않으면 구하기 어렵고 비싸고 가치 있다는 인상을 주지 못할 것이다. 여러분은 또 새로운 임무, 직위, 성과를 통해 자신의 엘리트 자격을 계속 빛내고 싶을 것이다. 무엇보다 여러분은 독점적인 지위를 전달하고 싶어 한다. 신규 고객은 추천을 통해서만 받고 예약하기가 어려울 수도 있다.

비싸게 굴어라

업무에 관한 전화를 받거나 약속을 잡을 때, 자신이 선택권을 갖고 냉정하게 행동하면 희소성을 만들 수 있다. 채용 담당자가 면접을 요청했을 때, 당일에 바로 방문하거나 줌 통화를 해서는 안 된다. 그건 엘리트의 행동이 아니다. 게다가 그렇게 행동하면 쉽게 손에 넣을 수 있는 사람으로 자리매김될 것이다.

면접 과정에서 중요한 건, 여러분이 선택하는 입장이고, 상당히 주의를 기울이는 사람이라는 걸 알리기 위해 적절하면서도 너무 열성적이지 않은 수준의 관심을 보이는 것이다. 지나치게 까다롭다는 인상을 주고 싶지 않겠지만, 그래도 자신의 가치를 아는 사람이자 동시에 너무 절박하지 않은 사람처럼 보이고 싶을 것이다.

엘리트 브랜드 경험

엘리트 브랜드의 경우 디자인, 포장, 쇼핑 경험이 해당 브랜드의 품질이나 독점성만큼 중요하다. 모든 게 품질과 특별함을 전달해야 한다. 엘리트 서비스의 경우에도 매번 독특하고 기억에 남는 경험을 만드는 것이 중요하다. 여러분의 엘리트 고객들이 뭘 좋아하는지 알고 그걸 제공하는 것이다.

사무실 벽이나 줌 통화를 할 때 그 배경에 수료증, 상장, 트로피 등을 전시하면 특별한 사무실 환경을 만들 수 있다. 아니면 일류 인테리어 디자이너를 고용해서 입이 떡 벌어지는 사무실 공간을 꾸밀수도 있다. 예약하기 힘든 식당에서의 점심 식사를 위해 고객을 마중갈 때 반드시 기사 딸린 차량을 보내는 것 같은 방법을 쓰기도 한다. 모든 것이 '엘리트'라고 외치기를 바라는 것이다.

엘리트의 5가지 초능력

1. **동급 최고로 인식:** 엘리트 포지셔닝으로 자신을 브랜드화하는 사람들은 자신감 있고 최고의 능력을 발휘하며 야망이 있다. 그들은 뛰어난 자격, 높은 인지도, 흠잡을 데 없는 이미지를 가지고 있다.
2. **엘리트 인맥의 보고:** 엘리트는 비즈니스, 정부, 예술 분야의 다른 엘리트들을 안다. 그들은 중요한 인물은 다 알고 있을 것이다. 그들은 엘리트의 지위와 인맥 때문에 많은 사람에게 인기가 있다.
3. **바쁘고 수요가 많고 구하기 힘듦:** 엘리트들은 희소성 원칙을 과시하면서 자기가 현재 위치에서 행복하다는 인식을 심어주려고 한다. 그들은 자신의 능력에 매우 자신감이 있기 때문에 관심을 끌

려면 높은 가격을 제시해야 한다. 그들은 파워 플레이어로 간주되는 다양한 영역에서 활동하는 경향이 있다.

4. **잘 차려입고 잘 꾸밈**: 엘리트들은 이미지와 외모가 중요한 역할을 한다는 걸 알기 때문에 최고급 엘리트로 꾸준히 포지셔닝하기 위해 그걸 이용한다. 그들은 비싸고 질 좋은 옷을 빈틈없이 차려입고 강력한 개인적 존재감을 발휘하는 경향이 있다.

5. **대부분의 사람들보다 우수함**: 엘리트는 자기와 같은 일을 하는 사람들에 대해 특권 의식이나 우월감을 느낄 수 있다. 그들은 자기가 최고라는(그게 사실일 수도 있다) 확고한 믿음을 가지고 있다.

| 연습 훈련 | 엘리트 퍼스널 브랜드 문장

경쟁력 분석

- 여러분이 일하는 업계에서 일류 경쟁자들 가운데 엘리트 포지셔닝을 대표한다고 생각되는 1~2명을 식별해서 분석한다.
- 무엇이 여러분에게 엘리트 지위를 부여하는가? 자신의 생각을 적어보자.

목표 대상

- **영향을 미치고자 하는 대상 파악**: 상사, 동료, 고객 등 대상을 구체적

으로 정해야 한다. 그들의 정체성, 성격, 가치관, 생활 방식을 시각화한다.

- 엘리트 지위는 어떤 이점을 안겨주는가? 자신의 생각을 적어보자.

포지셔닝 문장 샘플

- **예시:** 한 저명한 법정 변호사는 뛰어난 판례를 남기는 엘리트 법정 변호사로 자리매김하고 싶어 했다.
- **문장 초안:** (최고의 법정 변호사)를 원하는 (법조계, 언론, 예비 의뢰인)에게 나는 (훌륭한 판례로 남을 합의를 이끌어낸 최고의 법정 변호사)를 대표한다.

포지셔닝 문장 최종 샘플

- **수상 경력이 있는 변호사:** 올해의 10대 변호사로 선정
- **엘리트 포지셔닝 문장:** 아래의 형식에 맞게 문장 초안을 합쳐서 나라는 브랜드를 위한 엘리트 포지셔닝을 완성하자.
- **문장 초안:** (여러분이 해결할 수 있는 문제)의 해결사가 필요한 (목표 대상)을 위해 나는 (엘리트 가치 제안)을 제공한다.

엘리트 포지셔닝 최종 문장 _____

- 이 문장을 믿을 수 있는 3가지 이유: 자신을 엘리트로 포지셔닝하는 데 도움이 되는 엘리트 자격증, 경험, 프로젝트, 성과, 서적, 기사, 논문, 수상 경력, 인맥 등을 나열한다.
- 3가지 키워드 나열: 여러분을 엘리트로 규정할 수 있는 3가지 형용사나 짧은 키워드 문구를 골라보자.

엘리트 브랜드 요약

엘리트 브랜드 아이디어: 여러분은 재능 있고 구하기 어렵고 가치 있는 엘리트다.

가치: 최고의 품질에 대한 지식과 평가

동기: 뛰어난 지식과 능력을 통해 두각을 드러내고자 하는 강한 욕구

브랜드 목소리: 자신감 있고 세련됨

이상적인 고객: 가격이 비쌀수록 더 가치 있다고 여기는 사람들

슬로건: 최고를 선택하는 것이 언제나 이익이다.

나라는 브랜드를 설계하라

12장

포지셔닝 전략 9
유산

유산이 포지셔닝 전략으로서 가치가 있는 이유는, 경쟁사인 다른 업체들이 따라올 수 없는 고유한 이점이기 때문이다. 많은 이들이 비슷한 목표를 위해 경쟁하는 상황에서 특별한 유산과 역사가 있다는 것은 두각을 나타내고 신뢰를 쌓을 수 있는 강력한 방법이다. 특정한 유산이나 원산지의 상속자라는 사실은 브랜드의 강력한 판매 포인트가 될 수 있다. 스위스 시계, 벨기에 초콜릿, 스코틀랜드 위스키, 페르시아 카펫을 생각해보라.

특별한 유산을 주장할 수 있는 방법이 원산지만 있는 건 아니다. 여러분의 성이 케네디Kennedy, 밴더빌트Vanderbilt, 록펠러Rockefeller, 부시Bush라면 여러분은 돈뿐만 아니라 찬사와 인지도, 영향력을 안겨주는 특별한 가족 유산을 가지고 있을 것이다. 그리고 그건 대대로 물려줄 수 있는 유산이다.

최고의 조직은 최고의 인재를 끌어들인다. 적어도 그렇다고 생각한다. 그래서 여러분이 다녔던 명문 학교가 특별한 유산이 될 수도 있다. 아이비리그의 혈통은 언제나 인상적이다. 유명한 기업에서 잠깐 일했거나 일류 교육 프로그램에서 견습 기간을 거친 적이 있을지도 모른다. 중요한 상이나 표창을 받은 경력도 유산으로 인정받을 수 있다. 여러분이 요리사라면 르 꼬르동 블루Le Cordon Bleu에서 공부했거나 미슐랭 스타를 여러 개 받은 식당에서 견습생으로 일했을지도 모른다.

특별한 유산이 있는가?

□ 자신의 배경 중에 활용할 수 있는 특별한 유산이 있는가?

□ 업무 경험(회사, 교육 프로그램)이 다른 사람들과 차별화되는가?

□ 인상적이거나 특이한 교육을 받았는가?

□ 독특한 유산이 될 수 있는 특별한 수상 경력이나 자격증이 있는가?

□ 출신 국가나 사용하는 언어가 특별한 유산을 안겨주는가?

이 질문 중 2개 이상 '그렇다'고 답했다면 포지셔닝 전략 9, 유산

나라는 브랜드를 설계하라

을 사용해서 자신을 포지셔닝할 수 있다.

유산 포지셔닝: 내 특별한 유산인 _____ 을(를)
통해 이점을 안겨줄 수 있다.

유산의 성격

여러분은 자신의 유산을 매우 가치 있는 것으로 여기며 본인의 특별한 역사와 연결된 강한 정체성을 지니고 있다. 그리고 자기 배경의 긍정적인 장점을 잘 활용한다. 여러분은 자신의 배경에서 비롯된 자신감을 가지고 있고 그것이 제공하는 기회와 인맥에 감사함을 느낀다. 유산이 자기 인생에서 유리한 방향으로 작용해 왔고, 본인이 누구인지 정의하고 경력을 쌓고 기회를 얻는 데도 중요하다는 걸 안다.

여러분은 전통을 좋아하며 가족 행사에 참여하고 대학 동문회 일에도 적극적으로 나서고 예전 직장 동료들과도 계속 연락을 취하는 등 자기 삶 속에서 전통을 유지하는 걸 좋아한다. 여러분은 과거와 좋았던 옛 시절에 대해서 생각하는 걸 좋아한다. 그리고 가치관과 관점이 다른 사람들에 비해 보수적이다.

본인의 국가, 성공한 가족, 교육, 훈련 등 자신의 모든 유산을 자랑스러워한다. 여러분은 저명인사의 이름을 마치 친구인 양 팔고 다니는 사람일 수도 있다. 물론 자기가 가진 이점 가운데 일부는 '노력해서 얻은' 게 아니며 남들보다 유리한 지점에서 출발했다는 것도 안다. 불공평한 일이지만, 때로는 여러분과 같은 자격을 지니지 못한 다른 사람들을 부정적으로 판단하기도 한다.

여러분은 대부분의 경우:
- 정체성이 강하다.
- 자기가 원하는 게 뭔지 안다.
- 자신의 유산에 자부심을 느낀다.

하지만 가끔은:
- 과거에 너무 몰두한다.
- 유명인의 이름을 팔고 다니기도 한다.
- 자신과 자신의 가치를 증명하기 위해 너무 열심히 노력한다.

사람들이 여러분을 생각할 경우:
- 전통적이고 보수적이다.
- 자기 유산에 자부심이 있다.
- 중요한 사람들을 안다.

하지만 여러분의 행동은:
- 과거를 회상한다.
- 사회적 지위를 너무 의식한다.
- 좀 속물처럼 군다.

여러분이 이런 사람이라면 포지셔닝 전략 9, 유산을 살펴봐야 할 이유가 더 많아진다.

어디 출신인가?

원산지가 곧 최고 품질과 동의어라고 여기는 사람이 많다. 거기에는 그런 유산이 없는 경쟁자들이 복제할 수 없는 존경심과 정서적인 연결이 있다.

뵈브 클리코Veuve Clicquot가 프랑스 샹파뉴 지방 출신이라는 사실은 브랜딩 마법을 자아낼 수 있는 정통성과 우수성, 탁월함을 안겨준다. 마찬가지로 BMW와 메르세데스 벤츠는 독일 엔지니어링의 정점으로 홍보된다. 티토스 핸드메이드 보드카Tito's Handmade Vodka 같은 신흥 브랜드의 공격을 받고 있는 앱솔루트 보드카Absolut Vodka는 미국에서 리더의 위치를 되찾기 위해 뭔가 조치를 취해야만 했다.

그들이 선택한 포지셔닝 전략은 무엇이었을까? 2021년에 앱솔루트는 스웨덴 원산지를 강조하기 위해 상징적인 병을 다시 디자인했다. '앱솔루트 보드카'의 파란색 로고를 확대하고 그 밑에 눈에 띄는 검은색 글씨로 '스웨덴 보드카'라는 말을 추가했다.[1] 그리고 제품 역사상 처음으로 병 아래쪽에 '스웨덴 물과 겨울 밀로 제조', '스웨덴 아후스 마을에서 생산 및 병입'이라는 내용이 적힌 종이 라벨을 붙였다.

앱솔루트는 스웨덴의 유산과 기원을 강조하는 데서 그치지 않았다. 못 보는 사람이 없도록 유리병에 '스웨덴산Country of Sweden'이라는 글씨를 전부 대문자로 양각해서 원산지를 더욱 강조했다. 또 병 위쪽의 메달리온에 설립자인 라스 올슨 스미스Lars Olsson Smith의 이름을 추가했다.

유산의 이점

모든 업계에는 유산이라는 측면에서 기업의 계층 구조가 존재한다. 맥킨지, BCG, 베인Bain, 딜로이트Deloitte에 대한 컨설팅을 시작하면 다들 감탄할 것이다. 소비재 분야에는 프록터 앤드 갬블, 유니레버, 펩시, 코카콜라, 네슬레 등이 있다.

IT 분야에 종사하는 경우, 스탠퍼드 대학에 다녔다고 하면 비록 도중에 그만뒀더라도 남들에게 깊은 인상을 줄 수 있다. 실리콘 밸리의 상징적인 회사에서 근무한 경력도 마찬가지다.

유산은 따라 하기 힘들기 때문에
남들이 부러워할 만한 포지셔닝 이점이다.

일류 기업과 일류 학교는 최고의 인재를 유치한다는 인식이 있기 때문에 여러분도 최고의 인재가 되어야 한다. 기업들은 종종 중요한 자격증이 될 수 있는 엘리트 훈련 프로그램을 보유하고 있다.

사실 내 주변에도 유명한 기업에 무료로 단기 컨설팅을 해주겠다고 제안하는 동료들이 있다. 그렇게 해서 회사 이름을 자기 고객 목록에 추가해서 마케팅 자료로 쓰려는 것이다.

나라는 브랜드를 설계하라

유산 활용

가족 이름을 따서 만든 브랜드가 있는 집안의 자손들은 종종 3루에서 시작할 수 있지만 그 외의 사람들은 전부 본루에서부터 시작해야 한다.

정치인과 입법 보좌관은 컨설팅 회사를 설립해서 성공시키기 위해 정부에서 중요한 역할을 했다고 홍보한다. 아니면 이런 사람들은 자신의 특별한 유산을 이용해서 대정부 관계나 홍보를 담당하는 민간 부문의 고위직을 노릴 수도 있다. 심지어 많은 기업 임원들은 자신의 브랜드를 빛내기 위해 명문 학교에서 경영학 석사 학위를 받거나 경영 및 리더십 프로그램을 수강하기도 한다.

나는 가문에서 물려받은 유산은 없지만, 일본 미술사 박사 학위 논문을 쓸 때 개인 소장품인 그림을 보기 위해 교육 유산을 활용한 적은 있다. 먼저 교수님께 소개장을 써달라고 부탁했다. 그리고 영어와 일본어로 명함을 인쇄하고 거기에 하버드 대학 박사 과정 학생, 일본 교육부 장학금 수혜자, 도쿄대 외국인 교환 학생 등 내가 받은 교육 자격증과 장학금을 나열했다.

너무 지나쳤다고? 물론 미국에서는 그렇다. 하지만 일본에서는 그렇지 않다. 미국에서는 자수성가한 사람을 존경하지만 일본은 유산을 중요시하는 나라다. 그리고 솔직히 말해서 그런 유산과의 관련성이 없었다면 개인 소장품에 접근하는 데 성공할 수 있었을지 의심스럽다. 효과가 있었냐고? 물론이다.

최고의 유산 경로

- 원산지
- 명문 학교
- 민족 정체성
- 인상적인 업적
- 일류 기업
- 수상 경력/인증서
- 엘리트 교육
- 정계/선출직 역할

유산 이야기

유산 이야기란 자신의 특별한 유산 덕분에 어떻게 지금의 자신이 될 수 있었는가에 관한 이야기다. 유산 이야기는 여러분이 어떤 사람이고, 가장 중요한 건 무엇이며, 다른 사람들이 여러분을 어떻게 생각하길 바라는지 알려주는 기본적인 이야기다. 또 그 유산이 여러분에게 왜, 그리고 어떻게 중요한지 알려주기도 한다.

여러분의 유산이 자기 자신과 가치관, 인생의 중요한 결정에 어떤 영향을 미쳤는지 탐구하는 시간을 가져보자. 어린 시절이나 성인기에 여러분의 배경이 여러분을 형성하는 데 얼마나 중요한 역할을 했는지 보여주는 이야기를 두세 가지 찾아보자.

유산의 매력은 '좋은 옛 시절'에 대한
우리의 향수를 반영한다는 것이다.

나라는 브랜드를 설계하라

유산 이야기에는 종종 변신의 순간, 여러분의 목표와 유산의 중요성을 깨닫게 해준 결정적인 순간에 대한 내용이 포함된다. 사람들에게 여러분이 어디에서 왔고 어디로 가고 있는지 알려주고 싶기 때문이다.

유산은 '좋았던 옛 시절'에 대한 향수를 불러일으키고 오늘날의 가상적, 디지털적, 메타적 세계에 부족한 보다 단순한 시간에 대한 갈망에 불을 붙인다. 유산 이야기는 옛 시대와 그때의 삶의 방식에 대한 향수 어린 그리움 때문에 낭만적으로 표현되는 경우가 많다.

위험에 처한 유산

대히트를 친 케이블 TV 드라마 〈옐로우스톤Yellowstone〉에서 케빈 코스트너Kevin Costner가 존 더튼John Dutton을 가장 가슴 아프게 묘사한 걸 떠올려보자. 처음에는 비평가들에게 '쓰레기 같은 드라마'라는 비판을 받았지만, 특히 미국 중심부에서 입소문이 나면서 히트 드라마가 되었다.[2] 〈옐로우스톤〉이 시청자들에게 반향을 일으킨 이유는 아메리칸드림을 우상화했고, 또 목장과 삶의 방식을 유지하기 위해 고군분투하는 한 가족의 이야기이기 때문이다.

이 드라마는 한 사람의 유산과 정체성이 특정한 장소에 묶여 있는 시대를 배경으로 진행된다. 대부분의 촬영은 몬태나주의 눈 덮인 산을 배경으로 야외에서 이루어졌다. 〈옐로우스톤〉은 자신의 유산과 삶의 방식이 위협받고 있다는 두려움을 포착하고 그것이 극적인 변화 속에서 살아남을 수 있는지 보여준다. 그건 유산 전략을 이용하는 많은 이들이 안고 있는 두려움이다.

미셸 오바마 되기

미셸 오바마Michelle Obama의 회고록인 《비커밍Becoming》은 시카고 남부의 노동자 계급 가정에서의 성장과 그녀의 독특한 아프리카계 미국인 가족이 물려준 유산, 그리고 가족이 어떻게 지금의 그녀를 만들었는지에 관한 이야기다.

이 책은 미셸 오바마의 가족 유산, 2008년에 남편이 대통령으로 선출되기 전까지의 삶(그녀의 인생이 뭔가가 되어 가던 시기), 그리고 그녀를 형성한 모든 사람과 사건에 초점을 맞춘다. 책에서는 침실이 하나뿐인 작은 아파트에서 살던 그녀의 가족과 그 아랫집에 살던 종조모 로비, 그리고 기억에 남는 다른 인물들을 많이 만날 수 있다.

미셸 오바마는 자신을 '노력가'이자 '통제광'이라 불렀다. 그녀는 고등학교 때 프린스턴 대학에 지원하지 말라고 충고하면서 절대 합격하지 못할 거라고 단언했던 상담 교사의 이야기도 들려준다.[3] 그녀는 상담 교사가 틀렸다는 걸 증명하겠다고 다짐했다. 그리고 '자기가 누구고 어디에서 왔고 어디로 가고 싶은지와 관련해 남에게 허락을 구해야 하는 보편적인 과제'에 대처하는 법을 오래전부터 배웠다.

상과 표창

수상과 인증은 유산 전략의 중요한 부분이다. 노벨상, 퓰리처상, 부커상, 아카데미상, 맥아더 펠로우십MacArthur Fellowship 천재상, 로즈Rhodes 장학금, 풀브라이트Fulbright 장학금 같은 유명하고 매우 권위 있는 상들이 있다. 이런 상을 하나라도 받으면 업계에서 최고의 위치에 오를 수 있는데, 물론 우리 같은 사람들 대부분에게는 불가능한 일이다. 연예계에도 수십 개의 상이 있고, 사람들이 누가 상을 받았는지(그리고 어떤 옷을 입었는지) 보려고 시청하는 시상식도 있다.

중요한 건 블록버스터 상만이 아니다. 국가, 지역, 지방 단위에도 사람들의 재능과 기술, 업적을 기리는 수백 개의 상이 있다. 모든 전문 분야와 많은 기업들도 상과 자격증을 준다. 이런 상과 표창을 받으면 경력을 발전시키는 데 도움이 되므로 열심히 지원할 가치가 있다. 결국 상을 노리지 않으면 받을 수 없다는 얘기다.

그냥 말하면 자랑일 뿐이지만,
상을 받은 뒤에 말하면 전문가의 의견이다.

수상은 치열한 경쟁과 홍보 때문에 주목을 받는다. 객관적인 출처에서 인정받았기 때문에 여러분의 업적과 능력이 정당화된다. 인상적인 상을 받으면 경쟁 우위와 특별한 유산이 생기고 성공의 예측 변수가 될 수 있다.

유산의 5가지 초능력

1. **인상적인 혈통:** 가족, 학교, 출신 국가 등을 통해 자신의 경력에 칭찬과 감탄, 경쟁 우위를 안겨주는 인상적인 유산을 보유하고 있다.

2. **흠잡을 데 없는 자격 증명과 실적:** 여러분은 굳이 허풍을 떨 필요가 없다. 유산이나 능력을 증명할 자격증 등의 증거가 있기 때문이다.

3. **인지도가 높고 유명함:** 유산 때문에 다양한 분야에서 중요한 인물로 잘 알려져 있다.

4. **문화적 전통과 가치관:** 관습, 도덕, 가치관, 신념 같은 문화적 전통을 대대로 물려주는 것이 바람직하다고 굳게 믿는다.

5. **완벽한 몸가짐과 리더다운 분위기:** 리더다운 분위기는 여러분이 자신을 바라보는 시각이 아니라 다른 사람들이 여러분을 바라보는 시각을 말한다. 강력한 존재감으로 깊은 인상을 남긴다.

| 연습 훈련 | 유산 퍼스널 브랜드 문장

경쟁력 분석

- 여러분이 일하는 업계, 회사, 혹은 선택한 분야에서 강력한 유산을 보유한 이들을 찾아 그들이 무엇을 상징하는지 확인한다.
- 여러분의 특별한 유산은 어떻게 다른가? 자기 생각을 적어보자.

목표 대상

- **영향을 미치고자 하는 대상 파악:** 상사, 동료, 고객 등 대상을 구체적으로 정해야 한다. 그들의 정체성, 성격, 가치관, 생활 방식을 시각화한다.
- 여러분의 유산에는 어떤 장점들이 있는가? 자기 생각을 적어보자.

포지셔닝 문장 샘플

- **예시:** 한 정부 관계 임원은 국가, 지역, 지방 정부에서 일한 자신의 유산을 중심으로 입지를 다지고자 했다.
- **문장 초안:** (정부 관계에 대한 비즈니스 통찰력)이 필요한 (잠재적 비즈니스 고객, 언론)을 위해 나는 (국가, 지역, 지방에 대한 전문 지식)을 제공한다.

포지셔닝 문장 최종 샘플

국가, 지역, 지방 정부에 고유한 유산이 있는 정부 관계 전문가.

- **유산 포지셔닝 문장:** 아래의 형식에 맞게 문장 초안을 합쳐서 나라는 브랜드를 위한 유산 포지셔닝을 완성하자.
- **문장 초안:** (여러분이 해결할 수 있는 문제)의 해결사가 필요한 (목표 대상)을 위해 나는 (가치 제안)을 제공한다.

_____

- 이 문장을 믿을 수 있는 3가지 이유: 유산 자격증, 혈통, 업적, 경험, 고유한 배경 등을 여러분의 유산 포지셔닝 증거로 나열한다.
- 3가지 키워드 나열: 여러분의 유산 포지셔닝을 전달할 수 있는 단어나 문구를 골라보자.

_____

유산 브랜드 요약

유산 브랜드 아이디어: 이점을 안겨주는 인상적인 유산

가치: 전통, 진정성, 자격 증명

동기: 전통적인 가치관과 가족의 유산을 이어가려는 강한 열망

브랜드 목소리: 열정을 담아서 있는 그대로 말하라.

이상적인 고객: 유산과 혈통의 가치를 아는 사람들

슬로건: 유산의 중요성을 과소평가하지 마라.

_____

13장

─┼─

포지셔닝 전략 10
대의명분

─┼─

공공의 이익을 위해 중요한 일을 하는 것이 성공의 표준적인 정의를 달성하는 것만큼 중요하거나 심지어 그보다 더 중요하다고 생각하는 사람들이 많다.

기업의 사다리를 천천히 올라가는 것보다 더 의미 있는 일을 할 수 있는 기회가 있는데, 그런 기회는 주로 비영리 세계의 구석구석에 아주 많다. 대의명분을 추구하고자 하는 이들 중에는 더 큰 무대로 진출한 경우가 많다. 파키스탄 활동가이자 노벨 평화상 수상자인 말랄라 유사프자이Malala Yousafzai(주로 '말랄라'로 알려져 있다)가 여성 교육을 위해서 벌인 투쟁, 스웨덴 활동가 그레타 툰베리Greta Thunberg와 기후 변화를 생각해보라.

젊은 기업가들에게는 사회 환원이나 대의명분 지지가 사업 계획의 핵심적인 부분이 될 수 있다. 와비 파커 안경을 보자. 이 회사에는 '한 개를 사면 한 개를 기부'하는 프로그램이 있다. 고객이 안경을 하나 사면 와비 파커가 세상 어딘가에 있는 도움이 필요한 사람에게 안경 하나를 선물로 주는 것이다. 그들은 지금까지 1천만 개 이상의 무료 안경을 배포했다. 와비 파커는 공급망 내에서 사회적 책임을 지는 비콥 인증 기업Certified B Corporation이다. 또 세상에 몇 안 되는 탄소 중립 기업이 되기 위해 탄소 발자국을 줄이고 있다.

여러분도 중요한 대의를 위한 운동을 벌이면 리더로서의 가치를 입증할 수 있을 뿐만 아니라 성공에도 도움이 된다.

여러분은 대의명분의 옹호자인가?

□ 여러분이 열정을 품은 특별한 대의가 있는가?

□ 해결해야 할 새로운 대의나 틈새시장이 있는가?

□ 자선 활동을 해본 적이 있는가?

□ 사회 문제를 해결할 참신한 아이디어가 있는가?

□ 대의를 위해 뭔가 중요한 일을 이루었는가?

이 질문 중 2개 이상 '그렇다'고 답했다면 포지셔닝 전략 10, 대의명분을 사용해서 자신을 포지셔닝할 수 있다.

대의명분 포지셔닝: 나는 _____ 때문에

_____ 와 같은 대의명분이나 사안을 옹호한다.

대의명분 포지셔닝의 성격

대의명분 포지셔닝을 선택하는 사람들은 단순히 돈을 버는 것보다 의미 있는 일을 하는 걸 선호한다. 여러분은 다른 사람을 돕고 문제와 불의를 없애는 데 헌신하는 것이 중요하다고 생각한다. 여러분은 차이를 만들고 심지어 세상을 변화시킬 거라고 생각되는 대의에 헌신한다. 여러분이 정의하는 잘 사는 삶이란 다른 사람들이 행복과 성공을 이루도록 돕고, 어떤 의미 있는 방식으로 세상을 좋게 만드는 것이다. 여러분은 부당한 일이나 타인의 고통을 보면 매우 공감하면서 감정적으로 반응한다. 그리고 자신과 비슷한 가치관을 가진 기관과 비영리 단체를 후원한다.

반면, 자신의 욕구를 표현하는 데는 어려움을 겪을 수도 있다. 종종 여러분은 다른 사람을 돕기 위해 자신의 문제를 억누르는데, 그게 더 큰 문제가 될 수 있다. 때로는 다른 사람들의 요구에 압도당하거나 심한 압박감을 느끼지만 거절을 잘 못한다. 여러분은 타인의 요구에 응하지 않거나 도와주지 않으면 다른 사람들에게 인정받지 못할 거라고 걱정한다. 결론적으로 여러분의 임무는 다른 사람을 돕고 세상을 변화시키는 것이다.

여러분은 대부분의 경우:	사람들이 여러분을 생각할 경우:
• 대의와 관련이 있다. • 받는 것보다 주는 걸 좋아한다. • 공익 활동으로 존경을 받는다. **하지만 가끔은:** • 자기가 도울 수 없을 때는 화가 난다. • 더 이상 할 수 있는 일이 없으면 좌절감을 느낀다. • 자신의 문제를 숨긴다.	• 관심 있는 대의명분이 있다. • 좋은 일을 하고 변화를 이루는 것에서 동기를 얻는다. • 윤리적 기준이 높다. • 믿음이 가고 의지할 수 있으며 항상 기꺼이 돕는다. **하지만 여러분의 행동은:** • 다른 사람을 위해 자신의 욕구를 희생한다. • 자기가 믿는 대의에 열중한다. • 다른 사람들도 본인처럼 관심 갖기를 기대한다. • 남들의 요청에 압도당한다.

여러분이 이런 사람이라면, 포지셔닝 전략 10, 대의명분을 이용해서 본인의 포지셔닝을 모색할 이유가 더 많아진다.

대의명분 브랜딩

슬로건, 노래, 특별한 색상, 옷 같은 브랜딩 도구는 사람들이 사회 운동에 참여하도록 자극하는 역할을 한다. 사람들이 종종 보고 듣고 느끼면서 감정을 자극하는 것이 대의명분에 힘을 보태도록 할 수 있다.

여성 참정권 운동은 패션 브랜딩의 승리였다. 투표권을 얻기 위해 수십 년에 걸쳐 투쟁하는 동안 언론에서는 참정권론자들의 모습을 정형화했는데 그건 결코 예쁜 그림은 아니었다. 그래서 여성 참정권 운동가들은 상대의 수에 넘어가지 않고 언론이 만든 볼품없는 캐리커처에 저항하면서 패셔너블한 이미지를 택했다.

여성 참정권 운동가들은 지지자들에게 3가지 색의 옷을 입으라고 촉구했다(충성과 존엄성을 나타내는 보라색, 순수함을 나타내는 흰색, 희망을 나타내는 녹색). 다들 오늘날 여성 평등과 관련된 색인 순백색 옷만 입은 게 아니었다.

당시 주요 백화점들은 모자, 벨트, 배지, 핸드백, 신발, 드레스 등에 달 수 있도록 참정권 운동을 상징하는 삼색 줄무늬 리본을 만들었다. 그건 품격 있는 시각적 정체성이었고 많은 여성들을 참정권론자들의 대의인 여성 참정권 운동으로 끌어들였다.

노래부터 해시태그까지

마틴 루서 킹Martin Luther King의 연설 '나에게는 꿈이 있습니다'가 미친 정서적 영향이 없었다면 미국 민권 운동이 그렇게 불타오르기 힘들었을 것이다. 또 사람들이 서로 손을 맞잡고 민권 운동의 대표곡인 '우리는 승리하리라We Shall Overcome'를 부르면서 행진하는 모습을 떠올리기도 힘들었을 것이다.

오늘날에는 소셜 미디어가 대의명분과 사회 운동을 조직하고 사람들을 동원하는 현대적인 방법으로 쓰인다. 해시태그 운동이 벌어질 가능성도 높다. #MeToo 운동의 경우처럼, 해시태그는 대의가 강력한 힘을 발휘하면서 전 세계로 확산되는 데 결정적인 역할을 한다.

해시태그 운동 #MeToo #BLM

#MeToo라는 해시태그는 성희롱이나 성폭력을 당한 여성들이 소셜 미디어에서 가해자를 지탄하기 위한 문장으로 처음 사용되었다. 여성들은 본인의 경험담을 트위터에 공유했다. 유명인들도 #MeToo 운동에 동참해 자신의 이야기를 올리면서 종종 분노, 슬픔, 두려움 같은 억압된 감정을 풀어냈다.

#MeToo는 들불처럼 번지는 사회 운동을 만들려면 내러티브와 연예인 참여가 중요하다는 걸 가르쳐주었다.

대의명분이 없으면 움직이지 않는다

많은 유명 인사와 리더에게 대의명분은 그들이 가진 직업적 정체성의 핵심 부분이다. 엄격한 채식주의자인 스텔라 매카트니Stella McCartney가 패션 회사를 차렸을 때, 그녀는 당시 특이한 브랜드 전략으로 쓰이던 가죽과 모피, PVC 사용을 비난했다. 그리고 찰스 왕세

나라는 브랜드를 설계하라

자는 오래전부터 기후 변화 문제에 목소리를 냈다. 가수 돌리 파튼Dolly Parton은 팬데믹 기간에 코로나19 백신 연구에 필요한 자금을 지원하기 위해 1백만 달러를 기부했다. 현재 밴더빌트에는 '돌리 파튼 코로나19 연구 기금'이라는 명판이 있고, 몇몇 팬들은 그녀의 히트곡 '졸린Jolene'의 후렴구를 '백신'을 넣어서 개사하기도 했다.

CEO들의 활동도 증가하고 있다. 홍보 대행사들은 CEO의 활동을 중심으로 전체적인 관행을 만들고 있다. 세일즈포스Salesforce의 CEO인 마크 베누아Marc Benoit는 본사가 있는 샌프란시스코에 노숙자 문제가 심각함을 알고 노숙자 지원 프로젝트를 시작했다.

뭔가를 옹호하라

루스 베이더 긴즈버그Ruth Bader Ginsburg처럼 대의를 옹호하면서 동시에 자기 직업에서 최고의 자리에 오르는 건 쉬운 일이 아니다. 나는 그녀의 이야기를 좋아한다. 긴즈버그가 하버드 법대에 다니는 동안, 한 교수는 그녀가 '남자의 자리'를 차지하고 있다고 비난했다. 그녀는 남편과 가까운 곳에 있기 위해 컬럼비아 법대로 편입했고 1959년에 자기 동기들 가운데 1등으로 졸업했다.

여기까지 보면 긴즈버그가 자격을 갖춘 인기 변호사가 될 거라 생각하겠지만 실제로 그렇지 않았다. 그녀는 여자라는 이유 때문에 뉴욕의 어떤 법률 회사에도 고용되지 않았다.[1] 그래서 어떻게 됐을까?

긴즈버그는 처음에는 럿거스Rutgers 법대에서, 그다음에는 컬럼비아 법대에서 학생들을 가르치기로 했다. 1960년대부터 1970년대 초까지는 여성의 권리와 양성평등에 대한 소송과 시위가 많았다. 긴즈버그는 학생들을 가르치는 동안 미국시민자유연맹ACLU의 평등권 소송에서 변론 취지서 작성을 도왔고, 1972년에는 미국시민자유연맹에서 여성 권리 프로젝트를 공동 창립했다.

연관성이 있는 대의

긴즈버그는 변호사로 채용되기 위해 노력했던 본인의 경험 때문에 남녀 간 기회 불평등에 대해 너무나 잘 알았다. 하지만 여성의 권리를 대의명분으로 삼는 건 그 당시로서는 위험한 움직임이었다. 그건 너무 진보적이고 이상한 행동이라고 여겼다.

하지만 긴즈버그는 단념하지 않았다. 그녀는 자신의 대의를 찾아냈다. 긴즈버그는 사례별로 조금씩 미국의 성차별을 변화시켰다. 그녀는 대법원에 6건의 평등권 소송을 제기했고 모두 승소했다.

RBG 브랜딩

루스 베이더 긴즈버그는 1993년에 샌드라 데이 오코너Sandra Day

O'Connor에 이어 두 번째 여성 대법관이 되었다. 그녀가 무게를 둔 첫 번째 관심사 중 하나는 여성 판사의 법정 복장에 약간의 복식 브랜딩을 도입하는 것이었다. 솔직히 말해서 판사들이 입는 법복은 패션이나 브랜딩으로서의 매력이 별로 없었다. 일반적인 검은색 법복은 남성용으로 디자인되었으며 남성의 넥타이와 셔츠 깃을 보이도록 목 부분이 벌어져 있었다.

하지만 여자들은 어떤가? 긴즈버그에게 좋은 아이디어가 있었다. 그녀는 프랑스 여성 판사들이 입는 것과 비슷한 흰색 레이스 칼라, 즉 자보jabot를 도입했다. 긴즈버그는 엄청나게 많은 목 장신구를 모았고, 그것이 여성스러운 패션을 표현하는 것 이상의 브랜딩 잠재력을 가지고 있다는 걸 깨달았다.

말보다 더 효과적인 시각적 요소

긴즈버그는 남들과 의견이 다르다는 걸 드러내고 싶을 때는, 바나나 리퍼블릭Banana Republic에서 파는 뾰족한 징과 색색의 돌이 박힌 '반대' 칼라를 착용했다. 약간 위험해 보이는 그 칼라는 그녀의 날카로운 반대 의견을 즉각 전달했다. 또 다수 의견에 대한 찬성을 표현하고 싶을 때는 법원 서기들에게 받은 금색의 '다수 의견' 칼라를 착용했다. 그녀는 법관으로 일하는 동안 수백 개의 칼라를 모았고 팬들에게 선물도 자주 받았다.

하이픈으로 연결된 긴 성(姓)은
RBG처럼 줄여서 부르지 않는 이상
기억하기 어려울 수도 있다.

법대에 다니는 여학생이 긴즈버그에게 '악명 높은 RBG'라는 별명을 지어주었는데, 이것이 그녀의 브랜딩으로 고착되었다. 이중으로 된 성은 기억하기 어려운데, 퍼스널 브랜딩 관점에서 볼 때 RBG라는 이니셜을 쓴 건 똑똑한 행동이다(참고: 알렉산드리아 오카시오코르테스라는 이름도 길고 복잡하기 때문에 AOC라고 줄여서 브랜딩했다).

RBG는 그녀의 대의명분, 여성의 권리, 반대 의견, 목 장신구를 통해 유명해졌다. 〈새터데이 나이트 라이브〉에 흰색 프릴 장식이 달린 검은색 법복을 입고 커다란 안경을 쓰고 머리를 뒤로 당겨 묶은 사람이 나와서 "난 반대합니다"라는 말투까지 흉내 냈다면 그건 이미 하나의 브랜드로 자리 잡았다는 뜻이다.

킴 K의 대의명분

장기간 방영된 TV 리얼리티 프로그램 〈4차원 가족, 카다시안 가족 따라잡기Keeping Up with the Kardashians〉나 6,500만 명의 트위터 팔로워를 보유한 A급 연예인으로서의 삶을 통해 킴 카다시안을 알고 있는 사람들이 많다. 그녀는 유명한 것으로 유명한 연예인 중 한 명이다. 한마디로 그녀는 브랜드다. 그리고 카다시안은 리얼리티 쇼를 통해 얻은 명성을 스킴스 보정 속옷, KKW 프래그런스KKW Fragrance, KKW 뷰티KKW Beauty 같은 다양한 사업과 브랜드로 발전시켰다.

하지만 이제 카다시안은 지구상에서 가장 큰 메가폰을 쥐고 임무를 수행 중인 여성이기도 하다. 그녀의 목표는 미국의 형사사법제도를 고치는 것이다. 그리고 두 번째 기회를 얻을 자격이 있는 죄수를 한 번에 한 명씩 석방하는 일에 집중하고 있다.[2]

카다시안이 석방을 위해 애쓴 첫 번째 죄수는 증손주까지 있는 테네시주 출신의 예순네 살 여성 앨리스 마리 존슨Alice Marie Johnson이다. 존슨은 마약 혐의로 가석방 없는 종신형을 선고받았다. 카다시안은 이미 21년이나 수감 생활을 한 존슨이 사회에 빚을 갚았다고 생각했다.

대의를 위한 실행 계획

카다시안은 감옥 개혁의 힘이 되었다. 그녀는 트럼프 전 대통령에게 성공적으로 로비를 하고 주지사와 의원들에게 전화를 걸었으며 사면 청원서를 작성하고 사면을 받으려는 수감자들을 위해 법적 비용을 지불했다.

그녀는 소셜 미디어를 통해 자신의 대의를 꾸준히 옹호했다. 〈더 저스티스 프로젝트The Justice Project〉라는 다큐멘터리도 제작했다. 심지어 스킴스 보정 속옷 TV 광고에 존슨을 모델로 쓰기도 했다. 그리고 카다시안은 원하는 결과를 얻었다. 수감자 수십 명이 그녀의 도움으로 석방되었다.

"왜 이걸 대의로 삼았는가"에 관한 이야기

제인 폰다Jane Fonda부터 조지 클루니George Clooney, 안젤리나 졸리Angelina Jolie에 이르기까지 유명인들의 행동주의는 미국에서 오랜 역사를 가지고 있다. 어떤 대의명분이든 인지도가 중요하기 때문에 유명인들의 행동주의는 판도를 바꾸는 요소가 될 수 있다.

대의명분은 자신의 브랜드를 완성한다. 그건 경력을 통한 성취 바깥쪽에 존재하는 퍼스널 브랜드에 남들과 나누는 자상하고 품격 있는 모습을 더한다. 그래서 가끔은 "그 대의명분이 정말 그들에게 의미가 있는가, 아니면 유명인들의 계산된 겉치레일 뿐인가?"라는 회의감을 느낄 수 있다.

카다시안은 자문 팀이 예전부터 대의명분을 하나 정하라고 권해왔다는 걸 인정했다. 그들이 제안한 곳 중 하나는 구순구개열을 앓는 아이들에게 수술을 해주는 '오퍼레이션 스마일Operation Smile'이라는 단체였다. 자문 팀이 제안한 대의들은 모두 가치 있는 일처럼 보였지만, 트위터에서 앨리스 마리 존슨에 관한 동영상을 보기 전까지는 카다시안의 마음을 크게 움직이는 게 없었다.

옹호자가 필요하고 여러분이 열정을 품고 있는 건
뭐든 대의명분이 될 수 있다.

하지만 왜 하필이면 교도소 개혁일까? 그건 그녀에게 별로 어울리지 않는 것 같다. 카다시안이 이 일에 관심을 갖게 된 이유 중 하나는 자신의 아프리카계 미국인 자녀 4명 때문이라고 말했다. 그녀가 석방을 도우려는 죄수들 대부분이 아프리카계 미국인이었다. 그녀는 십 대 때 법률 분야에 관심이 있었지만 아버지가 말렸다고 한다.

그러니 어떤 면에서 보면 카다시안은 예전에 품었던 직업적 비전으로 다시 돌아온 셈이다. 그녀는 법률을 배우는 것에 대해 열심이었다. 또 정식으로 법대에 다니는 건 아니지만 캘리포니아 변호사 협회의 프로그램을 통해 법률 공부도 했다. 그리고 2가지 변호사 시험 중 하나에 합격했다(3번 실패한 끝에).

직장에서 대의를 이끌자

기술 분야에서 일하는 마이클은 자기 회사에 흑인 직원 리소스 그룹ERG을 설립해서 사내에 발언권이 약한 아프리카계 미국인 직원들을 위한 리더십 개발, 멘토링 프로그램, 행사 등을 진행했다. 흑인 ERG는 공통된 정체성을 중심으로 조직된 최초의 소속 집단인데, 오늘날 진보적인 기업들은 인종, 성별, 기타 소속에 따라 조직된 다양한 유형의 집단을 위한 ERG를 보유하고 있다.

리더 역할을 할 때 더 많은 다양성을 대표하는 것이 마이클의 목표인데 이는 많은 회사에서 중요한 문제다. 흑인 ERG에서 그렇게 눈에 띄는 역할을 한 덕분에 그의 인지도도 많이 높아졌다. 마이클은 조직 전체에서 자신과 비슷한 가치관을 가진 사람들과의 관계를 발전시켰고, 행사에 외부의 소수 집단 연사를 초청했으며, 인맥 형성 프로그램과 다른 여러 가지 프로그램을 주최했다.

대의명분 포지셔닝의 5가지 초능력

1. **목적의식, 사명감, 가치관이 있는 리더:** 리더인 여러분은 모든 조직의 성공에 중요한 목적의식과 사명감, 가치관 때문에 돋보인다. 여러분은 세상을 더 나은 곳으로 만들고 싶어 한다.

2. **자신의 대의에 대한 깊은 열정:** 여러분은 개인적으로 특별한 의미가 있고 더 큰 무대에서 본인을 정의하는 대의와 일치하는 사람이다. 자신의 대의에 대해 매우 잘 알고 있고 확실한 성취 기록을 가지고 있다.

3. **확실한 홍보 플랫폼이 있는 대변인 역할:** 홍보 플랫폼은 여러분에 관한 게 아니라 더 고상하고 중요한 대의에 관한 것이다. 여러분은 명확하고 기억에 남도록 요점을 정리해서 언론에 전달하고 긍정적인 보도를 이끌어낼 수 있다. 여러분은 까다로운 질문에 대답

나라는 브랜드를 설계하라

하는 걸 두려워하지 않는다.

4. **뛰어난 공감 능력과 타인과의 연결:** 여러분은 자신의 팀과 팀이 겪는 문제, 감정에 진심인 공감력 있는 리더다. 결국 생산성뿐만 아니라 팀의 정서적 욕구도 중요하다는 걸 깨닫게 된다.

5. **세상을 바꾸려는 충동:** 여러분은 세상을 바꿀 수 있다는 자신감과 희망을 느낀다. 금전적인 이득보다 이상을 통해서 더 많은 의욕을 얻는다. 진정한 변화에는 시간이 걸린다는 사실을 깨닫고 다른 사람들을 자신의 대의에 끌어들이는 결단력과 카리스마, 풀뿌리 조직 기술을 가지고 있다. 여러분은 행동주의 때문에 대부분의 사람들보다 더 방대한 네트워크를 보유하고 있다. 여러분은 남들과 어울리는 걸 좋아하고 사교 모임이나 인맥 구축에 능하다.

| 연습 훈련 | 대의명분 퍼스널 브랜드 문장

경쟁력 분석

• 대의명분과 밀접한 관계가 있으면서 여러분이 존경하는 사람을 2~3명 고른다. 그들이 지지하는 대의가 무엇인지, 그 대의를 이끄는 방식이 얼마나 효과적인지 분석한다.

• 여러분과 여러분이 지지하는 대의는 어떻게 다른가? 자기 생각을 적어보자.

목표 대상

- **영향을 미치고자 하는 대상 파악:** 비영리 단체, 상사, 동료, 고객 등 대상을 구체적으로 정해야 한다. 그들의 정체성, 성격, 가치관, 라이프 스타일을 시각화한다.
- 여러분의 대의명분을 그들에게 어떤 식으로 호소할까? 자기 생각을 적어보자.

포지셔닝 문장 샘플

- **예시:** 지역 사회에 환원하고 싶어 하던 한 재정 고문은 고등학생을 위한 금융 리터러시 수업을 고안했다.
- **문장 초안:** (돈을 벌고, 저축하고, 투자하는 방법을 알아야) 하는 (고등학생들)을 위해 나는 (십 대들에게 돈을 벌고, 저축하고, 투자하는 방법을 알려줄 수 있는 금융 조언자) 역할을 한다.

포지셔닝 문장 최종 샘플

십 대들이 돈을 모으고, 투자하고, 생각하는 방식을 바꿔주는 재정 고문.

- **대의명분 포지셔닝 문장:** 대의를 선택한 뒤 아래의 형식에 맞게 문장 초안을 합쳐서 나라는 브랜드를 위한 대의명분 포지셔닝을 완성하자.
- **문장 초안:** (여러분이 해결할 수 있는 문제)의 해결사가 필요한 (목표

대상)을 위해 나는 (가치 제안)을 제공한다.

대의명분 포지셔닝 최종 문장 _____

_____

- 이 문장을 믿을 수 있는 3가지 이유: 여러분의 대의 및 그와 관련
  된 경험, 기타 자격, 성취, 경험 또는 대의명분에 대한 다른 관점이
  나 접근 방식을 나열한다.
- 3가지 키워드 나열: 이 포지셔닝과 여러분의 대의를 가리키는 키
  워드가 될 수 있는 3가지 형용사나 단어를 골라보자.

대의명분 브랜드 요약

대의명분 브랜드 아이디어: 여러분과 여러분의 대의가 세상을 변화시킬 것이다.

가치관: 다른 사람들을 돕고 세상을 더 좋은 곳으로 만든다.

동기: 대의에 대한 열정, 세상을 변화시키기 위한 노력

브랜드 목소리: 자상하고 열정적이다.

이상적인 고객: 당신의 대의에 대한 열정을 공유하는 사람들

슬로건: 우리는 함께 변화를 이룰 수 있다.

3부

나라는 브랜드에
놀라운 요소를
부여하라

14장

나만의
시각적 정체성을 찾아라

이제 브랜딩 전략이라는 힘든 부분은 끝났다. 지금까지 나라는 브랜드를 분석하고, 브랜드 포지셔닝 전략 10을 공부했다. 그리고 자신에게 가장 적합한 포지셔닝을 선택했다. 이제 브랜딩의 창의적인 부분으로 들어가 보자.

자기만의 외관과 느낌 만들기

브랜딩 모델에 따라 독특한 외관과 느낌으로 나라는 브랜드를 패키지화해야 한다. 브랜드 패키징과 디자인은 이미지, 색상, 모양, 재료, 타이포그래피를 통해 빠르고 강력하게 전달된다.

브랜드의 모양과 느낌은
사람들이 여러분과 상호 작용할 때 보고 느끼는 것이 반영된다.

사람들의 경우에도 마찬가지다. 성공적으로 완성된 브랜드의 외관과 느낌은 여러분의 포지셔닝, 다른 사람들에게 비춰지는 모습(대면 또는 가상으로), 사람들이 여러분과 연결될 때 느끼는 감정 등 모든 걸 하나로 묶어준다. 새로운 사람을 만나거나 인스타그램 프로필을 입력하면 단 몇 초 만에 영향을 미치게 된다. 그리고 그 영향은 여러분의 외모와 느낌에 의해 강화된다. 그만큼 중요하다는 뜻이다.

비주얼은 침묵의 특사다

우리는 시각적인 존재고, 시각적 단서를 통해 세상과 연결된다. 퍼스널 브랜드의 외관과 느낌은 사람들이 여러분을 만났을 때 눈에 보이는 것뿐만 아니라, 여러분과 교류할 때 감정적으로 느끼는 것도 반영된다. 그래서 이건 타인과 연결된 뒤 본인에 대해 전하고 싶은 메시지를 건넬 수 있는 강력한 도구다.

또 남들에게 어떤 인상을 줄 건지 세심하게 결정하라는 게 거짓된 모습을 보이라는 뜻이 아님을 알아야 한다. 진실하면서도 요령 있는 모습을 보여야 한다. 브랜드가 인기를 얻으려면 시각적 메시지와 언어 메시지가 하나가 되어야 한다. 그걸 여러분의 목표로 삼자.

사람들은 여러분을 어떻게 생각하는가?

다른 사람들이 여러분을 어떻게 보느냐에 따라 승패가 달려 있다. 브랜드 세계에서는 사람들의 인식이 중요하다.

사람들이 여러분을 창의적이라고 여기길 바란다면,
창의적인 사람처럼 보여야 한다.

신발, 헤어스타일, 줌 통화를 할 때 설정해둔 배경, 웹사이트 등 모든 것이 시각적으로 메시지를 전한다. 시각적인 정체성은 여러분이 힘이 센지, 엉뚱한지, 평범한지, 매력적인지, 창의적인지, 보수적인지 알려준다.

몸에 걸친 것들의 브랜딩 파워

천박하게 느껴질 수도 있지만, 옷은 퍼스널 브랜딩 도구 중에서 가장 큰 목소리를 내는 것 중 하나다. 예전부터 옷은 신분의 상징이었고, 누가 어떤 옷을 입을 수 있는지 규정하는 엄격한 사회적 위계가 있었다. 옷은 그 사람이 어느 위치에 있는지 신분 계급을 알려줬다. 그래서 예전에는 화려한 의상을 규제했던 것이다.

영국의 튜더 시대 때는 귀족들만 비단, 벨벳, 모피를 입을 수 있었다. 정육점 주인의 아내는 이런 사치품을 살 수 있는 돈이 있어도 손에 넣을 수 없었다. 자신의 신분에 맞지 않는 모습을 보이는 것이 불법으로 규정되어 있었기 때문이다. 르네상스 시대에 피렌체의 통치자였던 코시모 데 메디치Cosimo de' Medici가 "붉은 천 2야드만 있으면 신사를 만들 수 있다"[1]고 한 것도 옷이 전하는 메시지의 중요성을 나타내는 것이다.

오늘날에도 특히 사무실에서 '파워 정장'을 입으면 지위가 향상될 수 있다. 파워 의상은 자신감을 더 북돋워주고 힘과 권위를 보여줄 수 있다. 또 생산성 향상이나 뛰어난 협상 기술과도 관련이 있다. 자신의 성격이나 전하고 싶은 메시지에 가장 잘 맞는 옷을 고르는 게 관건이다.

새로운 파워 오피스 캐주얼

예전에는 사무실 책상 위쪽으로 보이는 상반신 위주로 옷을 잘 차려입다가 차차 맞춤 양복과 정장으로 바뀌더니 어느새 사무실에서 운동복까지 입게 되었는데, 다음에는 어떤 유행이 찾아올까? 그리고

나라는 브랜드를 설계하라

팬데믹은 우리가 직장에서 옷을 입는 방식에 장기적으로 어떤 영향을 미칠까?

1980년대 초 실리콘 밸리에서 업무 복장의 캐주얼화가 진행되었다. 그리고 팬데믹 기간에 수천만 명의 근로자들이 집에서 일하게 되면서 이런 추세가 전국적으로 확산되었다.

오늘날에도 사무실에서 입는 파워 드레싱(직위가 높은 사람들이 자신의 중요성을 강조하기 위해 입는 격식 있고 값비싼 복장)에 대한 정의가 여전히 남아 있긴 하지만, 한 가지 분명한 건 예전 같은 뻣뻣한 직물이나 정장 스타일, 몸에 꽉 끼는 옷에는 관심이 거의 없다는 것이다. 직원들은 재택근무가 끝나서 사무실로 복귀하면 더 편하고 자유로운 복장을 입을 것이라고 말한다.[2] 사무직 종사자들 중에도 이제 벨트, 넥타이, 정장 구두를 착용하지 않겠다고 하는 이들도 많다.

새로운 파워 의상은 줌 환경과 사무실 환경을 합친 것(높은 사회적 지위를 드러내면서도 착용감이 편한 옷)으로, "일은 물론 하겠지만 편안한 복장으로 하겠다"는 메시지를 전한다. 파워 캐주얼 의상은 신축성 좋은 허리 밴드, 편안한 재단 방식, 부드러운 원단 등을 사용해 몸이 편하면서도 직장에서 자신감을 느낄 수 있을 정도로 세련됐다.

이건 하이브리드 사무실을 위한 하이브리드 의상 솔루션이다. 집이나 사무실에서 일할 때 입는 옷에 불편함을 느끼는 사람은 아무도 없을 것이다. 하지만 브랜딩 관점에서 생각하면 비즈니스 캐주얼에도 자기만의 분위기를 내고 싶은 게 당연하다.

눈에 띄는 옷 입기

국회의사당은 전통과 규칙, 의전으로 유명한 곳이다. 남성 의원들은 맞춤 정장을 입는다. 여성들은 대개 눈에 잘 안 띄거나 적어도 고상하고 섬세하게 재단된 옷을 입는다(카말라 해리스Kamala Harris 부통령이 선호하는 진한 색의 바지 정장을 생각해보라).

상원에서 애리조나주를 대표하는 최초의 여성 의원 키어스틴 시네마Kyrsten Sinema가 등장하기 전까지는 사람들이 눈썹을 치켜올릴 만한 옷을 입고 남들 눈에 띄려고 애쓰는 그런 장소가 아니었다.

상원 선서식 때 그녀는 마릴린 먼로Marilyn Monroe를 연상시키는 구불구불한 백금색 머리와 스틸레토 힐 차림으로 나타났다.[3] 도널드 트럼프의 첫 번째 탄핵 공판 날에는 흰색 망토 차림으로 상원 회의실로 들어갔다.

스포트라이트를 받아라

시네마는 앞면에 '위험한 생명체'라는 글씨가 새겨진 핫핑크색 스웨터를 입고 의회 회의를 주재했다. 그리고 상원 회의를 주재할 때는 데님 조끼를 입었다. 그렇다, 데님 조끼. 그것 때문에 언론이 불타올랐다(데님은 상원의 복장 규정에 위배된다).

믹스매치 프린트와 알록달록한 파티 가발을 애용하는 그녀의 의

나라는 브랜드를 설계하라

상은 매우 기발하고 화려해서 나는 종종 "저런 의상은 대체 어떻게 조합하는 걸까?" 하고 궁금해했다. 그리고 속으로 "계속 그런 옷을 입어요, 키어스틴. 무대 중앙에 있는 당신을 다들 지켜보고 있으니까"라고 생각했다.

시네마는 개성이 강하다. 그녀는 군중 속에서 눈에 띄는 걸 좋아한다. 자유로운 사상가인 그녀는 옷이나 헤어스타일에 대한 관습, 민주당 발의안에 대한 당의 방침을 따르는 걸 좋아하지 않는다. 그녀는 자기 본연의 모습을 지키고 싶어 한다.

헤어스타일을 통한 브랜딩

여성들에게 머리카락은 아름다움의 표현인 경우가 많다. 머리카락도 옷처럼 여러분에 대해 많은 걸 알려준다. 여성의 헤어스타일 가능성은 무궁무진하기 때문에 말을 많이 하거나 실수를 저지르기가 쉽다. 여자든 남자든 유행을 비껴가는 사람처럼 보이고 싶지 않으면 최신 스타일을 유지해야 한다. 그리고 이단아로 낙인찍히고 싶다거나 창의적인 분야에서 일하는 게 아니라면 극단적인 스타일이나 극락조처럼 화려한 염색은 피하자.

사무실에서 여성에게 적합한 헤어스타일로는 긴 머리('젊다')보다 짧은 머리('전문적이다'), 곱슬거리는 컬('다루기 힘들다')보다 스트레이트 헤어('진지하다')를 권장한다.[4] 하지만 사무실에서 수용 가능한 것들이 달라지고 있다. 언론, 정부, 기업의 최고 지위에 있는 여성들의 헤어스타일도 다양해지고 있다.

역사적으로 흑인의 자연스러운 헤어스타일에 대한 차별이 있었기 때문에 흑인 여성들 대부분은 '보다 전문가다운' 외모로 인식되기 위해 머리카락을 곧게 폈다. 다행히 이런 인종 차별적인 고정 관념이 무너지고 있다. 많은 주에서 헤어스타일에 대한 차별을 금지하는 첫 번째 법안인 크라운 법CROWN, Creating a Respectful and Open World for Natural Hair(자연스러운 헤어스타일을 존중하는 열린 세상을 만들기 위한 법)을 통과시켰다.[5]

누구와 연결되고 싶은가?

요즘 남자들은 헤어스타일 관리를 위해 들이는 돈에 있어서 여자들과 치열한 경쟁을 벌이고 있다. 보리스 존슨 영국 총리에 대한 언론 보도에서는 마구 헝클어진 그의 갈기머리를 언급하는 경우가 많다. 그 이유는 쉽게 알 수 있다. 언론에 나오는 총리의 모습을 보면 "헤어스타일이 대체 왜 저렇지?"라는 의문을 품기 쉽다.

존슨의 헤어스타일을 영리한 퍼스널 브랜딩으로 해석할 수 있고, 그를 이단아로 포지셔닝할 수도 있다. 이런 파격적인 분위기는 존슨이 구겨진 정장으로 외양을 마무리할 때 특히 매력적이다.

그리고 실리콘 밸리에는 트위터의 전 CEO이자 현재 블록(예전 이

브랜드에 모든 것이 있다?

브랜드 포지셔닝 전략은 시각적 정체성을 위한 기반이다. 모든 시각적 요소가 브랜드에 포함되어 일관성 있게 함께 작동하면서 브랜드 메시지를 전달해야 한다.

누군가가 기존에 확립된 페르소나에서 벗어나면
우리는 혼란에 빠져서
심지어 그들에 대한 우리의 신뢰까지 의심하게 된다.

만약 여러분의 의사소통 채널에 일관성이 없다면 사람들은 여러분을 어떻게 생각해야 할지 모를 것이다. 직접 대면했을 때의 시각적 정체성과 온라인에서의 시각적 정체성이 다르다면, 혹은 링크드인 프로필과 트위터 프로필이 서로 다르다면 사람들이 당황할 것이다. 이렇게 브랜드 정체성이 혼란을 일으키기만 하면 말할 때도 횡설수설하게 된다. 사람들은 모든 것이 하나의 통합된 메시지와 일치하는 진정한 의미의 정직성과 진정성을 원한다.

시각적인 미학

여러분이 정한 포지셔닝이 리더나 이단아, 전문가, 혹은 엘리트(또

름 스퀘어) CEO인 잭 도시가 있다. 그가 2020년에 상원 상무위원회에서 화상 통화로 증언을 했을 때, 소셜 미디어는 그의 길고 헝클어진 '팬데믹' 수염에 열광했다. 심지어 그의 어머니까지 끼어들어서 자기는 그 수염이 마음에 안 든다고 말했다.

시각적 정체성의 관점에서 볼 때, 도시는 인간 세상의 근심과 가식을 뒤로 하고 떠난 강인한 산악인과 불교 승려를 합친 모습으로 자신의 브랜드를 제시했다. 도시는 실리콘 밸리 기술 회사 두 곳의 CEO로 일한 사람치고는 색다른 라이프 스타일을 가지고 있다.

지금은 회사를 하나만 운영하면서, 하루에 한 끼만 먹고, '극도로 고통스러운' 형태의 명상을 하며 매일 아침 얼음 목욕으로 하루를 시작한다. 심지어 실리콘 밸리 같은 곳에서도 그의 이단아적인 모습은 유독 두드러진다.[6]

약간의 화사함

자신의 의상과 스타일을 살펴보자. 시각적 정체성이 자신에 대해 어떤 얘기를 해주기를 바라는가? 여러분의 퍼스널 브랜드 전략과 일치하는가? 시각적 정체성을 강화하기 위해 사용할 수 있는 대표적인 특징이나 트레이드마크 같은 액세서리가 있는가? 매들린 올브라이트Madeleine Albright(전 미국 국무장관)의 브로치나 메건 마클Meghan Markle(영국 앤드류 왕자의 부인)의 스틸레토 힐을 생각해보라. 아니면

아이리스 아펠Iris Apfel(사업가)이나 세스 고딘처럼 크고 화려한 안경을 쓰는 방법도 있다. 혹은 트레이드마크가 될 만한 헤어스타일은 어떨까? (제니퍼 애니스톤이나 엘리자베스 여왕을 생각해보라.)

사람들은 여러분의 어떤 시각적 특성을 칭찬하는가? 어떻게 하면 자신의 장점을 강조할 수 있을까? 자신의 시각적 정체성을 극대화하고 싶다면 이 질문들을 곰곰이 생각해봐야 한다. 적절한 메시지를 전달하지 못하거나 혼란스러운 메시지를 보내거나 배경에 희미하게 묻혀버린다면, 변변치 못한 시각적 정체성 때문에 효과가 약해져서 그런 것이다.

메타버스에서의 브랜딩

메타버스는 퍼스널 브랜딩의 새로운 개척지다. 메타버스에서는 원하는 방식대로 퍼스널 브랜드를 만들 수 있다. 자신의 실제 외양을 바탕으로(아마 좀 더 날씬하게) 아바타의 시각적 정체성을 구축할 수 있다. 아니면 공상의 이미지나 나라는 브랜드를 상징하기 위해 만들어낸 이미지를 이용해서 남들 눈에 띌 수도 있다.

무엇보다도 자신의 포지셔닝 전략을 바탕으로 가상 브랜드와 실제 브랜드를 만들어야 한다. 산발적이고 서로 반대되는 브랜드 메시지를 전하면 다들 혼란스러워할 것이다. 아바타와 가상 환경은 통일된 브랜드 아이디어를 전달해야 한다.

메타버스에서 무엇을 입을 것인가

마크 저커버그는 2021년 10월에 페이스북 이름을 ㅁ다고 온라인상에서 발표할 때 자신의 트레이드마크 같지와 흰색 운동화, 남색 티셔츠를 걸쳤다. 하지만 그에택지도 있었다. 그의 가상 옷장에 우주 비행사 복장과상이 들어 있는 게 보였다.

메타버스는 아직 초기 단계지만 이미 100개가 넘는가 메타버스를 중심으로 한 패션 인프라를 구축하고 오는 가상의 운동화 브랜드를 출시했다. 심지어 가상 버전르도 있는데 이런 브랜드는 블록체인의 지원을 받아 한한 것이다. 일반 대중을 대상으로 하는 패션 브랜드는래며 누구나 이용할 수 있다. 일부 기성복 패션 회사들인 교육을 받은 디자이너들을 고용해서 가상 세계와 쉬한 옷을 모두 제공한다.

이건 나이와 전망에 따라 흥미로울 수도 있고 두려신세계다. 아바타를 개발할 때는 가상 세계와 실제 세각적인 부분과 언어적인 부분이 고유한 메시지와 매ㄲ기를 바랄 것이다.

는 다른 포지셔닝 전략)라면 웹사이트 디자인, 동영상 배경, 프레젠테이션 데크, 심지어 의상까지 얼마나 달라질지 상상해보라.

디자인 플레이북의 유용한 도구 중 하나는 분위기 보드나 영감 보드를 개발하는 것이다. 이건 퍼스널 브랜드 외양을 시각화할 수 있게 도와주는 이미지, 색상, 라이프 스타일 사진, 글꼴, 웹사이트 디자인 모음이다. 분위기 보드를 만드는 것만으로도 집중력이 생기고 새로운 시각적 아이디어를 얻게 될 수 있기 때문에 시간을 내서 이런 걸 만들어둘 가치가 있다(실제 판지에 만들어도 되고 핀터레스트Pinterest를 이용해서 온라인에서 할 수도 있다).

분위기 보드:
여러분의 시각적인 미학을 포착한 이미지, 색상, 사진, 글꼴 모음

영감을 얻고 또 자신의 포지셔닝에서 벗어나지 않도록, 브랜드 포지셔닝을 위해 선택한 다양한 키워드도 포함시킨다.

오래가는 첫인상

사람들을 직접 만나거나 인터넷을 통해 상호 작용할 때는 단 몇 초 안에 긍정적인 인상을 줘야 한다. 그 첫인상의 영향은 외모, 옷차림, 표정과 헤어스타일, 화상 통화의 경우 조명과 배경 등 사람들이

여러분에게서 받아들이는 시각 정보를 통해서 주로 발생한다.

흥미로운 사실은 이렇게 눈 깜짝할 사이에 생긴 첫인상이 매우 오래간다는 것이다. 첫인상을 바꾸기 위해 뭔가 극적인 일을 하지 않는 이상 시간이 지나도 그 인상이 별로 달라지지 않는다. 따라서 여러분이 준 첫인상이 훌륭한 관계를 시작하기도 하고 그 관계의 문을 닫기도 한다. 첫인상이 그만큼 중요하다는 얘기다.

인터넷으로 신규 고객, 선임 리더, 채용 담당자 등을 만나는 경우 첫 만남이 온라인으로 이뤄지기 때문에 걱정될 수 있다. 가상 환경과 대면 환경의 전환은 이제 비즈니스 생활의 일부이니 조명과 기술 장비가 원활하게 작동되도록 충분히 시간을 두고 준비하는 게 좋다.

매력적인 것의 장점

훌륭한 예술 작품이 그렇듯이 훌륭한 디자인이나 포장도 천천히 감상하면서 연신 감탄하게 된다. 나처럼 라벨 디자인이 마음에 들어서 와인을 구매한 사람이 얼마나 될까? 아니면 포장이 마음에 들어서 제품을 사는 사람은? 혹은 특정한 날에 외모가 괜찮아 보이면 더 자신감이 생기지 않는가?

잘생기고 예쁜 것에 이끌리는 건 인간의 본성이다. 심지어 아기들도 매력적인 얼굴에 더 끌린다. 어떤 무리에서 매력적인 사람에게 시선이 고정되는 건 나이가 들어도 마찬가지다. 사랑스러운 것들은 우

나라는 브랜드를 설계하라

리의 관심을 끄는 방법이 있다.

매력에는 후광 효과라는 이점도 있다. 좋든 싫든 근사하게 포장된 브랜드가 상승세를 타는 것처럼 외모가 멋지면 경력 향상에 도움이 된다. 매력적인 사람들은 더 똑똑하고, 더 호감이 가고, 더 성공적이며, 여러 가지 면(분명히 외모와는 아무 관련도 없는 모든 특성)에서 더 낫다고 간주되는 경향이 있다.

미의 원칙 해킹

그렇다면 외모가 본인의 강점이 아니라면 어떻게 해야 할까? 포기? 한 연구진은 자신감을 드러내는 게 매력적이라고 판단했다.[8] 사람들에게 확신에 찬 태도로 자신 있게 자신을 드러내라고 코칭하면 매력에 대한 편견이 뒤집힌다는 걸 발견했다.

자신감을 발산하면 매력적으로 보인다.

게다가 나는 누구나 매력적일 수 있다고 생각한다. 자기가 가진 걸 최대한 활용하는 게 중요하다. 흥미로워 보이고 독특한 개인 스타일이 있으면 매력적이다. 자기의 가장 좋은 모습을 보인다고 느끼면 성과가 향상된다는 연구 결과가 있다. 따뜻하고 공감을 잘하는 성격은 호감을 얻으며 그것 자체로 매우 매력적이다.

사업, 비영리, 엔터테인먼트 분야 등에서 성공한 사람들을 보라. 우리가 무엇이 매력적이고 누가 정상에 오를 수 있는지에 대해 훨씬 포괄적으로 정의하고 있는 건 분명하다. 고유한 시각적 정체성이 있으면 남들과 차별화되는데, 그건 퍼스널 브랜딩에 언제나 이롭다.

근본적인 변신

2021년에 사기죄로 재판을 받은 엘리자베스 홈즈Elizabeth Holmes의 재판 전과 재판 후에 급격하게 달라진 모습만큼 시각적 정체성의 힘을 교육적으로 보여주는 사례도 드물다.

우리가 테라노스Theranos의 아름답고 천재적인 CEO를 처음 알게 된 것은 미디어를 통해서인데 《포춘》, 《포브스Forbes》, 《Inc.》 같은 잡지 표지도 거기 포함된다.

시각적 정체성의 관점에서 봤을 때 그녀가 유독 돋보인 건 단순히 매력적인 외모 때문만이 아니라 스티브 잡스를 따라 입은 검은색 터틀넥이 밝은 빨간색 립스틱과 윤기 나는 금발 덕분에 대담하게 강조되었기 때문이다(재판 전에 했던 한 인터뷰에서, 홈즈는 검은색 터틀넥이 150벌 이상 보관되어 있는 옷장을 보여주었다).

우리는 홈즈가 재판을 받는 과정에서 자신의 이미지를 완전히 뒤집는 모습을 보았다.[9] IT 업계의 분위기는 완전히 사라졌다. 이제 허브차 버전의 엘리자베스 홈즈가 새롭게 탄생했다. 그녀의 시각적 정

나라는 브랜드를 설계하라

체성은 별 특징 없는 비즈니스 캐주얼 셔츠와 스커트 때문에 단조로워졌다. 머리카락은 부드럽게 컬이 졌다. 검은색 터틀넥, 빨간 립스틱, 곧게 편 생머리, 스파이크 힐도 사라졌다. 한때 원더 우먼으로 자신을 포지셔닝했던 홈즈가 이제는 옆집 사람 같은 모습이 되었다.

재판이 열리는 동안 날마다 홈즈가 자기 어머니와 파트너의 손을 잡고 법정을 드나드는 모습을 보았다. 아, 그리고 그녀는 여름에 아기를 출산했다는 걸 강조하기 위해 자신의 새로운 트레이드마크 액세서리가 된 기저귀 가방을 자주 들고 다녔다. 그건 배심원단과의 공감대를 형성하기 위해 시각적 정체성의 원칙을 사용한 변론 사례처럼 보였다. 하지만 시각적 정체성의 효과에는 한계가 있다. 엘리자베스 홈즈가 사기죄로 유죄 판결을 받았을 때 깨달은 것처럼, 시각적 정체성이 행동과 일치하지 않으면 브랜드에 단절이 생긴다.

항상 카메라를 의식해야 한다

줌은 훌륭한 평형추다. 줌 회의를 할 때는 우월한 지위를 상징하는 책상 건너편에 앉아 있는 상사와 마주하는 게 아니다. 줌 화면에서는 모든 사람이 똑같은 크기의 상자 안에 있다. 또 예전 같으면 출장 중일 경우 참석하지 못하는 회의에도 참석할 수 있다.

화상 회의 때 입을 옷을 고를 때는 화면으로 봤을 때 어떤 색과 스타일이 잘 어울릴지 생각해야 한다. 많은 사람들이 면밀히 주시하는

TV 앵커나 기자, 전문가를 보자. 여자들은 눈에 잘 띄는 밝은 단색 의상을 선택한다. 시선을 어지럽히는 무늬나 외모를 칙칙해 보이게 하는 무채색과 파스텔색은 피한다. 노트북 웹캠이나 휴대폰 카메라를 통해 자기 모습이 어떻게 보이는지 꼭 확인하자. 실물이 훌륭해도 화면상으로는 완전히 다르게 보일 수 있는데, 특히 조명이 좋지 않은 경우에는 더욱 그렇다.

배경 정리

카메라에 비치는 뒷배경도 여러분에 대해서 알려준다. 화상 통화를 할 때의 배경을 무대 세트라고 생각하자. 현재의 배경이 여러분이 원하는 인상을 전달하고 있는가? 일하는 공간에 본인이 누구인지 알려주는 요소를 포함시키는 게 현명할 수도 있다. 하지만 장식품이 너무 많으면 주의가 산만해질 수 있으니 깔끔하게 유지해야 한다.

자신을 전문가로 포지셔닝하고 있다면 책장 앞에서 화상 통화를 하는 게 좋다. 혁신적이고 창의적인 유형이라면 무지주 선반이나 예술품을 이용해서 좀 더 창의적인 배경을 꾸미고 싶을 것이다. 이때 핵심은 좋은 조명이다. 광원이 자기 앞에 있는지 확인하는 게 가장 중요하다. 북향 창으로 들어오는 자연광이 가장 좋다. 그게 불가능하다면 따뜻한 느낌의 빛을 뿜는 LED 전구를 사용하자.

브랜드가 확실한 프레젠테이션

온라인 프레젠테이션은 더 개인적인 느낌을 가미하지 않는 이상 미리 녹화해둔 동영상처럼 쌀쌀맞고 인간미 없게 보일 수 있다. 여러분 자신과 여러분의 얼굴, 표정에 시선을 집중시켜야 하고, 카메라를 똑바로 바라보면서 사람들과 연결을 시도해야 한다.

최고의 온라인 프레젠테이션은 단순하고 시각적이다. 슬라이드에 글머리 기호나 텍스트를 너무 많이 집어넣지 말자. 큰 글꼴과 대담한 시각적 이미지를 사용하는 게 좋다. 시각적 이미지를 이용하면 사람들이 정보를 기억하기도 쉽고 프레젠테이션을 재미있게 이끌어갈 수 있다. 그래프로 데이터를 시각화하거나 사진을 통해서 아이디어를 설명하거나 이야기를 전달할 수 있다. 청중은 슬라이드를 보면서 메시지를 빨리 이해해야 한다. 그렇지 않으면 스팸 메일과 다름없는 꼴이 되어버린다.

청중들과 직접 대면할 수 없을 때는 그들의 관심을 계속 유지하기가 힘들 수도 있으므로 대화형 슬라이드를 만들어서 여러분은 질문을 던지고 청중들은 채팅 기능을 이용해서 대답하게 해야 한다.

시각적 정체성의 커뮤니케이션 효과

2022년에 우크라이나 전쟁이 발발하기 전까지는 우크라이나의 볼로디미르 젤렌스키Volodymyr Zelenskyy 대통령도 다른 나라 지도자들처럼 정장과 넥타이를 차려입고 화려한 대통령 집무실에서 국민들에게 연설을 했다. 러시아의 침공 이후, 젤렌스키는 정장을 벗어던지고 군인의 일상복(가슴 부분에 우크라이나 군대의 휘장인 십자가가 그려져 있는 올리브 그린색 티셔츠)으로 바꿔 입었다. 이것이 우크라이나 전쟁의 상징적인 이미지가 되었다.

우리는 매일 소박한 올리브 그린색 셔츠를 입은 젤렌스키 대통령이 우크라이나 국기가 걸려 있는 삭막한 벙커 같은 방에서 국민들에게 연설을 하거나 영국 의회, 유럽 의회, 미국 의회에 지원을 호소하는 고독한 모습을 보게 되었다.

배우 출신인 젤렌스키는 존재감이 발휘하는 힘, 그리고 입은 옷이나 주변 환경이 많은 걸 말해준다는 사실을 확실하게 알고 있었다. 그가 입은 녹색 군용 셔츠는 그를 군대와 연결시키고 현재 직면하고 있는 갈등 상황을 전한다. 그건 그가 멀리 떨어진 곳에서 전쟁의 영향을 받지 않도록 보호받고 있는 엘리트가 아니라 국민들을 위해 일하는 실무자라는 사실을 전한다. 그가 자기 동포들의 힘과 결의, 애국심을 공유하고 있다는 걸 전한다. 그의 시각적 이미지는 '러시아 골리앗과 우크라이나 다윗의 이야기, 자만심 vs. 영웅적 행위'에 고정되어 있다.[10]

나라는 브랜드를 설계하라

시각적 정체성을 위한 10가지 팁

다음은 대면 상황 및 인터넷상에서의 시각적 정체성을 개발할 때 명심해야 할 10가지 팁이다.

1. **실생활과 인터넷상에서의 시각적 정체성이 일관되게 유지하자:** 여러 가지 내용이 뒤섞인 메시지를 보내선 안 된다.
2. **브랜드 포지셔닝에 맞춰서 시각적 정체성을 조정하자:** 포지셔닝 전략을 바탕으로 시각적 정체성을 정해야 한다. 포지셔닝 전략 10에서 자기가 선택한 내용을 다시 확인해보자.
3. **분위기 보드나 영감 보드를 만들자:** 분위기 보드를 만들면 나라는 브랜드에 맞는 조화로운 시각적 정체성에 집중할 수 있으므로 여가 시간을 투자해서 만들 만한 가치가 있다.
4. **화상 통화할 때의 뒷배경을 무대 세트나 상점 전면이라고 생각하자:** 모든 사람이 여러분의 뒷배경을 면밀히 주시할 것이므로, 배경을 깔끔하게 유지해야 한다. 그래서 여러분 얼굴에 집중할 수 있게 하자. 혹은 배경에 놓아둔 예술품, 책, 물건 등을 통해 이야기를 전달할 수도 있다.
5. **비즈니스 캐주얼의 새로운 코드를 해독해서 자기 것으로 만들자:** 우리는 거의 매일 비즈니스 캐주얼을 입을 수 있는 시대에 살고 있다. 옷과 헤어스타일의 브랜딩 파워를 소홀히 여기지 말자. 자기 스타일을 구현할 방법을 찾아야 한다.

6. **아름다움을 재정의하자:** 자신감을 드러내고 흥미로운 존재처럼 보이는 것이 유행이다. 자기만의 진정한 스타일을 보여주자.

7. **시그니처 아이템을 정하자:** 브랜드는 시그니처 로고나 디자인 기능이 돋보여야 하는데, 여러분도 그렇게 해야 한다. 안경, 스카프, 신발, 옷 등 여러분에게 어울리는 것이라면 무엇이든 괜찮다.

8. **트레이드마크 색상이나 색상 팔레트를 정하자:** 조화로운 색상 팔레트를 사용하는 것은 브랜드를 통합하는 효과적인 방법이다.

9. **가상 세계를 위한 아바타를 만들자:** 자신의 포지셔닝과 연결되고 자기와 비슷한 느낌을 주는 아바타를 만들자.

10. **프레젠테이션과 슬라이드 데크를 위한 시각적 접근법을 선택하자:** 자신을 스타로 만들자. 슬라이드에 텍스트는 줄이고 사진을 많이 넣는 게 좋다.

시각적 정체성의 전체적인 목적은 여러분이 자신에 대해 보내는 비언어적 메시지를 극대화하는 것이다. 여러분의 외면적인 브랜드 메시지가 내면의 퍼스널 브랜드와 일치하는가?

15장

나만의
언어적 정체성을 찾아라

　브랜드를 구축할 때 시각적 정체성과 대응 관계를 이루는 것이 언어적 정체성이다. 이름, 스토리, 특별한 단어, 관점, 광고 카피, 내용, 목소리 표현이 브랜드에 생기를 불어넣는다. 오늘날 디지털로 연결된 글로벌 일터에서는 여러분의 말과 목소리가 어느 때보다 강력한 힘을 발휘할 수 있다.

　영화 〈킹스 스피치The King's Speech〉에서 말을 더듬는 조지왕 역을 맡아서 오스카상까지 수상한 콜린 퍼스Colin Firth의 연기를 봤다면, 목표 대상과 의사소통을 할 수 없을 때의 좌절감이 얼마나 큰지 알 것이다. 자신감이나 능력 부족 때문에 전달하고 싶은 메시지가 망가지면 그렇게 고통스러운 감정을 느끼게 된다.

자기 목소리를 녹음해서 들어보자

눈을 감고 자기 목소리를 들어보자. 처음에는 그렇게 좋은 경험이 아닐 수도 있으니 주의해야 한다. 녹음된 내 목소리를 처음 들었을 때 나는 완전히 다른 사람이라고 생각했다. 자기 목소리는 고유한 것이므로 그 특유의 소리를 이해해야 한다. 자기가 말하는 속도, 음높이, 에너지, 매력을 평가해보자. 비음인가 아니면 낮고 굵은 소리가 나는가? 목소리의 어떤 점이 마음에 드는가? 결점은 무엇인가? 방금 한 말을 다시 해달라는 요청을 자주 받는가? 그렇다면 그 문제를 어떻게 해결할 계획인가?

저스틴 팀버레이크Justin Timberlake처럼 최고의 재능을 가진 사람도 더 깊은 목소리를 내기 위해 목소리 레슨을 받았다. 그러니 목소리의 영향을 극대화하기 위해 발성 코치의 도움을 받기로 했다면 여러분 같은 사람들이 많으니 걱정할 필요 없다.

여러분의 목소리는 귀 기울일 가치가 있다

목소리가 낮고 굵은 사람은 남들의 주의를 끌고 자신감 있게 들리며 신뢰감을 준다. 이는 전문가들에게 중요한 특성이다. 그러니 내가 경영대학원 목소리라고 부르는 낮고 굵은 목소리를 가진 CEO들은 더 큰 회사를 경영하고 더 많은 급여를 받으며 경력도 더 길다는 말

을 들어도 놀랍지 않을 것이다.[1]

성공한 남녀는 모두 한 가지 중요한 음성적 특성이 돋보인다.
바로 목소리에 담긴 에너지다.

여성들은 대부분 음의 고저를 측정하는 Hz 척도에서 남성과 비교할 수 없을 정도로 목소리가 높지만, 성공한 남녀 모두 중요한 음성적 특성 한 가지가 두드러진다. 바로 목소리에 담긴 에너지다. 음성 에너지가 높은 사람은 표현하고 싶은 감정이나 강조하려는 내용에 따라 목소리를 고음에서 저음으로, 강한 소리에서 부드러운 소리로, 빠른 템포에서 느린 템포로 쉽게 변화시킨다. 전문가들의 말에 따르면, 에너지가 넘치는 목소리는 진정성 있게 들리고 신뢰감을 주기 때문에 장점이다.[2]

여러분의 목소리를 처음 들었을 때

실제 목소리가 낮고 굵은 것보다 더 중요한 건 말을 어떤 식으로 하느냐다. 상대방의 말을 주의 깊게 들도록 우리를 이끄는 건 말할 때의 리듬과 억양, 운율(음성 표현의 혼합)이다. 수세기 동안 문자 언어가 없었다는 걸 생각하면 인간 목소리에 담긴 힘은 놀라운 게 아니다. 사람들은 서로의 목소리에 귀를 기울였다. 힌지Hinge 같은 일부

데이트 웹사이트는 음성 녹음 기능도 추가했기 때문에 사진과 서면 프로필뿐만 아니라 목소리까지 듣고 데이트 상대를 선택할 수 있다. 그리고 목소리는 파트너를 끌어들이는 데 도움이 될 수 있다. 힌지 사용자들은 음성 녹음 프롬프트를 통해 상대방과 매칭될 경우 실제로 데이트를 할 가능성이 1.4배나 높다.[3]

다행히 음성 에너지는 연습하면 누구나 자기 레퍼토리에 추가할 수 있다. 그리고 단조로운 목소리로 말하거나 대본을 그대로 읽지 말고, 적어도 청중들과 직접 시선을 맞추면서 얘기해야 한다. 앞의 두 방법은 모두 음성 에너지가 낮게 들린다.

브랜드로서의 목소리

목소리는 퍼스널 브랜딩을 위한 강력한 도구이자 초능력이다. 여러분의 목소리는 특별하다. 그 누구의 목소리도 여러분과 똑같지 않다. 목소리를 내는 방식과 소통하는 단어를 통해 독자적인 브랜드 개성을 전달하는 게 우리의 과제다.

남들과 다른 목소리를 내면 돋보일 수 있다. 2019년에 도널드 트럼프 대통령의 첫 탄핵 당시 러시아 전문가 피오나 힐Fiona Hill이 한 사실로 가득한 증언(그녀는 하버드에서 박사 학위를 받은 사람이다)을 생각해보자.

그녀가 무명에서 벗어나 전국구 스타가 된 건 놀라운 증언 내용 때문만이 아니라 영국식 억양을 쓰는(영국 북동부 출신) 독특한 의사소통 방식 때문이기도 하다. 그녀의 영국식 억양은 말하는 내용 못지않게 진술을 매혹적으로 만들었다.

팟캐스터의 힘

팟캐스트의 놀라운 힘을 주목하자. 좋아하는 팟캐스트를 듣는 것만큼 개인적이고 친밀한 매체도 없다. 동영상이나 인쇄된 텍스트로는 불가능하다.

팟캐스트는 콘텐츠와 더불어 목소리의 힘을 이용해서 사람들과 소통하고 신뢰를 쌓으면서 커뮤니티를 구축할 수 있게 해준다. 청취자들에게 이야기를 들려주거나, 즐겁게 해주거나, 뭔가를 가르치거나, 일상적인 기복에 대해 얘기할 때면 청취자들은 엄청난 위안을 느끼는데, 그들이 해야 할 일은 여러분의 목소리에 귀를 기울이는 것뿐이다.

다른 이름을 붙이자

브랜드 이름을 정하는 건 첫 번째이자 가장 중요한 브랜드 결정이다. 이름이 멋지면 고객이 브랜드를 경험하기도 전에 그들 마음을 사로잡을 수 있다. 다들 〈로미오와 줄리엣Romeo and Juliet〉에 나오는 줄리엣의 유명한 대사, "장미는 다른 어떤 이름으로 불러도 달콤한 향기가 날 것이다"라는 대사를 알고 있을 것이다. 하지만 정말 그럴까? 난 그렇지 않을 거라고 생각한다. 셰익스피어처럼 언어를 잘 다루는 작가는 우리가 사람과 사물을 경험하는 방식에 영향을 미치는 이름의 힘을 분명히 알고 있었을 거라고 생각한다.

사실 한 연구 팀에서 15가지 다른 냄새를 연구해서 이 문제를 해결하려고 시도했다. 결과는 명확했다. '이상한' 이름을 붙이면 '매력적인' 냄새가 전만큼 달콤하게 느껴지지 않았다(예: '썩어가는 꽃'이라는 이름을 가진 장미).[4] 이 연구는 사물의 이름이 우리가 그걸 인식하는 방식에 영향을 미친다는 사실을 증명했다.

그렇기 때문에 마케터들은 신제품 이름을 짓는 데 많은 시간을 할애한다. 제품의 성공 여부가 이름에 달려 있다. 좋은 이름은 귀중한 자산이며 실질적으로 브랜드를 만들 수 있다. 어떤 경우에는 이름을 제외하면 두 제품 사이에 큰 차이가 없을 때도 있다.

가장 달콤한 이름

이름은 사람들에게도 중요하다. 물론 우리는 자기 이름을 직접 선택하지 않으니 불공평할 수도 있다. 아기가 태어나면 부모님이 이름을 지어준다. 그리고 이름은 사람들이 우리를 생각하고 대하는 방식은 물론이고 심지어 자기 자신에게 느끼는 감정에까지 영향을 미칠 수 있다.

이름에 관한 고정 관념이 매우 많다. 이름은 여러분이 부자인지 가난한지, 토박이인지 외국인인지, 호감이 가는 사람인지 불쾌한 사람인지 말해줄 수 있다. 이름은 흔하거나 특이하거나 유명하거나 구식일 수 있다. 트렌디한 이름을 갖는 건 장점이 되며 핵심 그룹에 속할 가능성도 더 높아진다. 그래서 출산을 앞둔 부모들이 인기 있는 아기 이름 목록을 면밀히 조사하는 건 놀라운 일이 아니다.

온라인 데이트 사이트에서 이름에 관한 실험을 진행한 적이 있다.[5] 알렉산더나 제니퍼처럼 인기 있는 이름을 가진 사람들은 보리스나 올가처럼 특정한 민족색을 띄는 구식 이름을 가진 경쟁자들보다 먼저 선택되었다. 또 다른 실험에서는 심지어 교사들도 인기 있는 이름이나 매력적인 이름을 가진 학생들을 편애하고 에세이 숙제에 더 높은 점수를 줬다는 사실이 드러났다.[6]

물론 이름과 그것이 여러분의 운명에 미치는 힘에는 많은 예외가 있다. 특히 오늘날에는 온라인에서 자기만의 이름을 소유할 수 있도록 자녀에게 색다른 이름을 지어주려는 사람들이 매우 많다.

이름이 가진 힘을 극대화하자

대부분의 사람들은 결혼할 때 성이 바뀌는 경우를 제외하면 태어날 때 받은 이름을 평생 쓴다. 하지만 퍼스널 브랜드를 구축할 때는 자기 이름을 유심히 살펴봐야 한다.

종이에 자기 이름을 적어보자. 어떤 형용사와 이미지가 떠오르는 가? 자기 이름이 마음에 드는가? 뭔가 문제가 있는가? 사람들이 이름을 다시 말해 달라거나 철자를 적어 달라는 요청을 많이 하는가?

브랜딩 관점에서 '좋은' 이름을 가지고 있는가?

좋은 이름은:

- 짧다 – 우버Uber나 오프라를 생각해보라.
- 말하거나 쓰기 쉽다 – 나이키나 브래드 피트를 생각해보라.
- 뭔가가 떠오른다 – 메타나 돌리 파튼을 생각해보라.
- 색다르다 – 구글이나 버락 오바마를 생각해보라.
- 매력적이다 – 트위터나 메건 마클을 생각해보라.
- 인터넷에서 자기가 소유할 수 있다 – 자기 이름.com이 최고다.

이름 문제?

만약 자기 이름이 좋은 이름과 관련된 규칙에 전부 어긋난다면 어떻게 해야 할까? 너무 길거나 발음하기 어렵고 쓰기도 어려운 '나쁜' 이름을 가지고 있거나, 링크드인에 똑같은 이름을 가진 사람이 수만 명이나 될 정도로 너무 흔한 이름이라면? 물론 아무것도 할 필요가 없다. 아널드 슈워제네거Arnold Schwarzenegger는 이름을 바꾸지 않았지만 이름 때문에 영화계나 정치계에서 경력을 쌓는 데 문제가 생기지 않았다. 또 소셜 미디어 활동을 자주 하면 흔하거나 어려운 이름이라도 인터넷에서 검색에 잘 걸릴 가능성이 높아진다.

이름을 본래대로 유지하는 방법은 여러 가지가 있지만, 인터넷에서 자기 이름.com으로 도메인 등록이 가능한 경우에는 브랜딩 면에서 더 좋은 효과를 발휘할 수 있도록 수정하는 게 좋다.

흔한 이름인 경우에는 무수히 많은 사람들 틈에서 자신을 식별할 수 있도록 가운데 이름이나 이니셜을 포함시켜도 된다(새뮤얼 L. 잭슨Samuel L. Jackson이나 사라 제시카 파커Sarah Jessica Parker처럼). 아니면 수즈 오만Suze Orman이나 바브라 스트라이샌드Barbra Streisand처럼 특이한 철자를 사용해서 눈에 띄는 방법도 있다.

여러분의 이름이 길거나 발음하기 어렵고 쓰기도 힘들다면, 게너디 바이너척Gennady Vaynerchuck처럼 간단하게 만들 수 있다. 그는 이름을 발음하기 쉽게 게리Gary로 바꾸고 성까지 줄인 게리 비Gary Vee라는 이름을 자주 사용했다. 더 기억에 남도록 가운데 이름을 쓸 수도 있다. 레이첼 메건 마클은 메건 마클이 되었고, 크리스토퍼 애쉬튼 커처Christopher Ashton Kutcher는 애쉬튼 커처가 되었다. 로라 진 위더스푼Laura Jeanne Witherspoon은 리즈 위더스푼Reese Witherspoon이 되었는데, 어머니의 결혼 전 성을 이름으로 쓴 덕분에 '할리우드' 느낌이 물씬 풍기는 이미지가 더욱 부각되었다.

물건에 이름 붙이기

세계 각지에 분산되어 있는 글로벌 팀과 함께 일하는 오늘날의 새로운 작업 환경에서는 프로젝트, 이니셔티브, 팀, 아이디어의 이름을 정하는 게 프로젝트를 이해하고 프로젝트 중심으로 결집하는 데 도움이 되는 강력한 도구다. 프로젝트, 아이디어, 관점의 이름을 정하면 그것이 사람들 마음에 고정되며 관련 사안을 논의할 수 있는 핸들이 생긴다.

'우리가 개발 중인 신제품 아이디어'처럼 프로젝트에 대해 추상적으로 얘기하는 건 쉽지 않은 일이다. 애플이 첫 번째 아이폰에 '퍼플'이라는 코드명을 붙였던 것처럼 이름은 사람들이 결집할 수 있는 정체성을 부여하여 프로젝트가 현실이 된다. 심지어 애플은 아이폰을 개발한 건물은 '퍼플 기숙사'라고 불렀다.

> 좋은 이름은
> 프로젝트 성공에도 도움이 된다.

이름은 프로젝트가 달성하려는 목표를 알려주고 그 프로젝트가 중요하다고 말할 수 있다(적어도 이름을 붙일 만큼은 중요하다). 또 이름이 속성이나 기준점을 제안할 수도 있다. 동물(재규어, 표범 등)이나 신화 속 등장인물(아폴로, 머큐리 등)의 프로젝트 이름의 좋은 출처다. 이름 없으면 새로운 이니셔티브는 반쯤 완성된 채로 남아 있게 된다.

프로젝트를 이끄는 경우에는 이름이 여러분을 프로젝트 목표와 연결시켜서 여러분이 가진 지적 재산의 일부가 된다.

관점?

자기 분야나 업계, 또는 오늘날의 중요한 사회적 이슈에 대한 사상적 리더십을 통해 자기 브랜드를 구축할 수 있다. 벤앤제리스Ben & Jerry's는 항상 강력한 관점을 브랜드 내러티브의 일부로 삼았고 이것이 성공에 중요한 역할을 했다.

이 아이스크림 제조사는 모든 대의에 접근한다. 그 회사는 '흑인들의 생명도 소중하다Black Lives Matter, BLM' 운동과 형사사법 개혁 문제를 받아들였다. '세이브 아워 스월Save Our Swirled'이라는 새로운 맛의 아이스크림을 출시해 기후 변화에 대한 캠페인을 시작했다.

벤앤제리스는 단호한 입장을 취하는 걸 두려워하지 않는 이단아 브랜드다. 이 회사는 2021년에 이스라엘 점령지에서 아이스크림 판매를 중단해 상당한 논란을 일으켰다. 규모가 가장 큰 기업 중 일부도 사회적 각성을 하고 있다. 소비자 활동 단체와 손잡은 나이키와 애플 같은 회사들은 착취 노동과 자사 제품을 만드는 곳의 열악한 작업 환경에 대한 의견을 내놓고 공급망 책임 보고서를 작성하기 시작했다.

코카콜라와 뱅크 오브 아메리카Bank of America 같은 다른 대기업은 흑인 유권자들의 선거 참여를 더 어렵게 만드는 새로운 투표법에 반대하는 목소리를 내고 있다. 20세기 시민권 운동에 대한 연구에 따르면, 정의의 올바른 편에 서서 목소리를 내면 기업이 더 큰 이익을 얻을 수 있다고 한다. 대의를 위한 일을 시작하면 같은 관심사를 가진 사람들의 주목을 받게 된다.

여러분을 대표하는 메시지는 무엇인가?

영업용 메시지를 좋아하는 사람은 많지 않다. 그래서 마케터들은 태그라인이나 캐치프레이즈, 광고에서 상품 메시지를 다른 것으로 위장한다. 그런 식으로 메시지를 꾸미는 게 직접적인 구입 권유보다 더 호감이 가고 매력적이다. 마케터들이 공감을 얻을 만한 메시지를 생각해내면, 브랜드는 소비자들이 그 메시지를 기억할 수 있도록 계속 반복한다.

애플의 '다르게 생각하라Think Different'나 나이키의 '저스트 두 잇 Just Do It' 같은 훌륭한 광고 카피는 해당 브랜드의 독특한 판매 제안을 구체화한다. 이렇게 상승 지향적인 광고 카피는 우리 내면 깊숙한 곳에 있는 자아에 호소한다.

정치인들은 브랜딩에 능해서 입법 플랫폼과 소통하기 위해 바이든Biden 대통령의 '발전적 재건Build Back Better'이나 트럼프 전 대통령의 '미국을 다시 위대하게Make America Great Again' 같은 캐치프레이즈를 자주 사용한다.

어떤 공급망 관리자는 '책임'이라는 키워드를 중심으로 속성 포지셔닝을 사용해서 명성을 쌓았다. 그가 자기 팀을 위해서 만든 슬로건은 "모든 사람이 언제 어디서나 책임을 져야 한다"이다. 이건 직원들이 자신의 임무를 이해하도록 독려하기 위해 그가 많이 사용하는 문구다.

이야기를 하자

이야기는 광고사들이 대거 모여 있는 매디슨 애비뷰Madison Avenue의 광고 전술에서 얻은 교훈이다. 마케터는 광고와 판촉을 위해 브랜드를 신화와 이야기로 포장하는 뛰어난 이야기꾼이다. 여러분도 이야기꾼이 되어야 한다. 다음 프레젠테이션부터 관련 있고 흥미로운 이야기를 사용하기 시작한다면 아마 사람들은 그 이야기만 기억하게 될 것이다.

이야기는 언어에 정서적인 힘을 주는데, 감정은 뇌로 가는 지름길이다. 이야기는 우리가 보고 느끼고 기억할 수 있는 마음속의 영화를 만든다.

이야기는 좌뇌와 우뇌를 모두 개입시킨다. 팩트와 그걸 뒷받침하는 내용만 있는 대부분의 프레젠테이션은 우리의 이성적 측면인 좌뇌와 연결된다. 반면 이야기는 우뇌를 관통해서 우리가 들은 내용을 시각화하고 느끼게 한다. 이야기는 소비자에게 직접 파고드는 전략이다. 여러분을 유인하고 끌어당긴다. 이야기는 상호 작용을 한다. 듣는 사람들이 점을 연결해서 이야기 뒤에 숨겨진 의미를 파악하는 일에 참여하도록 유도한다.

자신의 이야기를 전달하자

이야기 쓰기는 여러분이 학교에서 했던 에세이 쓰기와 다르다. 자신의 사업 이야기를 1~2분 정도 길이로 짧게 쓰되 감동적이면서도 흥미진진한 내용을 담아야 한다. 시간과 장소를 정하고 무대를 설정하면 모든 게 멋지게 움직이기 시작한다.

알프레드 히치콕Alfred Hitchcock은 이런 요소를 맥거핀MacGuffin이라고 불렀는데 이건 주인공(고객, 팀, 여러분 자신, 또는 여러분이 아는 사람)의 삶을 변화시키는 문제, 결정, 상황, 사람을 가리킨다. 목표에 도달하기 위해 반드시 극복해야 하는 예상치 못한 장애물을 강조해야 한다. 문제가 최고조에 이르면 주인공은 시험에 처한다. 그게 이야기의 전환점이다. 그래도 결국 모든 역경을 극복하고 영웅이 문제를 해결한다.

기원 이야기

여러분의 기원이나 목적에 관한 이야기는 반드시 만들어야 하는 핵심적인 퍼스널 브랜딩 이야기다. 기원 이야기는 여러분이 어떤 사람이고 다른 사람들이 여러분에 대해 알려면 무엇이 중요한지 들려주는 기본 토대다.

여러분이 세상에 의미를 만들고 싶은 이유와 그 방법도 알려준다. 그건 돈을 많이 버는 방법에 관한 이야기가 아니라 어떻게든 세상을 더 좋은 곳으로 만들고 싶다는 이상에 관한 이야기다.

수즈 오만은 케이블 TV 프로그램과 여러 권의 베스트셀러를 통해 대담한 스타일을 보여주는 개인 재무 관리 전문가다. 오만의 기원 이야기는 시카고에서 살던 어린 시절에 가족의 불안정한 재정 상태에 관한 것이다.

이 이야기의 맥거핀, 즉 결정적인 순간은 화재가 발생해 아버지의 치킨 테이크아웃 가게를 집어삼키고 금전 등록기를 꺼내러 가게에 다시 달려 들어간 아버지가 3도 화상까지 입었던 일이다. 그 사건 때문에 온갖 일이 다 벌어지게 되었다. 오만은 "돈이 생명보다 더 중요하다"는 걸 배웠다고 말한다. 그건 그녀가 잊어버려야만 하는 메시지였다.

오만은 진로를 바꿔서 저축과 투자에 대해 배우기 시작할 때까지는 돈을 버는 데 어려움을 겪었다. 그래서 사람들에게 돈에 대해 가르치는 일에 열정을 품게 되었다. 오만은 "미국인들이 돈에 대해 생각하고 말하고 행동하는 방식을 바꾼다"라는 슬로건을 통해 자신의 목표를 설명한다.

감정적 브랜딩

이야기가 매우 강력한 힘을 발휘하는 이유는 논리와 분석이 감정만큼 설득력이 없기 때문이다. 가장 효과적인 광고 메시지는 대부분 감정적 브랜딩을 이용한다. 그건 우리의 분석적인 뇌보다 감정을 향해 손을 뻗는다. 어쩌면 광고에서 브랜드에 대해 이야기하거나 보여주는 부분이 전혀 없을 수도 있다. 광고가 끝날 때까지 기다려야만 스폰서 브랜드 이름이 나온다.

사람들이 여러분과 여러분의 아이디어, 혹은 여러분 회사에 관심을 갖게 하는 것도 감정적 브랜딩이다. 그들이 여러분의 아이디어에 관심을 보이는 건 어떤 팩트 때문이 아니라 여러분의 본질, 이야기, 그리고 그들에게 말하는 내용에서 뭔가를 느끼기 때문이다. 여러분은 자신의 이야기로 그들을 매료시킨다.

리버티 뮤추얼Liberty Mutual 보험 광고에 나오는 리뮤LiMu라는 에뮤와 그의 친구 더그 사이에서 벌어지는 우스꽝스러운 사건을 보라. 텔레비전 드라마에 자주 나오는 단짝 경찰들 이야기를 좋아하는 우리는 보험이라는 재미없는 상품을 둘러싼 흥미로운 이야기(그리고 의인화된 조류 캐릭터)에 매료된다.

나라는 브랜드를 설계하라

스토리텔링의 어두운 단면

사람들이 이야기에 너무 몰두한 나머지 불신과 합리적 분석을 중단할 정도가 되면 감정적 브랜딩과 스토리텔링 기법에도 바람직하지 못한 부분이 생기는데, 실제로 그런 일이 일어난다.

능수능란한 언어적 정체성, 감정적 브랜딩, 스토리텔링의 유명한 사례 중 하나는 2022년에 4건의 사기 혐의로 유죄 판결을 받은 테라노스 설립자 엘리자베스 홈즈를 중심으로 전개된다(시각적 정체성과 관련된 그녀의 숙달된 능력에 관한 내용은 이전 장 참조).

홈즈에게는 감동적인 기원 이야기가 있다. 그녀는 어릴 때 바늘을 무서워했다. 그리고 암에 걸려 젊은 나이에 사망한 삼촌이 있다. 그 충격적인 경험이 질병 진단 방법을 바꾸려는 열망으로 이어졌다. 홈즈는 스티브 잡스와 다른 실리콘 밸리 아이콘들을 본받아 열아홉 살 때 스탠퍼드 대학을 중퇴했다. 유일하게 빠진 요소는 차고에서 사업을 시작하는 부분뿐이다.

언어적 정체성의 대가

홈즈는 이름을 짓고 슬로건을 만드는 능력이 매우 뛰어났다. 자기 회사에 '치료therapy'와 '진단diagnosis'의 합성어인 테라노스라는 이름을 붙였다. 그리고 테스트 장치는 토머스 에디슨Thomas Edison의 이름을 따서 에디슨이라고 했다. 홈즈는 심지어 "한 방울의 피가 세상을 바꿀 수 있다"라는 슬로건까지 만들었다.

그녀는 홍보에 재능이 있었고 그걸 이용해 투자자들에게서 거의 10억 달러의 자금을 끌어모았다. 심지어 목소리까지 저음의 바리톤이었는데, 어떤 이들은 투자자들에게 진지한 느낌을 주기 위해 일부러 꾸며낸 목소리라고 생각했다.

그녀의 기원 이야기와 사업 홍보는 감정적으로 매우 설득력이 있어서 노련한 투자자와 정부 고위 관계자를 비롯한 많은 이들이 의학 분야 경력도 없는 사람이 피 한 방울로 수백 가지 질병을 정확하게 검사할 수 있다는 주장을 그대로 믿었다. 불행히도 테라노스에는 잘 알려진 허구의 이야기 외에는 아무것도 없었다.

잃어버린 커뮤니케이션 기술

자신의 브랜드를 세계 어딘가로 가져가고 싶다면, 의사소통과 홍보 기술에 통달해야 하는데, 이것은 특히 팬데믹 이후에 더욱 중요해졌다.

2020년 가을에 3개 대학에서 33,000명 가까운 대학생들을 대상으로 실시한 설문조사에 따르면 그중 3분의 2가 외로움과 싸우고 있다고 한다. 많은 학생들이 팬데믹으로 인해 고립된 생활을 하다가 사람들과 직접 만나 대화하는 게 어색하다고 보고했다.[7] 그들은 대면 상호 작용보다 문자나 소셜 미디어를 선호했다.

온라인 및 대면 커뮤니케이션 기술은 미래에 건강한 사회를 원한다면 되찾아야 하는 기술이다. 여러분의 의사소통 방식이 잘 통하면 알게 될 것이다. 회의 중에 청중과 하나가 된 듯한 기분을 느끼는 멋진 순간이 생길 것이다. 콘텐츠와 콘텐츠를 전달하는 방식이 모두 혁신적이면 사람들과 연결될 수 있다. 회의실의 에너지도 느껴진다. 그럴 때면 뛰어난 커뮤니케이터가 된다는 게 어떤 건지 알게 된다. 그리고 언어적 우위를 발전시키기 위해 노력할 가치가 있었다는 것도 알게 될 것이다.

16장

나라는 브랜드를
마케팅하자

모든 제품, 모든 기업, 모든 운동, 위대한 일을 성취하는 모든 사람 뒤에는 마케팅이 존재한다. 하지만 우리들 대부분은 친구와 직업적인 지인들로 구성된 소규모 네트워크 밖에서는 거의 알려져 있지 않다. 열심히 일하는 사람들은 대부분 자기 홍보에 어려움을 겪고 있다. 물론 끊임없이 자기 홍보를 해대는 자를 좋아할 사람은 아무도 없다는 건 나도 안다. 나도 그렇게 하지는 않는다. 그런 방법을 지지하지도 않는다.

긍정적인 사고를 발휘해서 고용 시장이 아직 건재하다고 가정해보자. 하지만 갈수록 기술 중심으로 글로벌화되는 하이브리드, 원격, 대면 업무 환경에서는 여전히 뒤처질 위험이 있다. 아니면 소모품으

로 간주되거나 눈에 띄지 않게 될 수도 있는데, 그건 결코 좋은 일이
아니다.

조금 유명해지자

따라서 약간 유명해질 방법을 생각해내야 한다. 여러분의 목표가
무엇이든 간에 자기 부서나 회사, 업계, 동네, 혹은 전 세계에서 어느
정도 유명해져야 한다는 얘기다. 자신의 포지셔닝, 아이디어, 관점,
전문 분야, 주요 프로젝트나 성과, 특이한 기술이나 재능 등을 통해
조금 유명해져야 한다.

그리고 자기 웹사이트나 현재 집중하고 있는 소셜 미디어 플랫폼
등 다양한 플랫폼에서도 좀 더 유명해져야 한다. 마케터들은 고객이
브랜드를 '접할' 수 있는 접점 수를 극대화하는 걸 중심으로 생각하
는데 여러분도 그렇게 해야 한다.

마케팅은 목표 달성을 위해 목표 시장에 대한 가시성과
인지도, 참여도를 높이기 위해 수행하는 모든 일을 말한다.

그리고 여러분의 성공에 중요한 역할을 하는 특정한 목표 대상에
게도 약간 유명해져야 한다. 그래도 결국 그들 모두를 좇지는 않을
것이다.

Q 점수가 몇 점인가?

우리는 유명한 사람들에게 이끌리는데, 단순히 그들이 유명하기 때문인 경우가 많다. 사람이든 제품이든 브랜드에는 인지도와 호감도가 중요한데, 이건 Q 점수(또는 Q-등급)로 측정한다. 영화 제작자와 마케터는 영화나 광고에 캐스팅할 사람을 정할 때 Q 점수를 사용한다.

흥미롭게도 Q 점수는 수천 명에게 물어본 단 2개의 질문에 기반을 두고 있다.[1] 첫 번째, "X라는 사람에 대해 들어본 적이 있는가?" 이게 친숙도 점수다. 들어본 적이 있다고 대답한 사람은 두 번째 질문을 받는다. "그 사람을 어떻게 평가하겠는가?" 선택지는 별로다, 괜찮다, 좋다, 아주 좋다, 내가 가장 좋아하는 사람 중 하나다, 중에서 고를 수 있다. 이건 인기 점수다. 친숙도 점수에 인기 점수를 곱하면 Q 점수가 나온다.

누가 Q 점수가 높을지 대강 짐작할 수 있을 것이다. 톰 행크스Tom Hanks나 맷 데이먼Matt Damon 같은 배우, 비욘세Beyoncé와 테일러 스위프트Taylor Swift 같은 연예인, 마이클 조던Michael Jordan과 샤킬 오닐Shaq O'Neill 같은 운동선수는 그냥 유명한 게 아니라 좋은 쪽으로 유명하다. 그들은 유명하고 많은 사람들이 좋아한다.

여러분도 Q 점수를 측정할 수 있지만, 그건 조사를 전문으로 하는 회사에서 알아낼 수 있는 종류와는 다르다. 다양한 온라인 도구를 이용해서 자기 소셜 미디어의 인지도를 측정하거나 온라인에서 직접 실마리를 찾을 수도 있다.

예를 들어, 링크드인에서는 여러분의 프로필을 확인하는 사람이 몇 명이나 되는지 확인할 수 있다. 회사, 업계, 소셜 미디어, 목표로 하는 분야에서 남들 눈에 잘 띌수록 성공 확률이 증가한다는 걸 알게 될 것이다. 호감도는 성공에 매우 중요하다. 직업 세계에서는 고등학교 때만큼이나 진지한 성품 대결이 벌어진다.

가시성이 중요한 이유는 후광 효과가 있기 때문이다. 다들 유명하지 않거나 조직에서 눈에 잘 안 띄는 사람보다 여러분이 낫다고 생각할 것이다. "샐리가 샘보다 나은 게 틀림없어. 아니라면 그녀가 왜 그렇게 유명하겠어?"라고 생각하는 것이다. 그러니 천천히 점진적으로 좀 유명해질 필요가 있다.

퍼스널 브랜드 가시성 사다리

가시성 목표를 단번에 달성하기는 어려우므로 단계별 접근법이 필요하다.

- **회사 인지도**: 사람들은 대개 회사 상주 전문가, 팀 리더, 기타 포지셔닝을 통해 사내에서 평판을 쌓으면서 브랜딩을 시작한 뒤 그 브랜드 발자취를 확장해 나간다. 외부 브랜드 구축을 위해 링크드인 같은 소셜 미디어 사이트를 한두 개 선택할 수 있

다. 회사 및 업계에서 주최하는 인적 네트워크 형성 이벤트를 활용하자.

- **지역 또는 업계 인지도:** 활동 폭을 넓히는 동안 업계 회의와 콘퍼런스에 패널이나 위원회 위원으로 참가해 적극적인 역할을 하기 시작하자. 회사에서 하는 지역별 또는 국가별 프로젝트에 자발적으로 참여하자. 소셜 미디어 플랫폼과 업계 네트워킹 이벤트에서 입지를 강화하기 시작하자.

- **전국적인 미디어 인지도:** 더 폭넓은 명성을 쌓으려면 국제 회의, TED 강연, 언론 인터뷰, 팟캐스트, 블로그 등을 이용할 수 있다. 지금은 다양한 소셜 미디어 플랫폼에서 확고한 입지를 다질 때다. 자기소개란에 미디어 키트나 EPK(전자적인 형태의 기자회견 자료집)를 같이 올려놓고, 기자들이 기사를 쓸 수 있도록 미리 정리해둔 홍보 자료도 제공한다.

소형 미디어 거물처럼 생각하자

여러 가지 면에서 따져볼 때, 지금은 퍼스널 브랜딩을 하기에 가장 좋은 시기다. 우리는 누구나 소셜 미디어와 인터넷을 통해 홍보(콘텐츠 마케팅)를 할 수 있는 기회의 시대에 살고 있다. 인터넷이 등장하기 전에는 유명인, 스타 운동선수, 기업 아이콘만이 퍼스널 브랜드를 구축할 수 있는 홍보 장치를 가지고 있었다.

이제 스마트폰과 인터넷 연결이 있으면 누구나 가능하다. 여러분이 하는 일과 하는 말을 전부 인스타그램, 유튜브, 트위터, 링크드인, 틱톡, 기타 소셜 미디어에 포착해둘 수 있다. 인플루언서와 인터넷 전문가는 날마다 그런 일을 한다. 또 마케팅에 도움이 되는 무료 및 저렴한 디지털 도구도 있다.

콘텐츠를 만들고 인터넷상의 원하는 곳에 게시하는 걸 막을 방법은 없다. 우리 모두에게는 시간이 부족하다는 사실만 제외하면 말이다. 그렇기 때문에 소규모 미디어 거물처럼 생각하면서 과정을 단순화해야 한다. 그렇지 않으면 콘텐츠 제작과 마케팅 활동에 매몰되어 버릴 것이다.

꼭 지켜야 하는 3가지 마케팅 규칙

성공적인 콘텐츠 마케팅은 콘텐츠를 게시하고 꾸준히 남들 눈에 띌 방법을 마련하는 것이다. 그 일을 잘 해내려면 상호 작용, 경청, 대화 참여가 필요하다.

이를 위한 유일한 방법은 콘텐츠 제작에 매몰되지 않도록 시스템을 갖추고 효율적으로 일하는 것이다. 요컨대 콘텐츠 마케팅을 위해 게으른 사람의 가이드가 필요하다는 얘기다.

다음의 3가지 손쉬운 방법을 따라해보자.

1. **모든 콘텐츠의 용도 변경:** 기사를 쓰거나 동영상을 제작하거나 팟캐스트를 할 때는 반드시 모든 인터넷 플랫폼에 배포할 수 있는 작은 미디어 자료로 용도를 변경해야 한다.

   팁: '긴 콘텐츠' 로그를 만들어서 모든 장문 기사, 동영상, 인터뷰, 블로그 게시물을 인용문 카드나 미니 동영상, 트윗 같은 다른 형식으로 변경한 내역을 기록해둔다. 언제든 디지털 도구와 프리랜서의 도움을 받아 기존 콘텐츠의 용도를 바꿀 수 있다.

2. **콘텐츠 개발을 위한 파이프라인 구축:** 미디어 거물인 여러분은 콘텐츠 제작 기계를 계속 돌릴 수 있도록 미래의 콘텐츠 개발을 위한 아이디어를 포착해야 한다. 동영상, 오디오, 텍스트 등 형식에 상관없이 긴 형식의 오리지널 콘텐츠를 개발할 때 항상 사용하는 기본 플랫폼을 정해두면 시간을 절약할 수 있다.

   팁: 향후 콘텐츠에 대한 보도 기사와 아이디어를 모아두기 위한 콘텐츠 개발 폴더를 만들자. 긴 형식의 콘텐츠를 새로 만들면 전부 용도 변경 프로세스를 거쳐야 한다.

3. **대화와 트렌딩 주제에 참여:** 너무 많은 시간을 소비하지 않고 여러분의 이름을 세상에 알리는 또 다른 방법은 기존의 소셜 미디어 대화에 참여하거나 트렌딩 해시태그를 사용하는 것이다.

   팁: 다른 사람 게시물에 댓글을 달고 자기 게시물에 달린 댓글에도 답을 한다. 자기 콘텐츠에 트렌딩 해시태그를 달아서 트렌딩 주제를 이용하자.

실용적인 콘텐츠 만들기

사람들이 하루 종일 휴대폰으로 뭘 하는지 궁금해한 적이 있는가? 어쩌면 그들은 뭔가를 배우고, 뭔가를 하고, 뭔가를 발견하고 싶다는 산발적인 충동을 느끼는 마이크로 모멘트micro-moment에 사로잡혀 있을지도 모른다.

마이크로 모멘트는 의사 결정을 내리고 정보를 수집하는 데 강한 관심을 느끼는 순간이기 때문에 중요하다.[2] 따라서 여러분이 유용한 정보와 해당 주제에 대한 실용적인 동영상을 갖춘 괜찮은 웹사이트를 마련해 둔다면, 이런 완벽한 타이밍에 누군가가 여러분과 연결될 수 있다.

퍼스널 브랜더인 여러분은 이런 마이크로 모멘트에 얻을 수 있는 기회를 극대화하고 싶을 것이다. 사람들은 자신의 필요에 맞는 정보를 찾는다. 여러분이 기업가라면 평소 자주 묻는 질문을 생각해보자. 사람들이 관심을 갖고 필요로 할 만한 실용적인 콘텐츠는 무엇일까?

마이크로 모멘트에는 유익한 내용과 신속한 접근이 중요하므로, 웹사이트의 SEO(검색 엔진 최적화)를 양호한 상태로 유지하고 모바일에 최적화되어 모바일 장치에서 페이지 로드 문제가 발생하지 않게 해야 한다.

의견 공유

콘텐츠 전략은 여러분의 업계나 직무와 관련된 중요한 문제 또는 일반적인 비즈니스 대화를 완전히 벗어난 문제에 대한 관점을 중심으로 구축될 수 있다. 사회, 환경, 윤리 문제 등 열정을 품고 있는 어떤 문제에 대한 관점이든 상관없다. 특정한 문제에 초점을 맞추면 여러분과 비슷한 관점을 가진 사람(여러분의 목표 대상)들과 연결된다.

아웃도어 의류와 장비 브랜드인 파타고니아Patagonia는 환경 문제에 민감한 부유한 고객에게 공감을 얻는 대담한 친환경적 관점으로 유명하다. 이 회사 웹사이트는 옷과 장비를 판매할 뿐만 아니라 책임감 있게 사는 방법과 '물건을 최대한 오래 사용하기 위해' 할 수 있는 모든 방법을 알려준다.

도덕적 기준에 따라 사는 세상에서 중요한 문제에 대해 입장을 취하는 건 강력한 차별화 요소가 될 수 있고 목표 대상과 관계를 맺는 방법이 될 수도 있다. 단, 너무 급진적이거나 반대되는 관점을 취하는 건 조심해야 한다. 언론의 자유에 대한 권리를 행사하다가 경력을 망칠 수도 있다.

콘텐츠계의 그랜드 마스터

꾸준히 많은 콘텐츠를 생산하려면 인터넷을 지배하는 거물들이

나라는 브랜드를 설계하라

어떻게 하는지 살펴보자. 퍼스널 브랜딩 업계에서 가장 성공한 사람 중 하나는 콘텐츠 '창조'보다 '기록'을 강조하는 비즈니스 조언자 게리 바이너척(일명 게리 비)이다. 그의 아이디어는 매일 번드르르한 콘텐츠를 처음부터 새롭게 만드는 게 아니라 자신의 여정과 생각, 과정, 진척 상황을 기록하는 데 집중하라는 것이다.

그는 용도 변경의 대가이기도 하다. 그는 기사, 브이로그, 인터뷰, 책 같은 '기둥 콘텐츠'를 재포장해서 여러 개의 소형 콘텐츠를 만든다. 그리고 모든 콘텐츠를 다양한 소셜 미디어 플랫폼에서 다양한 형식(동영상, 텍스트, 인용문 카드, 사진, 밈 등)으로 재사용한다.

바이너척은 관련 트윗이나 메시지를 함께 그룹화할 때 사용하는 기호인 해시태그(#)의 그랜드 마스터이기도 하다. 해시태그는 지금 무슨 일이 일어나고 있는지 확인하는 데 도움이 되기 때문에 여러분이 게시한 내용이 커뮤니티나 전 세계적으로 유의미할 수도 있다.

그의 비법은 트위터의 상위 30개 트렌딩 해시태그를 살펴보는 것이다. 자신의 콘텐츠나 스토리텔링에 트렌딩 해시태그를 3개 정도 사용하는 방법을 알아보자.[3] 그리고 소셜 미디어에 글을 올려 그 유행에 편승하는 것이다. 새로운 해시태그를 만들어서 그게 트렌딩 목록에서 1위를 차지하길 바라는 것보다는 이미 존재하는 트렌딩 물결에 올라타는 게 사람들에게 다가가는 데 더 효과적이라는 걸 알게 될 것이다.

스토리 뱅크 만들기

소셜 미디어, 웹사이트, 대화, 모임에서 사용할 스토리 툴박스를 위해 개인적인 이야기와 사업 이야기를 모은 스토리 뱅크를 만드는 걸 고려해보자. 자기 경험담이나 동료에게 들은 이야기 중에서 특정한 사건을 정리하거나 회사 또는 개인의 가치관을 입증하는 이야기를 찾아보자.

여러분이 개발해야 하는 중요한 이야기는 다음과 같은 것들이다.

- **기원 이야기:** 누구에게나 기원 이야기가 필요하다. 그건 여러분이 어떻게 지금과 같은 사람이 되었고 본인의 진로는 어떻게 선택했는지에 대한 이야기다. 사람들이 "직업은 어떻게 선택했나요?", "자신에 대해 얘기해 주세요", "사업을 어떻게 시작하게 됐나요?" 등의 질문을 던질 때 꺼내는 이야기다.
- **구원 이야기:** 이는 직업적 또는 개인적 실패, 심지어는 범죄에 관한 이야기인데 나이키 임원인 래리 밀러Larry Miller가 걸은 용서의 길과 비슷한 것이다. 밀러는 〈60분Sixty Minutes〉이라는 텔레비전 프로그램에서 자기가 열여섯 살 때 어떤 남자를 살해하고 징역을 살았다고 밝혔는데, 이건 그가 50년 넘게 간직해 온 비밀이다. 감정과 연약함, 용기가 담긴 그 이야기는 사람들의 마음을 완전히 사로잡았다.
- **고객 사례:** 처음으로 확보한 대형 고객이나 여러분의 문제 해

결 의지를 증명하는 고객의 편지에 관한 이야기일 수 있다.

- **모험담:** 이 이야기는 〈오딧세이The Odyssey〉처럼 중요한 목표를 달성하기 위해 장애물을 극복하는 이야기이므로, 새로운 업무 환경에서 어려운 프로젝트를 완수하기에 완벽한 형식이다.

여러분의 이야기를 통해 팀에 동기를 부여하거나 고객과 공유하고, 상사에게 얘기하거나 면접 또는 새로운 비즈니스 홍보의 일환으로 활용하자. 이야기 속에 중요한 요점이 될 만한 잊지 못할 문구나 이미지를 집어넣자.

구하기 힘든 '이야기' 중 하나는 고객 추천이다. 상사나 고객이 인정하는 중요한 업적을 이뤘다면 그때가 바로 적극적으로 다가가서 추천서를 부탁하기에 완벽한 때이다. 다들 바쁘기 때문에 내가 찾아낸 효과적인 방법은 고객과 대화를 나눈 다음 짤막한 추천사 초안을 작성해서 그들의 승인을 받는 것이다.

활용도가 낮은 브랜딩 도구: 자기소개란

자기소개란(바이오)에 직함만 줄줄이 늘어놓는 경우가 많다. 이건 실수다. 그런 목록에는 브랜딩이 존재하지 않는다. 자기소개는 이력서가 아니라 내러티브다. 자기소개의 목적은 여러분이 누구고, 남들과 어떤 점이 다른지 정의하고, 사람들이 더 알고 싶어 하도록 호기심을 유발하는 것이다. 자기소개란에는 경력의 다양한 측면을 하나로 묶고 그걸 브랜드 포지셔닝과 연결하는 이야기를 들려줘야 한다.

자기소개란에 지금까지 했던 모든 일을 다 포함시킬 필요는 없다. 방향을 여러 번 바꾸면서 과거에만 얽매이면 보는 사람들이 혼란스럽다(자기가 목표를 찾기까지 얼마나 힘들었는지 보여주는 내러티브가 아닌 이상 말이다). 자기소개란은 여러분이 경력을 쌓고 있는 방향으로 사람들을 이끌어야 한다. 경력 궤도와 무관한 내용은 정리하거나 삭제하자.

또 링크드인 검색 알고리즘에 중요한 역할을 하는 짧은 헤드라인 약력부터 시작해 다양한 약력이 필요하다. 이 귀중한 공간을 잘 활용해서 자신의 고유 판매 제안USP과 업적을 마케팅하자. 자주 검색되는 전략적 키워드가 포함되어 있어야 한다.

자기소개란의 프로필은 각 소셜 미디어 네트워크에 맞게 맞춤 구성해야 한다. 트위터와 인스타그램 같은 일부 사이트는 프로필을 몇 줄로 제한한다. 반면 링크드인의 요약이나 '소개' 섹션은 자신의 모든 이야기를 할 수 있는 기회를 제공한다.

웹사이트와 롱테일 키워드

퍼스널 브랜딩에 관심이 있다면 개인 웹사이트가 필요한데, 가능하면 자기 이름.com 도메인이 붙은 웹사이트가 좋다. 본인 소유의 공간에서는 콘텐츠와 디자인을 마음대로 제어할 수 있다. 자신의 서사적 약력, 주요 성과, 추천사, 블로그 등을 포함시킬 수도 있다.

채용 담당자, 동료, 업계 리더, 고객 등 여러분의 목표 대상이 여러분 같은 사람을 찾을 때 사용하는 키워드와 짧은 문구에 걸맞는 분위기로 사이트를 꾸며야 한다.

숏테일 키워드는 범위가 넓은 단어 한두 개로 구성된 키워드다. 숏테일 키워드는 많은 트래픽을 유도하지만 '브랜딩'이나 '변호사' 같은 키워드 속에서 남들 눈에 띄기는 어려울 것이다.

여러분이 집중해야 할 것은 '퍼스널 브랜딩 강사'나 '파산 전문 변호사'처럼 보다 구체적인 짧은 문구로 이루어진 롱테일 키워드다. 이런 키워드는 트래픽이 적지만 그만큼 경쟁도 적기 때문에 고객들 눈에 띌 가능성이 높아진다. 구글의 검색어 제안은 롱테일 키워드의 좋은 출처다.

새로운 업무 환경에서 상사와의 관계 관리

소셜 미디어와 인터넷에서 외부 마케팅 업체와 협력해서 일하는 건 결국 내부 마케팅 캠페인이므로 회사 사람들에게 업무 현황이 다 보인다. 여러분이 회사에서 일한다면 상사가 목표 대상들 가운데 가장 중요한 인물이 되어야 한다.

여러분 또는 상사가 재택근무를 하는 경우에는 하이브리드 작업 공간에서의 성과를 못 보고 넘어갈 수도 있다. 나오미가 깨달은 것처럼, 상사가 여러분의 성과를 발견할 때까지 마냥 기다리는 게 아니라 직접 나서서 알려야 한다. 나오미는 팬데믹이 한창일 때 2가지 프로젝트를 성공적으로 이끌었지만, 새로운 부사장 승진자 명단이 발표되었을 때 나오미의 이름은 그 명단에 없었다. 나오미가 자기가 이룬 성과의 어려움을 토로하면서 승진에서 누락되어 실망했다고 말하자, 상사는 "나오미, 당신이 그 일을 전부 혼자 해낸 줄 몰랐어요. 나한테 말한 적이 없잖아요"라고 대답했다.

괜찮은 인재들이 마케팅상의 애로 때문에 노고를 인정받지 못하는 걸 좋아할 사람은 없다. 하지만 나오미는 원격 업무를 관리하는 방법만 고민할 게 아니라 새로운 업무 환경에서 상사와 성공적인 관계를 쌓을 방법도 다시 고민해야 한다는 걸 알았어야 했다.

'정보가 풍부한' 매체 vs. '정보가 풍부하지 않은' 매체

재택근무를 하면서 슬랙이나 이메일을 주요 의사소통 수단으로 사용하면 자유로움과 통제감, 효율성을 만끽할 수 있다. 또 직접 대면하거나 줌, 전화를 이용할 때의 어색한 실시간 상호 작용도 피할 수 있다.

어떤 사람들은 직접 만나 대화하는 시간의 효용성이
과대평가되었다고 말한다.
나는 "위험을 각오하고라도 그걸 피하라"고 말한다.

매체 풍부성 이론Media Richness Theory에 따르면, 대면 회의나 줌 회의 같은 리치 미디어rich media는 다른 사람들의 어조를 듣고 표정을 보고 동작도 확인할 수 있기 때문에 엄청난 이점이 있다고 한다.[4]

사람들과의 직접적인 소통은 참여도를 높이고 관계를 형성할 수 있는 '풍부하고' 미묘한 경험이다. 실시간 소통이니 상대방이 말한 내용에 직접 반응할 수도 있다. 이메일이나 문자 메시지 같은 린 미디어lean media는 시각적, 청각적 단서가 적고 상호 작용 속도가 느리다. 그래서 무심한 의사소통 방법이고 사람들이 여러분을 오해하거나 연결되어 있다는 기분을 느끼지 못하기 때문에 여기에만 의존한다면 문제가 생길 수 있다. 단, 정확한 정보를 공유해야 할 때는 이메일이 좋다. 문자 메시지도 중요한 역할을 한다. 즉각적으로 전달되어 긴급함을 알리므로 수신자는 긴 대화 없이 신속하게 대응할 수 있다.

계획적인 마케팅

힘들고 전략적인 업무를 수행하는 것도 물론 중요하다. 하지만 목표 달성을 위한 명확하고 구체적인 전술이 준비된 마케팅 계획을 실행하지 않으면 아무 의미도 없다.

| 퍼스널 브랜드 실행 계획

- **목표:** 구체적인 목표를 2~3개 정한다.
- **목표 시장:** 여러분이 영향력을 행사해야 하는 특정한 사용자 및 그룹
- **퍼스널 브랜드 포지셔닝 및 메시지:** 포지셔닝 전략 10에서 수행한 작업을 바탕으로, 현재 시장에서 자신의 재능을 가장 잘 활용할 수 있는 포지셔닝과 콘텐츠 마케팅을 위해 개발할 핵심 주제를 정한다.
- **기간:** 목표를 달성하기 위한 기간을 정한다.
- **전술:** 목표 달성을 위해 수행할 구체적인 작업을 3~5개 나열한다.
- **예:** 여러분의 목표가 자기 업무의 한 부분에서 더 많은 책임을 지거나 실력이 나아지는 것이라면, 행동 계획에 자신의 목표를 상사에게 전하는 것, 인맥 구축, 기술 확장, 프로젝트 자원, 기술을 향상시키기 위한 강좌 수강, 소셜 미디어 참여(링크드인 그룹 등), 소셜 미디어에서 인지도 높이기 등이 포함될 수 있다.
- **미디어 플랫폼:** 특정 소셜 미디어, 블로그, 팟캐스트, 웹사이트 등등
- **측정 기준:** 구체적인 기간 동안의 진행률을 측정한다.

나라는 브랜드를 설계하라

모든 것이 브랜드 이미지에 들어맞을 때

2021년 1월 20일, 미국 대통령 취임식에 최연소 축시 시인으로 선정된 스물두 살의 아프리카계 미국인 시인 어맨다 고먼Amanda Gorman이 국회의사당 계단에 서서 역사의 현장에 발을 들여놓은 감격적인 순간이 있었다.

조 바이든 대통령의 취임식에서 '우리가 오르는 언덕The Hill We Climb'이라는 시를 낭독해 박수갈채를 받은 고먼은 비교적 덜 알려진 시인이었지만 눈 깜짝할 새에 전 세계에서 가장 화제성 높은 인물 중 한 명이 되었다.

낭독할 시를 준비하던 고먼은, 1월 6일에 워싱턴 DC에서 일어난 폭동 때문에 자신의 임무가 '언어를 통한 정화'로 바뀌었다는 걸 깨달았다. 고먼의 시에 담긴 감정과 그걸 전달하는 놀라운 방식이 '스타 탄생'의 순간을 만들었다.

모든 면에서 뛰어난 사람

고먼은 시 낭송을 예술의 한 형태라고 하면서 언어를 위대한 연결고리로 여겼다. 그녀는 취임식 때 밝은 노란색 프라다 코트를 입고 빨간색 머리띠를 작은 왕관처럼 머리에 얹는 등 의상도 예술의 일부로 활용했다.

고먼이 모든 사람의 관심을 끈 것은 단순히 너무나 젊고 뛰어난 명문장가라서가 아니다. 그녀는 정말 대단한 사람이었다. 시를 통한 강력한 메시지와 놀라운 존재감과 전달력을 지닌 창의적인 혁신가 (최연소 국민 시인)였기 때문이다.

브랜딩은 많은 교훈을 안겨준다

내가 발견한 교훈 하나는 뭐든지 가능하다는 것이다. 여러분의 목표가 완전한 브랜드 개편이든, 에너지를 고갈시키는 일을 그만두는 것이든, 아니면 자기 사업을 시작하는 것이든 상관없다.

여러분의 목표를 생각해보자. 브레인스토밍을 해보자. 먼저 작은 걸음을 내딛고, 그다음에 더 큰 걸음을 내딛고, 그러고 나서 도약하자. 난 지금까지 수많은 개인, 그리고 크고 작은 그룹과 함께 일해왔다. 그들이 브랜딩 프로세스를 따라가면서 목표를 달성하는 모습을 보면 정말 놀랍다.

17장

핵심 목표 시장에
감정적으로 관여한다고 생각하라

　강력한 브랜드는 사람들을 감동시킨다. 오늘날의 브랜드는 제품에 관한 게 아니라 브랜드와 목표 시장 사이의 관계에 관한 것이다. 그래서 요즘 브랜드 관리자들은 감성적인 브랜딩, 브랜드 성격, 시장 부문, 전체적인 브랜드 경험에 많은 중점을 둔다.

　우리는 자기가 좋아하고, 동일시하고, 자기 삶과 감정적으로 연결되어 있다고 느끼는 브랜드와 가장 강한 유대감을 형성한다.

시장 관점에서 생각하라

비즈니스 성공도 관계를 중심으로 이루어진다. 여러분의 성공은 다른 사람(목표 시장)들이 여러분을 어떻게 생각하느냐에 달려 있다. 누가 '객관적으로' 더 자격이 있거나 재능이 있는지는 중요하지 않다. 중요한 건 결정을 내리는 사람들이 여러분과 여러분의 능력에 대해, 그리고 다른 경쟁자들에 대해 어떻게 생각하느냐다.

여러분의 브랜드에 중요한 모든 사람(상사, 고객, 동료 등)을 목표 시장의 관점에서 생각하고 다음의 6가지 경험 법칙을 따르자.

| 규칙 1: 목표 시장의 우선 순위 결정

사람들은 대부분 시장을 너무 광범위하게 정의하는 실수를 저지른다. 브랜딩 분야에서는 시장을 정의하고 세분화한 다음 우선순위를 매긴다. 모든 사람을 고객으로 유치할 만큼 자원이나 시간이 넉넉한 회사는 없다. 모든 사람에게 어필할 수 있는 브랜드도 없다. 여러분도 그건 불가능할 것이다. 그러므로 브랜드 성공에 가장 큰 영향을 미치는 사람들에게 더 많은 관심을 기울이는 게 현명하다. 핵심적인 목표 시장을 나라는 브랜드의 '고객'이라고 생각하자. 그중 가장 중요한 고객에게 집중해서 충성 고객으로 만들어야 한다. 1차 시장과 2차 시장의 관점에서 생각해보자.

- **1차 목표 시장:** 이들은 여러분이 직업적 목표와 인생 목표를 달

성하는 데 도움을 주므로 퍼스널 브랜드에서 가장 중요한 핵심 인물이다.

- **2차 목표 시장:** 이들도 여러분의 브랜드에 어느 정도 영향을 미치며 향후 더 중요해질 수 있다.

| 규칙 2: 충성 고객 만들기

브랜딩 분야에는 고객이 영업 사원이 되면 그때 비로소 제품이 브랜드가 된다는 말이 있다. 그래서 브랜딩 전문가들은 고객 커뮤니티를 구축하는 데 많은 노력을 기울인다. 그리고 고객을 위한 특별 이벤트와 보상 프로그램을 이용한 로열티 마케팅 프로그램이나 우정 브랜딩을 통해 커뮤니티 유대를 강화한다.

나라는 브랜드를 위한 '충성 고객' 커뮤니티를 구축하려면 여러분이 목표로 하는 고객을 움직이는 게 뭔지 알아야 한다. 여러분이 경쟁사라면 어떻게 1차 목표 시장에서 성과를 극대화할 수 있을까? 여러분이 지금 하지 않는 일 가운데 상사와 동료, 고객, 그리고 1차 목표 시장의 다른 사람들이 원하는 것은 무엇인가? 그걸 시작하자.

여러분의 약점은 무엇인가? 여러분이 하는 일 가운데 목표 대상들이 싫어하는 건 무엇인가? 그건 그만둬야 한다. 목표 시장의 만족도를 높이기 위해 어떤 변화를 줄 수 있는가? 목표 시장에 있는 사람들의 필요와 욕구를 정확하게 정의할수록 그런 필요와 욕구를 충족시킬 수 있는 최고의 해결책, 메시지, 접근법을 개발하기가 더 쉬워진다.

| 규칙 3: 명확한 가치 제안 개발

시장 세그먼트를 분석하면서 기회를 찾아야 한다. 여러분은 어떤 집단을 목표로 삼을 때 가장 성공할 수 있을까? 이 목표 시장에 적합한 퍼스널 브랜드 전략은 무엇인가? 여러분의 가치 제안은 무엇인가? 경쟁자가 제공하지 않는 것 가운데 무엇을 그들에게 제공해야 할까? 목표 시장을 너무 광범위하게 정의하면 여러분의 가치 제안도 너무 광범위하고 모호하기 때문에 아무도 공감하지 않을 것이다. 강력한 브랜드 정체성을 구축하는 것도 불가능하다. 그런 이미지는 너무 일반적이라서 사람들의 관심과 충성도를 끌어낼 수 없다.

좁은 목표 시장을 공략할 때는 해당 세그먼트의 규모와 성장 잠재력이 충분한지 확인해야 한다. 가치 있는 틈새 표적 시장을 차지하고 싶을 것이다.

여러분이 주로 여성들을 대상으로 하는 금융 컨설턴트라고 가정해보자(포지셔닝 전략 7, 목표 시장). 어떤 여성이 최고의 잠재 고객인가? 여성들은 나이, 소득, 교육 수준, 라이프 스타일, 결혼 여부, 출신 지역, 심리 상태가 저마다 다르다. 순자산이 많은 여성이라고 해도 목표 시장이 너무 광범위할 수 있다. 어쩌면 순자산이 많은 여성 임원이나 기업가일 수도 있다. 아니면 이혼했거나 이혼을 계획 중인 여성일 수도 있다. 아니면 미망인이거나 재산을 물려받은 여성일 가능성도 있다.

이들 각각의 목표 시장은 일반적이고 폭넓은 여성 시장에 대한 접근법으로는 만족하지 못하는 고유한 요구와 관심사를 가지고 있다.

나라는 브랜드를 설계하라

| 규칙 4: 감정적 유대 형성

요즘 사람들은 자기가 좋아하고 아끼는 브랜드와 매우 공고한 관계를 형성하기 때문에 브랜드 관리자들은 감정적 브랜딩을 유독 강조한다.

브랜딩 분야와 직장에서는
종종 감정적 유대가 사람들을 묶어준다.

이성적으로 생각하면, 왜 한 회사의 역량이 다른 회사보다 우수한지 혹은 왜 어떤 사람의 경험이 다른 사람의 경험보다 뛰어난지 입증할 수 있을 것이다. 하지만 우리 직감은 뭔가 다른 걸 말해줄 수도 있다. 우리는 대개 감정적으로 더 편한 느낌을 주는 쪽을 선택한다. 퍼스널 브랜딩과 관련해 여러분의 목표는, 여러분에게 강렬한 감정을 품고 있기 때문에 좋은 말을 해줄 수 있는 만족도 높고 충성스러운 고객을 만드는 것이다.

명심해야 할 점은 더 많이 귀 기울이고, 말은 최대한 줄이는 것이다. 경청은 매우 간단해 보이지만 그 기술을 마스터한 사람은 거의 없다. 경청은 강력한 관계를 구축하고 목표 대상의 관심을 끄는 데 도움이 된다. 말을 줄이고 상대방에게 귀를 기울이면 그들을 돋보이게 할 수 있다. 그러면 좋은 인상을 심어줄 수 있고 동시에 많은 걸 배우게 된다. 경청하는 태도는 상대방이 현명하고 들을 가치가 있는 말을 한다는 생각을 드러낸다. 그들의 관심사에 신경 쓰고, 그들에게 어떤 감정을 느낀다는 걸 보여준다. 경청은 또 여러분이 지속적인 배움과 발전을 원하는 유형의 사람임을 알려준다.

매우 간단하면서도 강력한 방법이다. 뭔가 심오한 말을 하는 것보다 그냥 경청했을 때 목표 시장에 훨씬 깊숙이 관여하게 된다.

| 규칙 5: 외부 시선으로 생각하기

브랜딩의 가장 중요한 규칙은 먼저 목표 대상에게서 어떤 반응을 얻고 싶은지(외부) 생각한 다음, 그런 반응을 얻으려면 자기가 뭘 해야 하는지 파악하는 것이다(내부). 그러므로 자기가 원하는 것부터 생각해선 안 된다(내면 중심적인 사고). 목표 대상이 원하는 것부터 시작한 다음에 본인의 행동을 계획해야 한다. 예를 들어, 여러분이 영업 사원이라면 상대에게 원하는 반응은 당연히 판매일 것이다. 하지만 새로운 고객에게 곧바로 영업 메시지를 들이대면 아마 원하는 반응을 얻지 못할 것이다. 대부분의 사람들은 남이 억지로 권하는 건 사고 싶어 하지 않고 자기 의지대로 사려고 한다. 더 좋은 전술은 고객이 원하는 게 뭔지 파악한 다음 억지로 '팔려고' 하지 않는 것이다.

전달할 메시지를 구성하는 측면에서 생각해보자. 사람들은 저마다 다르기 때문에 한 잠재 고객(혹은 대상 집단)에게 효과적이었던 메시지가 다른 잠재 고객에게 완전히 잘못된 것일 수도 있다. 사람들의 필요나 욕구와 잘 연결되도록 메시지와 행동 방식을 정하자. 그들에게 중요하고 관련성 높은 '성향'과 잘 연결되어야 한다.

나라는 브랜드를 설계하라

| 규칙 6: '소프트 파워'를 통한 유인

'소프트 파워'는 조셉 S. 나이Joseph S. Nye가 세계 정치 무대에서 사람들을 자기 아이디어로 끌어들이는 방법에 관해 쓴 책에서 한 말이다. 우리는 모두 당근과 채찍을 통해 힘을 행사하는 데 익숙하다. 소프트 파워는 세 번째 방법이다. 이건 여러분의 가치관, 스타일, 관점 같은 걸 이용해서 다른 사람들을 끌어들인다.

앞서 말했듯이 브랜딩은 스타일과 관점, 그리고 다른 소프트 파워 아이디어를 개발하는 방법을 많이 알려준다. 다른 사람을 끌어들이는 능력을 향상시킬 수 있는 한 가지 방법은 리더다운 존재감이다. 리더의 존재감에서 중요한 요소는 태도, 즉 공간에 머무는 방식이다. 평소 어떤 식으로 사무실에 들어가는가? 과감하고 자신 있게 서거나 걷는가? 극적으로 등장하는 편인가? 아니면 구부정하게 서서 산만해 보이는가? 태도, 자세, 움직이는 방식처럼 간단하고 제어 가능한 것이 목표 대상에게 많은 신호를 보내는 강력한 자체 브랜딩 장치다.

리더다운 존재감을 발산하기 위해 또 하나 중요한 요소는 다른 사람과 상호 작용할 때 처신하는 방식이다. 업계 행사나 줌 회의에서 새로운 사람들과 만났을 때 인사를 나누고 대화하는 법을 알아야 한다. 회의를 이끌거나 화난 고객을 다루는 방법을 알아야 한다. 얼마나 많은 눈이 여러분을 주시하고 있건 간에, 예상하거나 예상하지 못한 상황에서 어떻게 행동해야 하는지 알아야 한다. 재택근무를 할 때 인터넷상에서 영향을 미치는 방법도 알아야 한다. 이제 목표 시장에 있는 사람들을 살펴보자.

누가 최고일까?

회사에서 일하는 사람의 경우에는 아마 상사가 가장 중요한 목표 시장일 것이다. 왜냐고? 상사는 여러분의 브랜드에 가장 큰 통제권을 행사하기 때문이다(상사보다 지위가 높은 사내 인맥 또는 매우 충성스러운 외부 고객이 있거나 중요한 인물과 관련이 있지 않은 이상).

조이의 경우를 보자. 성품이 따뜻하고 매력적인 조이는 유명한 포장재 회사에서 브랜드 관리를 하면서 훌륭한 경력을 쌓았다. 하지만 안타깝게도 그녀는 다른 이들을 위한 브랜드 구축에만 시간을 쏟느라 본인의 브랜드 구축에는 많은 노력을 기울이지 않았다. 40대 초반인 그녀는 같은 회사에서 8년 동안이나 근무했는데도 불구하고 다음 직급으로 올라가지 못했다. 그녀는 열심히 일했고 충실한 팀도 꾸려졌지만 비슷한 경험과 책임 수준을 가진 몇몇 동료는 그녀보다 직급이 두 단계나 높은 부사장으로 승진했다.

조이는 뭘 잘못한 걸까? 그녀의 문제는 우리에게도 익숙한 것이었다. "상사가 날 인정해주지 않았다." 그렇다면 조이는 이 문제에 어떻게 대응했을까? 그녀는 상사를 피했다. 재택근무를 선택했다. 그리고 심지어 상사가 모든 직속 부하 직원에게 일주일에 이틀은 회사에 출근하라고 했을 때도 재택근무를 고수했다.

이게 부사장으로 승진한다는 목표를 달성하는 데 좋은 전술이라고 생각하는가? (그녀는 1차 목표 시장을 무시했다.)

나라는 브랜드를 설계하라

진실 또는 결과를 생각하라

감정적으로는 조이가 재택근무를 원하고 상사와의 직접 대면을 피하려는 이유를 이해할 수 있다. 그녀는 승진하지 못해서 화가 났지만 그 이후의 행동은 경력에 방해가 된다. 그건 회사 부사장이 되려는 그녀의 목표에 역효과를 냈다. 조이는 상사와 냉담하고 공적인 관계를 맺었다. 상황이 너무 안 좋아서 심지어 팬데믹 전에도 그녀는 주로 이메일과 메모를 통해 최대한 가끔씩 상사와 의사소통을 했다.

왜 조이는 승진하지 못했을까? 직무 능력 평가에서 조이의 상사는 많은 부분에서 높은 점수를 줬지만 리더십과 의사소통 기술에서는 낮은 점수를 줬다. 그녀의 상사는 프로젝트를 시작하거나 경영진을 설득하거나 회사 내에서 인지도를 높이려면 더 강력한 역할을 해야 한다고 말했다. 물론 조이는 자기가 이런 일들을 다 했고 때로는 승진한 동료들보다 더 잘했다고 생각했다. 어쨌든 그녀는 부하 직원이 15명이나 되지 않는가. 하지만 조이의 상사는 그녀를 리더로 여기지 않았고 부사장이 될 만큼 인지도가 높다고 생각하지도 않았다.

인식이 가장 중요하다

비즈니스 세계는 대부분의 장소와 마찬가지로 인식에 따라 움직인다. 조이가 자기 동료들보다 규모가 큰 팀을 감독하는 건 별로 중요하지 않았다. 그녀는 상사가 보기에 부사장 브랜드가 아닌 나약한 브랜드 같았다. 그리고 대부분의 회사에서는 상사가 부사장으로 지명해주지 않으면, 아무리 일을 잘해도 이름 뒤에 그 직함을 붙일 수 없다. 그러니 만약 여러분에게 이런 일이 생긴다면 선택은 분명하다. 여러분에 대한 상사의 인식을 바꾸거나 다른 곳에서 새로운 상사를 찾아야 한다.

조이는 시대에 뒤떨어진 하급자 이미지에 갇혀 있었다. 그녀의 임무는 사람들의 인식을 바꿔서 자신을 리더로 여기도록 자체적인 브랜드 실행 계획을 세우는 것이었다. 그러려면 의사소통과 프레젠테이션 기술을 개선하고 회사 안팎에서 인지도를 대폭 높여야 했다.

새로운 반응을 위한 조치

무엇보다 조이는 상사를 피하는 걸 그만둬야 했다. 그리고 자기가 할 수 있는 일에 그를 감정적으로 끌어들여야 했다. 그래서 하이브리드 근무 일정을 받아들이기로 했다. 이 과정을 시작하기 위해 조이는 상사와 만나서 눈을 마주치고 좀 더 편한 방식으로 상호 작용을 하면서 관계를 구축해야 했다.

조이는 그를 '상사'나 '적'으로 여기지 말고 신뢰할 수 있는 친구로 여기면서 다가가야 했다. 그리고 부정적인 자기 대화를 긍정적인 만트라("상사는 내 편이야")로 대체할 필요가 있었다. 조이는 상사가 자기가 바라는 대로의 사람인 것처럼 여기면서 다가가야 했다. 우리가 사람들을 특정한 방식으로 대하면 그들도 그에 걸맞은 행동을 하기 시작하는 경우가 종종 있다. 이 방법으로도 안 되면 그녀의 플랜 B는 구직 활동을 시작하는 것이다.

드래곤을 죽여라

조이는 비즈니스 발표자로서 자신감을 더 키워야 했다. 그녀는 자기 팀원들 앞에서는 훌륭한 발표자였지만 동료나 고위 임원들 앞에서 발표하는 건 싫어했다. 긴장감을 감추기 위해 글머리 기호가 난무하는 파워포인트 화면 뒤에 숨어서 말을 너무 빨리 했다. 조이는 중요한 사람들에게 발표를 해야 할 때는 머리가 멍해진다고 말했다. 상세하게 작성된 슬라이드는 그녀의 안전망이었다.

알고 보니 조이에게는 내면의 비평가가 있었다. 그녀의 머릿속에는 "넌 부족해"라거나 "중요한 걸 잊어버려서 일을 망칠 거야"라고 외치는 목소리가 있었다. 그것이 조이를 꼼짝 못하게 만들고 그녀의 업무 수행을 방해했다.

좋은 소식은 이런 감정이 일반적이라는 것이다. 나도 평생 동안 내면의 비평가와 싸워야 했고 내 클라이언트 중에도 그런 사람들이 많았다. 다음은 내면의 비평가를 잠재우는 몇 가지 기술이다.

- **긍정적인 자기 대화를 이용한다:** 여러분 내면의 비평가에게 말 대꾸를 하자. "그건 사실이 아니야. 난 충분히 훌륭하다고!" 어떤 클라이언트는 자기 내면의 비평가를 어깨에 올라앉은 성가신 까마귀라고 상상하면서 손을 휘저어 쫓아낸다고 말했다.

- **자신감 있고 성공적인 자신의 모습을 시각화한다:** 프로 골퍼들은 티에 다가갈 때 자기가 완벽한 샷을 치는 모습을 시각화하면서 심지어 공이 떨어질 위치까지 정확하게 상상하라고 배운다. 시각화는 비즈니스 분야에서도 강력한 힘을 발휘할 수 있다. 그건 온라인 게임에서 선택하는 아바타와 같다. 나는 종종 강연을 하기 전에 침착하고 카리스마 넘치는 또 다른 자아를 상상하곤 하는데 이 방법도 꽤 효과가 있다.

- **자기 몸과 호흡에 주의를 기울인다:** 가슴 위쪽으로 얕게 숨을 쉬지 말고 횡경막을 통해 깊게 숨을 쉬어보자. 자기 몸과 바닥을 단단히 딛고 있는 양발을 의식하는 것도 긴장을 푸는 훌륭한 방법이 될 수 있다.

- **사전 의식 절차를 만든다:** 배우들은 무대 공연 전에 거치는 의식이 있다. 신체 준비 운동, 발성 연습, 시각화, 테이프 듣기 등 긴장을 풀고 공연할 준비를 완료하는 데 효과가 있는 건 뭐든지 한다. 몰두할 수 있는 자기만의 의식 절차를 찾아보자.

나라는 브랜드를 설계하라

가능한 부분을 개선하라

조이는 또 속사포처럼 말하는 습관을 고치기 위해 노력했다. 그 첫 번째 일 중 하나는 토스트마스터스Toastmasters(대중 연설과 리더십 증진을 목적으로 하는 비영리 교육 기관-옮긴이)에 가입한 것이다. 거기에서 경험을 쌓은 조이는 발표 기술에 대한 자신감을 높이기 위해 지역 대학에서 강연을 하겠다고 제안했다. 그리고 비즈니스 캐주얼 의상을 업그레이드했다. 조이의 의사소통 능력이 조금씩 개선되자 상사와 회사의 다른 사람들이 예전과 다른 반응을 보이기 시작했다. 그녀는 또 중요한 전략적 이니셔티브를 이끄는 업무에 자원해서 회사 내에서의 인지도를 높였다.

조이의 상사가 유럽에서 열리는 중요한 회의에 자기 대신 참석할 사람으로 조이를 선택하자, 그녀는 자기가 고비를 넘겼다는 걸 알았다. (그리고 조이는 해피엔딩을 맞았다. 부사장으로 승진했고 회사에서는 심지어 그녀의 부서에 새로운 그룹까지 추가했다.)

경쟁사가 제공하지 않는 걸 제공하자

여러분의 목표 시장이 어디든, 경쟁사보다 여러분을 선택할 만한 매력적인 가치 제안을 제공하는 퍼스널 브랜드 전략을 원할 것이다. 그래서 퍼스널 브랜딩 포지셔닝 전략 10이 많은 도움이 될 수 있다.

캣이라는 클라이언트는 비디오 제작 분야에서 오랫동안 경력을 쌓았는데, 이제 자기 사업을 시작하고 싶었다. 문제는 비디오 제작 분야에 경쟁자가 많다는 것이었다. 이 속에서 어떻게 눈에 띌 수 있을까? 그래서 캣은 자기가 특별한 전문 지식을 가지고 있는 시장의 좁은 부분에 집중했다. 바로 화장품 회사를 위한 교육용 비디오였다. 하지만 여기에도 확고한 경쟁자들이 있었다. 온라인 퍼스널 브랜드 파인더의 테스트를 치른 캣은 매력적인 포지셔닝 아이디어를 생각해냈다.

캣은 자신을 차별화하는 동시에 전략의 핵심이 될 수 있는 몇 가지 특별한 속성을 갖고 있었다. 그녀는 남성들이 장악한 영상 제작 업계에서 일하는 여성이었다(따라서 여성만의 터치를 제공할 수 있었다). 오랫동안 최고의 화장품 브랜드를 위한 고급스러운 영상을 제작해왔다. 또 최고의 제작 결과물을 얻기 위해 조명, 메이크업, 무대를 준비하는 방법도 알고 있었다.

캣에게는 숨겨진 자산도 있었다. 비디오 제작자가 되기 전에는 텔레비전 아침 프로그램 진행자로 일했던 것이다. 그녀의 승리 전략은 카메라 앞과 뒤, 양쪽에서 다 강하다는 것이다. 캣에게는 독특한 유산이 있었다(포지셔닝 전략 9, 유산).

캣의 사업 제안을 이런 식으로 정의하자 그녀의 콘셉트가 가진 힘이 경쟁자들에 비해 극적으로 향상되었다. 사업을 위한 비디오 촬영이든 아니면 대중의 눈에 멋있어 보이기 위해 전문가의 도움이 필요한 미디어 홍보든 간에 고객에게 중요한 건 고급 노하우다. 캣의 독

나라는 브랜드를 설계하라

특한 유산은 색다른 아이디어였고 그녀의 목표 대상들에게 반향을 불러일으켰다. 캣은 확실한 고객 인맥, 세계 최고의 화장품 브랜드들과의 업무 경험, 텔레비전 프로그램 진행자로서의 경험, 고객에게 명확한 가치 제안을 제공하는 여성의 손길 등 자기가 가진 모든 자산을 하나로 결합시킬 수 있게 되었다.

자신의 초능력을 찾자

직관은 공감과 마찬가지로 업무 과정에서의 의사 결정, 문제 분석, 관계 구축을 위한 강력한 도구다. 유명한 글로벌 광고 대행사의 임원인 타라는 고객을 사로잡는 능력으로 유명했다. 타라에게는 고객들의 숨은 의도(정말 원하지만 명확하게 표현하지 않는)를 파악하는 놀라운 능력이 있는데, 이 능력이 비즈니스 성공과 실패를 가를 수도 있다.

타라는 회의실에서 몸짓 언어를 읽는 데 매우 능했다. 한번은 의제에 따라 회의가 진행되는 동안 중요한 잠재 고객이 말을 거의 하지 않았다. 타라는 뭔가 잘못되었다는 걸 감지하고는, "우리가 뭔가를 놓친 것 같은데, 그 얘기를 꺼내야 할까?" 하고 고민했다. 회의가 끝날 무렵 타라는 이렇게 말했다. "결정을 내리시기 전에 다시 만나서 우리의 다른 제안 하나를 보여드리고 싶습니다. 지금 생각해보니까 그쪽이 고객님의 요구에 더 잘 맞을 것 같네요."

놀랍게도 그 계약은 타라와 고객 사이의 긴밀한 비즈니스 관계로 이어졌다. 그 후, 회사 동료들은 타라에게 "당신은 이 고객과 관계를 구축하는 데 있어 우리보다 훨씬 많은 가치를 추가했다"라고 말했다. 중요한 건 뭔가를 강하게 느꼈을 때 자신의 직관에 따라 행동할 용기를 갖는 것이다.

호감도의 중요성을 과소평가하지 말자

좋든 싫든, 사업은 고등학교 시절의 인기 경쟁과 비슷하다. 소소하게 남을 괴롭히는 행동을 하지 않는다는 것만 다르다.

브랜드 성격은 브랜드의 중요한 차별화 요소다.
여러분의 경우에도 마찬가지다.

제품과 다르게 여러분은 브랜드 성격을 따로 만들 필요가 없다. 이미 독특한 성격을 갖고 있으니 말이다. 호감 가는 사람으로 인식되어 다른 사람들이 자기 팀에 두고 싶어 하면 성공으로 가는 길이 훨씬 쉬워질 것이다. 특히 요즘처럼 선택의 여지가 많은 시장에서는 호감 가는 성격이 성공과 실패를 가를 수도 있다. 다음은 자신의 호감도에 영향을 미치기 위해 사용할 수 있는 5가지 일반 원칙이다.

1. **매력의 원칙:** 퍼스널 브랜딩에서 시각적 정체성의 중요성에 대해서는 이미 얘기했다. 매력은 정말 중요한 첫인상에 영향을 미친다. 후광 효과도 있어서 여러 가지 긍정적인 가정으로 이어진다. 그리고 다들 매력적인 사람이 되기 위해 노력할 수 있다.

2. **유사성의 원칙:** 공통점이나 관련성을 찾는 건 좋은 인맥 구축 및 브랜딩 도구며 호감도에도 영향을 미친다. 우리는 성격, 라이프 스타일, 정치적 신념, 학연 등 자기와 비슷한 면이 있는 사람들을 좋아한다.

3. **공감의 원칙:** 누군가가 여러분을 좋아하게 만드는 가장 좋은 방법은 그들을 좋아하는 것이다. 상대방에게 초점을 맞추자. 그들과 공감하면 그들도 여러분을 좋아할 것이다. 특히 개인적인 관계가 없어서 모든 비판이 가혹하게 느껴질 수 있는 인터넷상에서는 타인을 비판할 때 주의해야 한다.

4. **친근함의 원칙:** 우리는 개인적인 접촉을 통해서든 아니면 언론이나 남들의 평판을 통해서든, 자기와 친숙하고 접점이 있는 사람을 좋아한다. 그래서 사람과 브랜드에게 인지도가 중요한 것이다.

5. **진정성의 원칙:** 진정성은 브랜딩의 기본 규칙일 수 있다. 우리는 다른 사람이 되려고 하거나 다른 사람의 기대와 가치관을 충족시키려고 애쓰지 말고 자기 자신이 되어야 한다. 자기 본연의 모습에 편안함을 느끼는 것이 강력한 힘을 발휘한다.

톰 행크스는 호감도 테스트에서 대부분의 사람들에게 높은 점수를 받았다. 그는 왜 그렇게 호감이 가는 걸까? 그는 잘생겼기 때문에 매력 원칙을 충족한다. 하지만 한편으로는 지나치게 매력적이지 않아서 유사성의 원칙도 활용할 수 있다. 그의 공적인 페르소나와 영화 속 페르소나 모두 그가 타인에게 친절하게 대하는 우리가 공감할 수 있는 사람이라는 걸 보여주기 때문에 공감의 원칙도 충족한다.

행크스는 또 친근감의 원칙도 만족시킨다. 영화는 그를 유명하고 친숙한 인물로 만들었다. 많은 연예인들이 미디어를 통해 자신의 이야기, 경험, 가치관을 공유한다. 팬들은 자기가 유명인을 알고 있고 종종 그 사람의 삶에 감정적으로 관여한다고 느낀다.

무엇보다도 행크스는 평범한 사람처럼 보인다. 개방적이고 꾸밈 없는 사람처럼 보이는 그는 진정성 원칙을 충족한다. 그는 자기 본연의 모습일 때 편안해 보인다. 그는 우리가 친해질 수 있는 사람, 우리가 되고 싶은 사람인 듯하다. 한마디로 행크스는 호감이 간다.

모든 건 여러분에게 달려 있다

우리는 함께 신나는 여행을 했다. 상업적인 브랜드 업계에서 사용하는 퍼스널 브랜드 포지셔닝 전략 10을 비롯해 브랜드 포지셔닝 전략에 대해 많은 걸 배웠다. 목표 시장의 요구와 인식을 이해하는 것이 얼마나 중요한지 배웠다.

나라는 브랜드를 설계하라

자신의 독특한 재능과 현재 시장의 요구를 바탕으로 나라는 브랜드를 포지셔닝하기에 가장 좋은 방법을 선택했다. 우리는 목표 달성을 위해 시각적 정체성, 언어적 정체성, 브랜드 성격, 그리고 나라는 브랜드를 마케팅하는 전략에 집중했다.

최고의 삶을 만들자

이제 여러분은 퍼스널 브랜딩에 필요한 게 뭔지 알게 되었다. 다음에 무슨 일이 일어날지는 여러분에게 달려 있다. 잘못된 경력을 쌓기에는 인생이 너무 짧다. 운에만 맡기기에도 여러분의 브랜드가 너무 소중하다.

우리는 기술과 변화를 통해 끊임없이 진화하는 역동적인 시대, 즉 새로운 업무의 세계에 살고 있다. 앞으로 어떤 일이 생길지 아무도 모른다. 여러분이 회사 내에서 경쟁하든 아니면 기업가로서 경쟁하든, 새로운 업무 세계에서는 퍼스널 브랜딩에 능숙해져야 한다. 퍼스널 브랜드를 만드는 방법과 그걸 마케팅하는 방법을 알아야 한다. 자신의 진정한 퍼스널 브랜드를 표현하면 직업적인 성공뿐만 아니라 인생 성공을 위한 궁극적인 경쟁 우위를 확보할 수 있다.

퍼스널 브랜딩은 평생 동안 이어질 여정이다. 우리의 목표는 우리가 원하는 삶을 사는 것이다. 인생을 즐기자.

감사의 글

이 책은 하나의 질문에서 시작됐다. 오늘날의 새로운 직업 세계에서 자신의 경력과 인생을 성공적으로 이끄는 비결은 무엇일까?

그 질문에 대답하기 위해서는 연구뿐만 아니라 많은 경청이 필요했다. 갈수록 디지털화, 원격화, 하이브리드화되어 가는 일터의 최전선에서 일하면서 자신의 통찰력과 관찰 내용, 경험을 나눠준 모든 분들께 감사드리고 싶다. (인터뷰에 응해준 이들의 사생활을 보호하기 위해, 그들이 들려준 이야기를 공유할 때 가명을 사용했다.) 모두들 감사한다.

나의 멘토이면서 가장 까다로운 비평가이자 글쓰기 전문가인 게리 앤드류 굴키스에게 감사한다. 그의 다양한 제안 덕분에 이 책의 수준이 높아졌다. 그리고 항상 고친 원고를 한 번 더 읽어줘서 정말 고맙다.

현재 마케팅 명예의 전당에 헌액되어 있는 광고계의 첫 상사 알리스에게 감사한다. 그는 이 책을 뒷받침하는 포지셔닝과 브랜드 전략에 대한 확고한 기반을 제공해줬다.

온라인 퍼스널 브랜드 평가 테스트 개발을 도와준 렌 리 박사님에게도 감사드린다.

홀리 베니온, 멜리사 칼, 미셸 수리아넬로, 그리고 다른 팀원들은 처음부터 이 책을 지지해줬고 출판 과정이 빠르게 진행되도록 안내해줬다. 정말 감사하다.

파트너 마이크와 아들 램지에게 크나큰 감사를 전한다. 팬데믹 기간에 이 책을 쓰는 동안 두 사람은 내가 인정하고 싶은 것보다 더 많은 배달 음식을 참아내야 했다. 1년 안에 끝날 줄 알았던 팬데믹이 이듬해까지 연장되었을 때 이 책을 집필하는 작업은 힘든 시기를 이겨낼 수 있는 목적을 안겨줬다. 매우 감사하게 생각한다.

마지막으로 독자 여러분께도 감사드린다.

주

서문

1. Patrick Van Kessel and Laura Silver, "Where Americans Find Meaning in Life Has Changed Over the Past Four Years," Pew Research Center, November 18, 2021, https://www.pewresearch.org/fact-tank/2021/11/18/where-americans-find-meaning-in-life-has-changed-over-the-past-four-years/.

1장 너 자신을 알라: 새로운 나의 발견

1. Jeffrey A. Trachtenberg, "Who Wants to Hear Ralph Nader Praising CEOs? Not Publishers," 《The Wall Street Journal》, March 1, 2022, https://www.wsj.com/articles/who-wants-to-hear-ralph-nader-praising-ceos-not-publishers-11646146420.

2장 퍼스널 브랜딩은 이제 선택 사항이 아니다

1. Kim Parker, et al., "Covid-19 Pandemic to Reshape Work in America," Pew Research Center, February 16, 2022, https://www.pewresearch.org/social-trends/2022/02/16/covid-19-pandemic-continues-to-reshape-work-in-america/.
2. Christopher Shea, "The Great Pandemic Work-from-Home Experiment Was a Remarkable Success," 《The Washington Post》, October 14, 2021, https://www.washingtonpost.com/outlook/the-great-pandemic-work-from-home-experiment-was-a-remarkable-success/2021/10/14/c21123d0-2c64-11ec-985d-3150f7e106b2_story.html.
3. "World Happiness Report 2021," Sustainable Development Solutions Network,accessed March 1, 2022, https://worldhappiness.report/ed/2021/.
4. Ian Cook, "Who Is Driving the Great Resignation?" 《Harvard Business Review》, September 15, 2021, https://hbr.org/2021/09/who-is-driving-the-great-resignation.
5. "Business Formation Statistics," US Census Bureau, accessed March 1, 2022, https://www.census.gov/econ/bfs/index.html.
6. John Caplan, "The US Is Experiencing a Microbusiness Renaissance—Here's What It Looks Like," 《Forbes》, May 21, 2021, https://www.forbes.com/sites/

johncaplan/2021/05/21/the-us-is-experiencing-a-microbusiness-renaissance-heres-what-it-looks-like/?sh=1a1c1fb31c8d.

7. Catherine Morris and Sarah Feldman, "The Pandemic Inspired 1 in 5 Americans to Reevaluate Their Lives," Ipsos, October 5, 2021, https://www.ipsos.com/en-us/news-polls/pandemic-inspired-1-5-americans-reevaluate-their-lives#2.

8. Jane Thier, "95% of Knowledge Workers Want Flexible Hours More Than Hybrid Work, and Managers Should Pay Attention," 《Fortune》, February 3, 2022, https://fortune.com/2022/02/03/knowledge-workers-say-they-want-flexible-hours-more-than-hybrid-work/.

9. Sam Tayan, "Hybrid Workplaces: A Win-Win Solution for Business and Their Employees in the New Normal," Entrepreneur, March 9, 2021, https://www.entrepreneur.com/article/366675.

10. Yang, Lonqi, et al., "The Effects of Remote Work on Collaboration Among Information Workers," Nature Human Behavior, September 2021, https://www.microsoft.com/en-us/research/publication/the-effects-of-remote-work-on-collaboration-among-information-workers/.

11. Elizabeth Dilts Marshall, "Working from Home Doesn't Work for Those Who Want to Hustle: JPMorgan CEO," Reuters, May 4, 2021, https://www.reuters.com/article/us-jp-morgan-ceo/working-from-home-doesnt-work-for-those-who-want-to-hustle-jpmorgan-ceo-idUSKBN2CL1HQ.

12. Peter Cappelli, "In a Hybrid Office, Remote Workers Will Be Left Behind," 《The Wall Street Journal》, August 13, 2021, https://www.wsj.com/articles/hybrid-workplace-promotions-11628796072.

13. Greg Lewis, "Women and Gen Z Are More Likely to Apply to Remote Jobs," LinkedIn, February 12, 2021, https://www.linkedin.com/pulse/women-gen-z-more-likely-apply-remote-jobs-linkedin-data-greg-lewis/.

14. Chip Cutter, "The Off-Site Is the New Return to the Office," 《The Wall Street Journal》, February 5, 2022, https://www.wsj.com/articles/the-off-site-is-the-new-return-to-the-office-11644057003.

15. Danielle Kost, "You're Right. You Are Working Longer and Attending More Meetings," Harvard Business School, September 14, 2020, https://hbswk.hbs.edu/item/you-re-right-you-are-working-longer-and-attending-more-meetings.

16. Contingent Work Force: Size, Characteristics, Earnings and Benefits, April 20, 2015,prepared by the US Government Accountability Office, https://www.gao.gov/assets/670/669899.pdf.

17. "Workforce 2020," Oxford Economics, accessed February 25, 2020, https://www.oxfordeconomics.com/workforce2020.

18. Robyn Vinter, "Over Three-Quarters of Britons Re-evaluate Their Lives During Covid," 《The Guardian》, July 11, 2021, https://www.theguardian.com/world/2021/jul/12/over-three-quarters-britons-re-evaluate-lives-covid.

3장 시대를 초월한 10가지 전략과 새로운 업무 환경의 7가지 현실

1. "Volvo," 《Ad Age》, September 15, 2003, https://adage.com/article/adage-encyclopedia/volvo/98923.
2. "The Future of Work After Covid-19," McKinsey Global Institute, February 18, 2021, https://www.mckinsey.com/featured-insights/future-of-work/the-future-of-work-after-covid-19.
3. Synchronous vs. Asynchronous Communication: The 2022 Guide, Get Guru.com, accessed March 1, 2022, https://www.getguru.com/reference/synchronous-vs-asynchronous-communication.

4장 포지셔닝 전략 1 혁신가

1. Steve Denning, "What's Behind Warby Parker's Success?" 《Forbes》, March 23, 2016, https://www.forbes.com/sites/stevedenning/2016/03/23/whats-behind-warby-parkers-success/.
2. https://www.redbull.com/us-en/energydrink/history-of-red-bull, accessed February 10, 2022.
3. Reid Hoffman, "5 Steps to Finding Your Next Big Idea from Spanx's Sara Blakely," Medium, May 3, 2016, https://reid.medium.com/5-steps-to-finding-your-next-big-idea-from-spanxs-sara-blakely-9bb2b3b7b491.

5장 포지셔닝 전략 2 리더

1. Joseph Epstein, "A Pollster Would Have Spiked the Gettysburg Address," 《The Wall Street Journal》, October 26, 2021, https://www.wsj.com/articles/a-pollster-would-have-spiked-the-gettysburg-address-polling-public-opinion-11635279985.
2. Tim Ott, "How George Washington's Personal and Physical Characteristics Helped Him Win the Presidency," Biography, February 7, 2020, https://www.biography.com/news/george-washington-character-presidency.
3. Edelman Trust Barometer 2021, https://www.edelman.com/sites/g/files/aatuss191/files/2021-03/2021%20Edelman%20Trust%20Barometer.pdf.
4. Hannah L. Miller, "Mary Barra: From Co-Op Student Employee to GM's CEO," Leaders, January 25, 2022, https://leaders.com/articles/women-in-business/mary-barra/.
5. Amelia Lester, "The Roots of Jacinda Ardern's Extraordinary Leadership After Christchurch," 《New Yorker》, March 23, 2019, https://www.newyorker.com/culture/culture-desk/what-jacinda-arderns-leadership-means-to-new-zealand-and-to-the-world?source=search_google_dsa_paid&gclid=Cj0KCQiAjc2QBhDgARIsAMc3SqTGRn0h9xOiyPqm507Wm9DNu1XrO_HNOdxhnejgbhYyoslzmyQajnga

AvE5EALw_wcB.

6. Max Nisen, "Male CEOs with Deeper Voices Run Bigger Companies And Make More Money," 《Business Insider》, April 19, 2013, https://www.businessinsider. com/voice-pitch-and-success-2013-4.

7. David Robson, "The Reason Why Women's Voices Are Deeper Today," BBC, June 12, 2018, https://www.bbc.com/worklife/article/20180612-the-reasons-why-womens-voices-are-deeper-today.

8. Cockerell, Michael, "How the Iron Lady Changed Her Voice," BBC, https://www. bbc.co.uk/programmes/p00n3mr1.

6장 포지셔닝 전략 3 이단아

1. Jillian D'Onfro, "The Best Steve Jobs Quotes from his New Biography, which Apple Says Is the Best Depiction of Him Yet," 《Business Insider》, May 24, 2015, https://www.businessinsider.com/steve-jobs-quotes-from-becoming-steve-jobs-2015-3.

2. Lillian Cunningham, "Richard Bronson: Virgin Stunt Man," 《The Washington Post》, September 26, 2014, https://www.washingtonpost.com/news/on-leadership/wp/2014/09/26/richard-branson-virgins-stunt-man.

3. Avery Hartmans, "Elon Musk's Life Story," 《Business Insider》, October 21, 2021, https://www.businessinsider.com/the-rise-of-elon-musk-2016-7.

7장 포지셔닝 전략 4 속성

1. A. G. Lafley, "What P&G Learned from the Diaper Wars," Fast Company, February 26, 2012, https://www.fastcompany.com/3005640/what-pg-learned-diaper-wars.

2. "Pampers: The Birth of P&G's First 10-Billion-Dollar Brand," P&G blog, June 26, 2012, https://us.pg.com/blogs/pampers-birth-pgs-first-10-billion-dollar-brand/.

3. Emma Fraser, "What Being the Ricardos Gets Right (and Wrong) About Lucille Ball's Trailblazing Story," 《Elle》, December 23, 2021, https://www.elle.com/culture/movies-tv/a38591374/is-being-the-ricardos-accurate-lucille-ball-fact-fiction/.

4. <Being the Ricardos>, movie, 2021.

5. Melody Wilding, "Why Groundedness Is the New Key to Success," 《Forbes》, September 13, 2021, https://www.forbes.com/sites/melodywilding/2021/09/13/why-groundedness-is-the-new-key-to-success/?sh=4e940a816123.

8장 포지셔닝 전략 5 엔지니어

1. Gregory Zuckerman, "A Shot to Save the World," 《The Wall Street Journal》, October 23, 2021, https://www.wsj.com/articles/theunlikelyoutsiders-who-won-the-race-for-a-covid-19-vaccine-ugur-sahin-stephane-bancel-moderna-biontech-11634932219.
2. Anneta Konstantinides, "Ina Garten Says She Quit Her White House Job to Buy a Grocery Shop at the Age of 30 Thanks to Advice from Her Husband," Insider, October 21, 2020, https://www.insider.com/ina-garten-left-white-house-job-became-famous-cook-2020-10.
3. "History of Toothpaste," Crest, accessed January, 2022, https://crest.com/en-us/oral-care-tips/toothpaste/history-toothpaste.
4. "Colgate vs. Crest," adbrands.net, accessed September 11, 2021, https://www.adbrands.net/archive/us/crest-us-p.htm
5. Lewis Braham, "How Jack Bogle Changed Investing," 《Barron's》, January 18, 2019, https://www.barrons.com/articles/how-jack-bogle-changed-investing-51547769600.

9장 포지셔닝 전략 6 전문가

1. Michael Specter, "How Anthony Fauci Became America's Doctor," 《New Yorker》, April 10, 2020, https://www.newyorker.com/magazine/2020/04/20/how-anthony-fauci-became-americas-doctor.
2. Michael Miller, "Busting the Myth of the 10,000 Hour Rule," sixsecond, accessed April 22, 2022, https://www.6seconds.org/2020/01/25/10000-hour-rule.
3. Richard Feloni, "Barbara Corcoran Says Standing Up to Donald Trump 30 Years Ago Was a Pivotal Moment in Her Life," 《Business Insider》, November 7, 2016, https://www.businessinsider.com/barbara-corcoran-donald-trump-pivotal-moment-2016-11.
4. Michelle Fox, "How to Invest Like Warren Buffett," CNBC, September 19, 2019, https://www.cnbc.com/2019/09/19/heres-how-to-invest-like-warren-buffett.html.

10장 포지셔닝 전략 7 목표 시장

1. Heather Haddon, "TikTok Fans Brew Even More Complicated Orders at Starbucks," 《The Wall Street Journal》, November 4, 2021, https://www.wsj.com/articles/tiktok-fans-brew-even-more-complicated-orders-at-starbucks-11636049272.
2. Gloria Allred, accessed December 10, 2021, https://www.gloriaallred.com.
3. Seeing Allred, Netflix documentary, 2018.
4. Michael Fertik, "Why is Influencer Marketing Such a Big Deal Right Now?"

《Forbes》, July 2, 2002, https://www.forbes.com/sites/michaelfertik/2020/07/02/why-is-influencer-marketing-such-a-big-deal-right-now/?sh=4e0d493675f3.

11장 포지셔닝 전략 8 엘리트

1. Jacob Gallagher, "How 'Succession' Stoked a Frenzy for Status Baseball Caps," 《The Wall Street Journal》, December 15, 2021, https://www.wsj.com/articles/succession-morning-show-luxury-baseball-caps-11639583315.
2. Lisa Trei, "Price Changes the Way People Experience Wines Study Shows," Stanford University, January 16, 2008, https://news.stanford.edu/news/2008/january16/wine-011608.html.
3. Chris Barilla, "Yeezy Gap x Balenciaga: A Look at Kanye's New Collab," Distractify, February 23, 2022, https://www.distractify.com/p/yeezy-gap-balenciaga-collab.

12장 포지셔닝 전략 9 유산

1. "Absolut Vodka Unveils Its Biggest Design Update Since Launch in 1979," News, Absolute, accessed January 5, 2022, https://www.absolut.com/us/news/articles/new-bottle-design/.
2. Tracy Moore, "Here's to Yellowstone, the Most-Watched Show Everyone Isn't Talking About," 《Vanity Fair》, November 5, 2021, https://www.vanityfair.com/hollywood/2021/11/yellowstone-season-4-paramount-plus.
3. Ashley Collman, "A College Counselor Told Michelle Obama She Wasn't Princeton Material—But She Applied Anyway and Got In," 《Business Insider》, January 17, 2019, https://www.businessinsider.com/michelle-obama-wasnt-princeton-material-college-counselor-told-her-2018-11.

13장 포지셔닝 전략 10 대의명분

1. RBG, directed by Julie Cohen and Betsy West, 2018, on Amazon Prime, https://www.amazon.com/RBG-Ruth-Bader-Ginsburg/dp/B07CT9Q5C6/ref=sr_1_1?crid=2J7UZ5VYM99Y3&keywords=rbg+documentary&qid=1645564748&s=instant-video&sprefix=rbg%2Cinstant-video%2C321&sr=1-1.
2. Elizabeth A. Harris, "Inside Kim Kardashian's Prison-Reform Machine," 《The New York Times》, April 2, 2020, https://www.nytimes.com/2020/04/02/arts/television/kim-kardashian-prison-reform.html.

14장 나만의 시각적 정체성을 찾아라

1. Richard Thompson Ford, "How the Laws of Fashion Made History," Medium, February 2022, https://ourford.medium.com/how-the-laws-of-fashion-made-history-27df0ed4c270.

2. Suzanne Kapner, "You're Finally Going Back to the Office. What Are You Going to Wear?" 《The Wall Street Journal》, June 4, 2019, https://www.wsj.com/articles/youre-finally-going-back-to-the-office-what-are-you-going-to-wear-11622799041.

3. Vanessa Friedman, "Kyrsten Sinema's Style Keeps Us Guessing," 《The New York Times》, October 18, 2021, https://www.nytimes.com/2021/10/18/style/kyrsten-sinema-style.html.

4. Wanda Thibodeaux, "Being Successful Could Come Down to Changing Up Your Hair, Says Science," Inc., accessed January 31, 2022, https://www.inc.com/wanda-thibodeaux/being-successful-could-come-down-to-changing-up-your-hair-according-to-science.html.

5. Adwoa Bagalini, "How Wearing Natural Hairstyles Harms the Job Prospects of Black Women," World Economic Forum, February 11, 2021, https://www.weforum.org/agenda/2021/02/natural-hair-black-women-job-discrimination/.

6. Catherine Clifford, "Billionaire Jack Dorsey's 11 'Wellness' Habits: From No Food All Weekend to Ice Baths, CNBC.com, April 8, 2019, https://www.cnbc.com/2019/04/08/twitter-and-square-ceo-jack-dorsey-on-his-personal-wellness-habits.html.

7. Vanessa Friedman, "What to Wear in the Metaverse," 《The New York Times》, January 20, 2022, https://www.nytimes.com/2022/01/20/style/metaverse-fashion.html.

8. Heather Wilde, "Studies Prove That Power Posing Doesn't Work. Here's What to Do Instead," Inc., October 30, 2019, https://www.inc.com/heather-wilde/studies-prove-that-power-posing-doesnt-work-heres-what-to-do-instead.html.

9. Vanessa Friedman, "The Verdict on the Elizabeth Holmes Trial Makeover," 《The New York Times》, December 17, 2021, https://www.nytimes.com/2021/12/17/style/elizabeth-holmes-trial-makeover.html.

10. Vanessa Friedman, "The Man in the Olive Green Tee," 《The New York Times》, March 21, 2022, file:///Users/catherine/Desktop/Book_Zerensky_Olive%20Green%20Tee%20-%20The%20New%20York%20Times.html.

15장 나만의 언어적 정체성을 찾아라

1. Helen Evans, "Science Explains Why Having a Deep Voice Is Critical to Our Success," Lifehack, accessed July 8, 2021, https://www.lifehack.org/372669/science-explains-why-having-deep-voice-critical-our-success-2.

2. Sue Shellenbarger, "The Sound of Your Voice Speaks Volumes," 《The Wall Street Journal》, April 24, 2013, https://www.wsj.com/articles/BL-ATWORKB-894.

3. Kathryn O'Shea-Evans, "The New Secret to Online Dating Success? Your Voice," 《The Wall Street Journal》, February 2, 2022, https://www.wsj.com/articles/online-dating-voice-notes-11643829216.

4. Jelena Djorkjevic, "A Rose by Any Other Name: Would It Smell as Sweet?" 《The Journal of Neurophysiology》, January 2008, https://pubmed.ncbi.nlm.nih.gov/17959740/.

5. K. Aleisha Fellers, "Latest WTF Study: Your First Name Affects Your Love Life," Women's Health, February 17, 2015, https://www.womenshealthmag.com/relationships/a19898929/online-dating-screen-names/.

6. Hannah Poukish and Alex Cohen, "Research Shows Teachers Have Racial Biases When Grading Students' Work," Spectrum News 1, May 7, 2021, https://spectrumnews1.com/ca/la-west/inside-the-issues/2021/05/07/research-shows-teachers-have-racial-biases-when-grading-students—work.

7. Julie Jargon, "College Students Have to Learn How to Make Small Talk," 《The Wall Street Journal》, February 12, 2022, https://www.wsj.com/articles/college-students-forgot-how-to-talk-to-each-other-11644627316.

16장 나라는 브랜드를 마케팅하자

1. Ethan Trex, "How Are Q Scores Calculated?" mentalfloss.com, April 12, 2011, https://www.mentalfloss.com/article/27489/how-are-q-scores-calculated.

2. Jonathan LaCoste, "WTF Is Micro-Moment Marketing?" Inc., January 22, 2016, https://www.inc.com/jonathan-lacoste/wtf-is-micro-moment-marketing.html.

3. Gary Vaynerchuk, "How to Use Hashtags Correctly: A Guide to Every Social Network," accessed January 10, 2022, https://www.garyvaynerchuk.com/how-to-use-hashtags-correctly-a-guide-to-every-social-network/.

4. "Media Richness Theory," Mass Communication, Communication Theory, accessed December 5, 2021, https://www.communicationtheory.org/media-richness-theory/.

옮긴이 박선령

세종대학교 영어영문학과를 졸업하고 MBC방송문화원 영상 번역 과정을 수료하였다. 현재 번역에이전시 엔터스코리아에서 출판 기획 및 전문 번역가로 활동하고 있다. 주요 역서로는 《타이탄의 도구들》, 《가장 빨리 10억 버는 기술: 따라 하는 순간 초고속으로 매출 올리는 사업의 법칙》, 《인생을 바꾸는 90초》, 《일터의 현자: 왜 세계 최고의 핫한 기업들은 시니어를 모셔오는가?》, 《나는 이제 설득이 어렵지 않다》, 《성실함의 배신: 목적 없는 성실함이 당신을 망치고 있다》, 《어떻게 인생 목표를 이룰까: 와튼스쿨의 베스트 인생 만들기 프로그램》, 《비즈니스 씽커스: 게임의 판을 바꾼 사람들, 그리고 그 결정적 순간》, 《끌리는 온라인 마케팅: 클릭수 가입률 오픈율 올리는 뇌심리 마케팅의 비밀 33》 등 다수가 있다.

나라는
브랜드를
설계하라

1판 1쇄 인쇄 2023년 9월 6일
1판 1쇄 발행 2023년 9월 20일

지은이 캐서린 카푸타
옮긴이 박선령

발행인 양원석 **편집장** 정효진
디자인 강소정, 김미선 **영업마케팅** 양정길, 윤송, 김지현, 정다은, 백승원

펴낸 곳 ㈜알에이치코리아
주소 서울시 금천구 가산디지털2로 53, 20층 (가산동, 한라시그마밸리)
편집문의 02-6443-8847 **도서문의** 02-6443-8800
홈페이지 http://rhk.co.kr
등록 2004년 1월 15일 제2-3726호

ISBN 978-89-255-7601-5 (03320)

름 스퀘어) CEO인 잭 도시가 있다. 그가 2020년에 상원 상무위원회에서 화상 통화로 증언을 했을 때, 소셜 미디어는 그의 길고 헝클어진 '팬데믹' 수염에 열광했다. 심지어 그의 어머니까지 끼어들어서 자기는 그 수염이 마음에 안 든다고 말했다.

시각적 정체성의 관점에서 볼 때, 도시는 인간 세상의 근심과 가식을 뒤로 하고 떠난 강인한 산악인과 불교 승려를 합친 모습으로 자신의 브랜드를 제시했다. 도시는 실리콘 밸리 기술 회사 두 곳의 CEO로 일한 사람치고는 색다른 라이프 스타일을 가지고 있다.

지금은 회사를 하나만 운영하면서, 하루에 한 끼만 먹고, '극도로 고통스러운' 형태의 명상을 하며 매일 아침 얼음 목욕으로 하루를 시작한다. 심지어 실리콘 밸리 같은 곳에서도 그의 이단아적인 모습은 유독 두드러진다.[6]

약간의 화사함

자신의 의상과 스타일을 살펴보자. 시각적 정체성이 자신에 대해 어떤 얘기를 해주기를 바라는가? 여러분의 퍼스널 브랜드 전략과 일치하는가? 시각적 정체성을 강화하기 위해 사용할 수 있는 대표적인 특징이나 트레이드마크 같은 액세서리가 있는가? 매들린 올브라이트Madeleine Albright(전 미국 국무장관)의 브로치나 메건 마클Meghan Markle(영국 앤드류 왕자의 부인)의 스틸레토 힐을 생각해보라. 아니면 아이리스 아펠Iris Apfel(사업가)이나 세스 고딘처럼 크고 화려한 안경을 쓰는 방법도 있다. 혹은 트레이드마크가 될 만한 헤어스타일은 어떨까? (제니퍼 애니스톤이나 엘리자베스 여왕을 생각해보라.)

사람들은 여러분의 어떤 시각적 특성을 칭찬하는가? 어떻게 하면 자신의 장점을 강조할 수 있을까? 자신의 시각적 정체성을 극대화하고 싶다면 이 질문들을 곰곰이 생각해봐야 한다. 적절한 메시지를 전달하지 못하거나 혼란스러운 메시지를 보내거나 배경에 희미하게 묻혀버린다면, 변변치 못한 시각적 정체성 때문에 효과가 약해져서 그런 것이다.

메타버스에서의 브랜딩

메타버스는 퍼스널 브랜딩의 새로운 개척지다. 메타버스에서는 원하는 방식대로 퍼스널 브랜드를 만들 수 있다. 자신의 실제 외양을 바탕으로(아마 좀 더 날씬하게) 아바타의 시각적 정체성을 구축할 수 있다. 아니면 공상의 이미지나 나라는 브랜드를 상징하기 위해 만들어낸 이미지를 이용해서 남들 눈에 띨 수도 있다.

무엇보다도 자신의 포지셔닝 전략을 바탕으로 가상 브랜드와 실제 브랜드를 만들어야 한다. 산발적이고 서로 반대되는 브랜드 메시지를 전하면 다들 혼란스러워할 것이다. 아바타와 가상 환경은 통일된 브랜드 아이디어를 전달해야 한다.

메타버스에서 무엇을 입을 것인가

마크 저커버그는 2021년 10월에 페이스북 이름을 메타로 바꾸겠다고 온라인상에서 발표할 때 자신의 트레이드마크 같은 검은색 바지와 흰색 운동화, 남색 티셔츠를 걸쳤다. 하지만 그에게는 다른 선택지도 있었다. 그의 가상 옷장에 우주 비행사 복장과 해골 무늬 의상이 들어 있는 게 보였다.

메타버스는 아직 초기 단계지만 이미 100개가 넘는 패션 브랜드가 메타버스를 중심으로 한 패션 인프라를 구축하고 있다.[7] 나이키는 가상의 운동화 브랜드를 출시했다. 심지어 가상 버전의 오트 쿠튀르도 있는데 이런 브랜드는 블록체인의 지원을 받아 한 개인이 소유한 것이다. 일반 대중을 대상으로 하는 패션 브랜드는 오프 체인 거래며 누구나 이용할 수 있다. 일부 기성복 패션 회사들은 가상 디자인 교육을 받은 디자이너들을 고용해서 가상 세계와 실제 세계를 위한 옷을 모두 제공한다.

이건 나이와 전망에 따라 흥미로울 수도 있고 두려울 수도 있는 신세계다. 아바타를 개발할 때는 가상 세계와 실제 세계, 그리고 시각적인 부분과 언어적인 부분이 고유한 메시지와 매끄럽게 얽혀 있기를 바랄 것이다.

브랜드에 모든 것이 있다?

브랜드 포지셔닝 전략은 시각적 정체성을 위한 기반이다. 모든 시각적 요소가 브랜드에 포함되어 일관성 있게 함께 작동하면서 브랜드 메시지를 전달해야 한다.

누군가가 기존에 확립된 페르소나에서 벗어나면
우리는 혼란에 빠져서
심지어 그들에 대한 우리의 신뢰까지 의심하게 된다.

만약 여러분의 의사소통 채널에 일관성이 없다면 사람들은 여러분을 어떻게 생각해야 할지 모를 것이다. 직접 대면했을 때의 시각적 정체성과 온라인에서의 시각적 정체성이 다르다면, 혹은 링크드인 프로필과 트위터 프로필이 서로 다르다면 사람들이 당황할 것이다. 이렇게 브랜드 정체성이 혼란을 일으키기만 하면 말할 때도 횡설수설하게 된다. 사람들은 모든 것이 하나의 통합된 메시지와 일치하는 진정한 의미의 정직성과 진정성을 원한다.

시각적인 미학

여러분이 정한 포지셔닝이 리더나 이단아, 전문가, 혹은 엘리트(또